Karl Gebauer/Gerald Hüther (Hrsg.)

Kinder brauchen Vertrauen

Karl Gebauer/Gerald Hüther (Hg.)

Kinder brauchen Vertrauen

Entwicklung fördern durch starke Beziehungen

Patmos Verlag

VERLAGSGRUPPE PATMOS

PATMOS
ESCHBACH
GRÜNEWALD
THORBECKE
SCHWABEN

Die Verlagsgruppe
mit Sinn für das Leben

MIX
Papier aus verantwortungsvollen Quellen
FSC® C014496

Für die Schwabenverlag AG ist Nachhaltigkeit ein wichtiger Maßstab ihres Handelns. Wir achten daher auf den Einsatz umweltschonender Ressourcen und Materialien.

Bibliografische Information der Deutschen Nationalbibliothek
Die Deutsche Nationalbibliothek verzeichnet diese Publikation in der Deutschen Nationalbibliografie; detaillierte bibliografische Daten sind im Internet über http://dnb.d-nb.de abrufbar.

www.patmos.de
Neuausgabe des 2004 im Walter Verlag erschienenen Titels *Kinder brauchen Vertrauen. Erfolgreiches Lernen durch starke Beziehungen*

Umschlaggestaltung: Finken & Bumiller, Stuttgart
Druck: GGP Media GmbH, Pößneck
Hergestellt in Deutschland
ISBN 978-3-8436-0568-7

Inhalt

Vorbemerkungen

Vertrauen schenken

Was die in unsere Welt hineinwachsenden Kinder mehr als alles andere brauchen, um die dabei auf sie zukommenden Probleme und Schwierigkeiten zu meistern, immer wieder neue Erfahrungen zu sammeln und auf diese Weise zu selbstbewussten und kompetenten Persönlichkeiten heranzureifen, ist Vertrauen. Kinder können Vertrauen zu sich selbst nur dann entwickeln, wenn sie andere Menschen finden, die ihnen Mut machen und ihnen etwas zutrauen. Vertrauen muss Kindern also von Eltern, Erziehern und Lehrern immer wieder geschenkt werden, damit es in ihnen wachsen kann. So entsteht die Stärke und die Zuversicht, neue Herausforderungen anzunehmen und gemeinsam mit anderen nach Lösungen zu suchen.

Wir leben in einem Zeitalter der Beschleunigung und des immer rascher werdenden Wandels. Was heute noch nützlich und richtig war, kann morgen bereits hinderlich oder gar falsch sein. Oft verlieren Eltern, Erzieher und Lehrer angesichts der sich ständig verändernden »Anforderungsprofile« die Orientierung. Manche Eltern setzen ihre Hoffnungen auf entsprechende Förderungsprogramme. Allzu leicht bekommen Kinder so zu viel von dem, was Eltern, Erzieher, Lehrer und Bildungspolitiker zum Wohle der Kinder aus einer Unsicherheit heraus für nützlich halten, und dabei doch zu wenig von dem, was sie tatsächlich für ihr späteres Leben brauchen. Deshalb ist es für die Erwachsenen wichtig, sich gelegentlich zurückzulehnen, um zu überlegen, was sie ihren Kindern und Schülern auf den Weg in ihr späteres Leben mitgeben sollten, damit sie ihr Leben meistern und möglichst auch zufriedene Menschen werden können.

Dass Wissen, Fähigkeiten und Fertigkeiten der unterschiedlichsten Art für eine gelingende Lebensgestaltung wichtig sind, setzen wir einmal als Konsens voraus. Für die Arbeit in der Schule und in den Kindergärten gibt es entsprechende Erlasse, Richtlinien oder Empfehlungen. Es bleibt für die professionellen Erzieher und Lehrer eine ständige Aufgabe, die dort vorgegebenen Inhalte auf ihre Relevanz für die Entwicklung der Schülerinnen und Schüler zu überprüfen und gegebenenfalls Änderungen vorzunehmen. Dabei kann es leicht passieren, dass genau das zugeschüttet wird, worauf es eigentlich ankommt:

Es ist das Vertrauen der Kinder zu sich selbst und die feste Überzeugung, dass sich Probleme mit anderen gemeinsam lösen lassen. Dieses Vertrauen wächst nicht von allein. Es entwickelt sich im Umgang mit emotional zugewandten erwachsenen Personen.

Vertrauen macht Kinder stark

Wer kein Vertrauen hat, wer verängstigt oder verunsichert ist, lässt sich nicht auf neue Herausforderungen ein und kann so auch nichts Neues hinzulernen. Offenheit für Neues ist für die Entwicklung des kindlichen Gehirns von entscheidender Bedeutung. Offen für Neues ist das kindliche Gehirn immer dann, wenn es nicht gerade mit anderen Dingen beschäftigt ist oder – und das ist leider bisweilen auch der Fall – weil das Kind ein schwerwiegendes Problem mit sich herumschleppt, das es ständig beschäftigt und nicht zu lösen im Stande ist. Problematische familiäre Situationen können ein Kind so belasten, dass Lernen nur begrenzt möglich ist.

Wir leben in einer Zeit, in der nicht nur die Beziehungen zwischen Lebenspartnern schwierig geworden sind, sondern vor allem zwischen vielen Eltern und ihren Kindern. Problematisch sind Beziehungen, in denen Kinder keine ausreichende emotionale Sicherheit erfahren und nicht genügend Anregungen für die Entwicklung ihrer Persönlichkeit erhalten. Kinder finden dann meist auch wenig Verständnis für ihre elementaren Bedürfnisse. Oft mangelt es an den erforderlichen Rahmenbedingungen, an emotionaler Zuwendung, an vielfältigen Anregungen und an einer angemessenen Grenzsetzung. Kinder senden uns täglich Signale über ihr Wohlbefinden. Wenn viele Erwachsene diese Signale nicht verstehen, müssen die Kinder zu immer stärkeren Mitteln der Darstellung ihrer emotionalen Unsicherheit greifen. Auf der

Bühne des häuslichen Wohnzimmers, der Straße, im Kindergarten oder im Klassenzimmer agieren sie ihr Bedürfnis nach emotionaler Sicherheit aus. Oft geraten diese Kinder bei ihrer Suche nach Zuwendung in einen zunehmenden Sog der Ablehnung. So geraten sie schon in einem sehr jungen Alter in Stress, resignieren oder werden aggressiv.

Gutes Familienklima

Neben einer ausreichenden materiellen Sicherheit der Familien erweisen sich insbesondere ein gutes Familienklima und regelmäßige gemeinsame familiäre Aktivitäten als bedeutsam für das Wohlergehen und für die Zukunftschancen eines Kindes. Die ungünstigste Konstellation liegt dann vor, wenn materielle Defizite mit geringer Zuwendung einhergehen. Gut vorbereitet fühlen sich diejenigen, die über gute Voraussetzungen (Unterstützung durch die Eltern, Bildung und Selbstvertrauen) verfügen. Die Familie wird von ihnen als emotionaler Rückhalt, als Ort von Verlässlichkeit erlebt. Elterliches Zutrauen begünstigt jene Persönlichkeitsressourcen, die gute Voraussetzungen für eine gelingende Lebensbewältigung bieten (Deutsche Shell, 2002). Diese Ressourcen sind allerdings sehr anfällig. Viele Kinder und Jugendliche haben diesen Rückhalt nicht. Oft führt das zu Lernversagen und zu sozialen Auffälligkeiten. Die Ursachen für das skizzierte Dilemma sind in einem komplexen Zusammenspiel mehrerer Faktoren zu suchen. Einige seien ohne Wertung aufgezählt: Beziehungsproblematiken in den Familien; Abwesenheit der Väter oder ihr Desinteresse an den Entwicklungsprozessen ihrer Kinder; Unklarheit bei Zuwendung und Grenzsetzung; Umkehrung der Eltern-Kind-Rolle, weil Eltern nicht bereit oder in der Lage sind, Erziehungsverantwortung zu übernehmen; Selbstlosigkeit der Mütter oder übermäßige Autorität der Väter können Verhaltensauffälligkeiten und Lernprobleme begünstigen; erfahrene Gewalt führt zu Minderwertigkeitsgefühlen und in vielen Fällen – zur Überwindung der erlittenen Demütigung und Tilgung der dabei empfundenen Scham – zu Gewalttätigkeiten gegenüber Schwächeren oder Außenseitern; in einer vernachlässigenden oder verwöhnenden Erziehung werden Frustrationen nicht angemessen erlebt und bearbeitet.

Wir befinden uns mitten in einer Erziehungskrise. In der Erziehung der Gegenwart stehen manche Eltern der Entwicklung ihrer Kinder gleichgültig gegenüber. Viele Kinder sind aus den genannten Gründen verunsichert und können sich nicht auf neue Lernangebote und Anregungen einlassen.

Lernfenster

Hirnforscher und Entwicklungspsychologen haben inzwischen herausgefunden, dass die Nervenzellverschaltungen im Gehirn des Kindes in einer bestimmten Reihenfolge ausreifen und dass es deshalb Entwicklungsphasen gibt, in denen ein Kind etwas ganz Bestimmtes besonders gut hinzulernen kann. Während einer solchen Phase ist immer ein spezieller Bereich des Gehirns gerade besonders formbar und die Nervenzellen sind dabei, ein dichtes Geflecht an Verbindungen und Verschaltungsangeboten bereitzustellen. Das Kind wird daher alle Angebote, die in diesem Bereich des Gehirns verarbeitet werden, besonders gut aufgreifen. Weil die dabei gesammelten Lernerfahrungen sich jetzt am leichtesten in Form spezifischer Nervenzellverschaltungen einprägen, spürt das Kind nun auch die eigenen Fortschritte besonders deutlich. Dieser Erfolg motiviert es, nach weiteren derartigen Anregungen zu suchen. Wenn ihm diese jetzt geboten werden, ist das für alle Beteiligten beglückend: Das Kind freut sich und die Eltern, Erzieher und Lehrer auch.

Kritische »Fenster« nennen die Wissenschaftler diese Phasen, in denen ein Kind für bestimmte Lernerfahrungen besonders aufnahmebereit ist. Solche »Fenster« gibt es für die Entwicklung grob- und feinmotorischer Fähigkeiten, für die Herausbildung der für das Sehen, Hören, Riechen und für das körperliche Empfinden verantwortlichen Hirnareale, für die Sprachentwicklung, für analytisches Denken und für all die anderen Fähigkeiten und Fertigkeiten, die jedes Kind im Laufe seiner Entwicklung erwirbt. Jedes Kind durchläuft all diese Phasen, manchmal fließen sie ineinander und manchmal überschneiden sie sich. Oft müssen einzelne

Fähigkeiten erst einigermaßen gefestigt sein, bevor das nächste »Entwicklungsfenster« aufgehen kann.

Ein Schatz von Urvertrauen

Kinder kommen normalerweise mit einem großen Schatz an Urvertrauen zur Welt. Wenn ihnen dieser Schatz im Verlauf ihrer weiteren Entwicklung, zu Hause, im Kindergarten oder später in der Schule verloren geht, so verlieren sie damit auch all das, was von diesem Vertrauensschatz getragen wird: ihre Neugier, ihre Begeisterungsfähigkeit, ihre Gestaltungskraft und ihre Lernfreude. Dann sind die besten Lehr- und Lernprogramme nutzlos, dann muss nichts gefördert oder gar gefordert, sondern etwas zurückgewonnen werden – eben Vertrauen. Vertrauen kann man nicht unterrichten und auch nicht einüben. Vertrauen kann einem Kind, einem Jugendlichen (und auch einem Erwachsenen) nur von anderen geschenkt werden. Kindern oder Jugendlichen Vertrauen schenken und ihnen Mut machen kann aber nur jemand, dem es gelingt, eine Vertrauen stiftende und Sicherheit bietende emotionale Beziehung mit dem jeweiligen Kind oder Jugendlichen einzugehen.

Verlust des Vertrauens

Das ist freilich um so schwerer, je mehr dem betreffenden Kind oder Jugendlichen das Vertrauen zu sich selbst bereits verloren gegangen und je stärker dessen Vertrauen zu anderen bereits in Misstrauen umgeschlagen ist. Viele Eltern und Erzieher wissen durchaus, dass die betreffenden Kinder und Jugendlichen nicht selbst verantwortlich dafür sind, dass ihnen ihr Vertrauen verloren gegangen ist. Sie verstehen meist auch, dass die ihnen von diesen Kindern und Jugendlichen entgegengebrachte Gleichgültigkeit und Abwertung, ja selbst ihre demonstrativ zur Schau gestellte Ablehnung und ihr offen gezeigter Hass nur Ausdruck ihrer eigenen Schwäche, ihrer Verletzlichkeit und Verletztheit, also des massiven Vertrauensverlustes sind, den diese Kinder und Jugendlichen im Lauf ihrer bisherigen Entwicklung erlebt, erfahren und erlitten haben.

Es ist schwer, solche Kinder und Jugendliche aus ihren selbst erbauten Fluchtburgen des Misstrauens wieder hervorzulocken, solange sie sich nur dort einigermaßen sicher fühlen.

Auf der Suche nach Vertrauenspersonen

»Wenn du nicht weiter weißt…« – diesen Satz, der zu vervollständigen war, sagte ein Lehrer manchmal seinen Schülerinnen und Schülern. Zu seiner großen Freude konnten die meisten von ihnen eine positive Antwort formulieren: »… dann rede ich mit meiner Mutter, meiner großen Schwester, meinem großen Bruder, mit meiner Oma« – manchmal wurde auch der Großvater genannt, selten der Vater.

Kinder sind im Verlauf ihrer Entwicklung immer wieder auf Menschen angewiesen, denen sie Vertrauen schenken. Dieses Vertrauen muss ihnen zunächst in den unterschiedlichsten Lebenssituationen entgegen gebracht worden sein. Das ist nach der Geburt meistens die Mutter, dann kommen andere Menschen hinzu. Sie entwickeln dann das, was die Psychologen und Säuglingsforscher Bindung nennen. Wenn die Entwicklungsprozesse gut verlaufen, erwirbt jedes Kind so ein gewisses Urvertrauen. In schwierigen Situationen kehrt es zu den Menschen zurück, die sein Vertrauen erworben haben.

Nun wissen wir aber aus der Forschung, dass viele Kinder diese sicheren Bindungen nicht ausbilden. Einen Trost spendet dennoch die Wissenschaft an dieser Stelle: Unsichere Bindung oder ein geringes Vertrauen können in mehr Vertrauen umgewandelt werden, wenn wir im Verlauf unseres Lebens einem Menschen begegnen, der uns eine sichere emotionale Beziehung anbietet. Manchmal ist das eine Erzieherin, ein Lehrer, eine Therapeutin, ein Freund. Oft bedarf es besonderer Anlässe, die uns sensibel machen für Personen, die uns Vertrauen geschenkt haben.

Ein Beispiel:

Frau Reich, Lehrerin der Bert-Brecht-Grundschule in einer niedersächsischen Kleinstadt, staunt nicht schlecht, als sie eine E-Mail ihres ehemaligen Schülers Linus erhält. Darin heißt es: Liebe Frau Reich, da sitze ich vor meinem Computer und plötzlich kommt mir die Idee einmal nachzusehen, ob meine alte Heimatstadt auch schon eine Homepage eingerichtet hat. Schnell bin ich auf der Seite meiner ehemaligen Schule. Und dann lag nichts näher als nachzusehen, ob meine ehemalige Klassenlehrerin noch im Amt ist. Und siehe da, ich finde Ihre Adresse. Wie viel Zeit ist inzwischen vergangen? Wie viele Jahre, in denen Ihre Schüler Sie zur Weißglut gebracht haben? Aber es gab auch immer wieder schöne Erlebnisse. 14 Jahre sind es nun her, seit ich die Schule verlassen habe. Ich erinnere mich gern an das Leben in der Bert-Brecht-Schule. Es war damals alles noch recht einfach. Wir haben gespielt und viele Entdeckungen gemacht. In meinem Fall kamen die vielen Rangeleien und Streitereien hinzu. Aus der Rückschau kann ich sagen, dass ich inzwischen besser mit mir klar komme. Und das hat etwas mit Ihnen zu tun. Sie haben immer an mich geglaubt, an den guten Kern in mir. Für dieses Vertrauen danke ich Ihnen. Wenn ich so zurückdenke, dann kommt mir der Gedanke, dass ich großes Glück hatte. Eine andere Lehrerin hätte vielleicht nicht so viel Geduld mit mir gehabt. Oft habe ich die erste Seite des Fotoalbums gelesen, das Sie damals jedem Schüler geschenkt haben. Diese Seite war sehr wichtig für mich. Sie waren der erste Mensch in meinem Leben, von dem ich etwas annehmen wollte, weil ich Vertrauen zu Ihnen hatte. Ich glaube nicht, dass ich Sie irgendwann vergessen werde. Sie werden immer in meiner Erinnerung bleiben.
Inzwischen studiere ich in Leipzig Theaterwissenschaften. Es geht mir gut. Ich hoffe, dass ich alles gut auf die Reihe kriege. Wie geht es Ihnen? Lassen Sie doch einmal etwas von sich hören.
Ich wünsche Ihnen alles Gute.

Ihr
Linus W.

Wie Bildung gelingen kann

Bereits in den vorangegangenen Publikationen (Gebauer/Hüther, 2001; 2002; 2003) haben wir den wissenschaftlichen Hintergrund für eine fundierte Erziehungs- und Bildungsdiskussion ausgeleuchtet. Dabei ging es uns zunächst um die Bedeutung Sicherheit bietender emotionaler Bindungen *(Kinder brauchen Wurzeln),* dann um die Vorbildfunktion von Erwachsenen, an deren Verhalten sich Kinder und Jugendliche orientieren *(Kinder suchen Orientierung)* und schließlich um die Bedeutung von Freiräumen, in denen sie ihre Kreativität, ihre Neugier und ihren Wissensdurst entfalten und eigene Erfahrungen sammeln können *(Kinder brauchen Spielräume).*

Mit dem Thema »Kinder brauchen Vertrauen« wollen wir versuchen, auch das herauszuarbeiten, worauf es insbesondere ankommt, damit aus dem Wissensdurst und der Entdeckerfreude, mit der jedes Kind zur Welt kommt, schließlich auch das werden kann, was in Elternhäusern, Kindergärten und Schulen vermittelt werden soll: Bildung.

Aus unterschiedlicher Sicht und mit unterschiedlichen Fragestellungen, ist die Situation heutiger Kinder erforscht und dargestellt worden (Bindungsforschung, Säuglingsforschung, Hirnforschung, Schulforschung). Zu den wichtigen Ergebnissen zählen:

1. Die Bildungsmöglichkeiten von Kindern und Jugendlichen hängen vom Bildungsgrad der Erwachsenen ab, also von dem, was ihre Eltern, Erzieher und Lehrer selbst wissen und im Laufe ihres Lebens erfahren haben.
2. Was an Bildung vermittelt werden kann, wird von dem bestimmt, was diese erwachsenen Bildungspersonen und andere, die Erziehung und Bildung organisieren, im Hinblick auf all das, was im späteren Leben auf Kinder und Jugendliche zukommt, als besonders aneignungswürdig und -notwendig erachten.
3. Was von diesen Bildungsangeboten letztendlich vermittelt werden kann, also auch wirklich bei Kindern und Jugendlichen ankommt und von ihnen aufgegriffen und angenommen wird, ist von der Beziehung abhängig, die Eltern/Erzieher und ihre Kinder, Lehrer und ihre Schüler, Ausbil-

der und ihre Auszubildenden miteinander eingehen oder einzugehen in der Lage sind, also von ihrer »Beziehungsfähigkeit«, ihrer psychosozialen Kompetenz und ihrer Fertigkeit, vertrauensvolle Beziehungen herzustellen.

Auf Beziehungsfähigkeit kommt es an

Kinder bringen ihre Beziehungsfähigkeit bereits mit auf die Welt. Aus der ursprünglichen körperlichen Verbindung im Mutterleib entwickelt sich nach der Geburt eine emotionale Bindung an ihre primären Bezugspersonen. Diese Bindung ist die entscheidende Starthilfe, die Kinder brauchen und benutzen, um sich von diesen Bezugspersonen und innerhalb der von ihnen geschaffenen Bedingungen all das anzueignen, was ihnen wichtig und bedeutsam erscheint und was sie zur eigenen Lebensbewältigung gebrauchen können. Indem das Kind mit Hilfe dieses übernommenen Wissens seine eigenen Erfahrungen macht, stellt es nun selbst eine emotionale Beziehung her, nicht nur zwischen sich und den betreffenden Bezugspersonen, sondern auch zwischen sich und all dem, was diesen Personen wichtig erscheint und womit sie in Beziehung stehen, ihren materiellen aber auch ihren geistigen Produkten, ihrem Wissen über andere Menschen, über Tiere und Pflanzen, über Maschinen und Geräte, über die Welt und den Kosmos.

Diese emotionale Beziehung, die jedes Kind auf diese Weise zu den materiellen und immateriellen Erscheinungen seiner Lebenswelt aufbaut, ist die entscheidende Voraussetzung und das wichtigste Motiv für alle weiteren Lernprozesse, für die Aneignung weiteren Wissens, weiterer Fähigkeiten und Fertigkeiten und nicht zuletzt für die Aufrechterhaltung seiner Entdeckerfreude und seines Wissensdurstes. Ohne diese innere, intrinsische Bereitschaft und Fähigkeit, zunächst mit jemand und später auch mit etwas Anderem in eine enge, emotionale Beziehung zu treten und diese Beziehung weiterzuentwickeln und auszugestalten, kann nichts gelernt – und auch nichts gelehrt – werden.

Wir wollen in diesem Buch herausarbeiten, welche Voraussetzungen von Eltern, Erziehern und Lehrern mitgebracht und für Kinder und Jugendliche geschaffen werden müssen, damit ihre Beziehungs- und Bildungsfähigkeit – und damit ihr Hirn – nicht verkümmert.

»Psychosoziale Kompetenz als Ziel von Erziehung und Bildung« –

So lautete der Titel eines Kongresses, den wir im November 2003 in Göttingen realisiert haben. Die Beiträge in diesem Buch sind Weiterführungen der Vorträge, die auf dem Kongress gehalten wurden. Sie alle zeigen: Es kommt zunächst und vor allem auf die psychosoziale Kompetenz der Erwachsenen an. Was von den Unterrichtsinhalten bei Kindern und Jugendlichen ankommt, von ihnen aufgegriffen und angenommen wird, ist von der emotionalen Qualität der Beziehung abhängig, von unserer »Beziehungsfähigkeit«. Diese zeichnet sich aus durch Achtsamkeit, Aufrichtigkeit, Empathie und Leidenschaft. Gelingende Lernprozesse sind immer in Beziehungen eingebettet, die sich durch gegenseitiges Vertrauen auszeichnen und die einem Kind und Jugendlichen das Gefühl geben, in seiner Einzigartigkeit angenommen, gewollt und geachtet zu sein.

Auch zehn Jahre nach ihrer Erstveröffentlichung haben die Beiträge dieses Bandes nichts von ihrer Aktualität verloren. Sie gewinnen sogar im Blick auf die Realisierung der heute viel diskutierten Inklusion eine besondere Bedeutung: Zur Kultur inklusiver Bildungseinrichtungen gehört es, Anerkennung und Wertschätzung von Unterschiedlichkeit als etwas Selbstverständliches zu betrachten, und Empathie ist dabei eine entscheidende Quelle für eine gut verlaufende individuelle und auch gesamtgesellschaftliche Entwicklung. Es gilt daher, eine Haltung zu entwickeln und zu verinnerlichen, die mit einer großen Selbstverständlichkeit akzeptiert, dass wir uns alle voneinander unterscheiden und als Person einmalig auf dieser Welt sind. Dies bedeutet, dass Kinder unabhängig von Kultur, Religion, körperlichen oder geistigen Handicaps eine angemessene Umgebung vorfinden und Anregungen für einen erfolgreichen Bildungsweg erhalten. Und davon sind wir in Deutschland noch weit entfernt.

Die Beiträge dieses Buches auf einen Blick

Gerald Hüther beschäftigt sich mit dem Zusammenhang menschlicher Beziehungserfahrungen und der Strukturierung des Gehirns. Das menschliche Gehirn ist formbarer und damit auch verformbarer, als dies selbst die Hirnforscher noch bis vor wenigen Jahren für möglich gehalten hatten. Die Art und Weise, wie Nervenzellen miteinander in Beziehung treten, welche Verknüpfungen und Verschaltungsmuster sie ausbilden, hängt davon ab, wie und wofür ein Mensch sein Gehirn benutzt. Es sind die im Laufe des Lebens gesammelten Beziehungserfahrungen, die die Herausformung der das Denken, Fühlen und Handeln bestimmender neuronalen Verschaltungsmuster im menschlichen Gehirn lenken. Das gilt insbesondere für bestimmte Hirnbereiche, die für die Steuerung von Verhaltensweisen zuständig sind, die uns als Menschen von den Affen unterscheiden: die Fähigkeit, mit anderen in Beziehung zu treten, Beziehungen gestalten, eigene Erfahrungen sammeln und an andere weitergeben zu können, hinter den äußeren Erscheinungen verborgene Beziehungen zu erkennen und dieses Wissen zur Gestaltung unserer eigenen Lebenswelt und unserer eigenen Beziehungen in dieser Welt zu nutzen. Diese Erfahrungen werden als »innere Bilder« im Hirn verankert und sind ausschlaggebend dafür, wie und wofür ein Mensch sein Hirn einsetzt und auf welche Weise er mit anderen Menschen und den Erscheinungen der äußeren Welt in Beziehung tritt.

Annelie Keil richtet ihren Blick auf die lebensnotwendigen Beziehungen des Menschen zu sich, zu anderen und zu den Dingen dieser Welt. Leben bedeutet: mit anderen in Beziehung treten, sich körperlich, geistig, seelisch und sozial aufrichten, Standorte finden, Haltungen einnehmen und wieder verändern. Lebendigkeit zeigt sich darin, dass Menschen immer wieder ihren Horizont ausleuchten und bereit sind, ihre Grenzen zu überschreiten. Dazu bedarf es einer tiefen Leidenschaft der Neugier. So entwickeln sich kognitive, emotionale und soziale Kompetenzen. Kinder sind mehr als Erwachsene von Forschungsdrang beseelte Privatgelehrte, denn alles, was vor ihnen auftaucht, ist unbekannt. Sie beschaffen sich das zum Leben notwendige Wissen, suchen nach sinnstiftenden Erklärungen und vergleichen die Ergebnisse, wenn man sie lässt. Sie fragen weiter, wenn sie unzufrieden sind, leisten Widerstand gegen die scheinheilige Frustrationstoleranz, wenn man sie mit ihren Bedürfnissen leichtfertig auf eine allzu ferne Zukunft vertröstet.

Was Kinder für diesen Prozess der Erforschung des eigenen wie des Lebens überhaupt brauchen, ist die Hoffnung und das Vertrauen, dass Lernen Sinn macht und Zukunft hat. Die Lust auf Leben bedarf der Lust auf Bildung, weil nur über sie das Beziehungsvermögen zur Welt und der Bezug zu sich selbst aufgebaut werden kann. Lebenslust ist Lernlust und beide brauchen Mut, Ausdauer und Unterstützung vor allem dann, wenn Kinder und Jugendliche Täler der Angst und Entmutigung durchschreiten müssen, weil wesentliche ökonomische, soziale und lebensgeschichtlich notwendige Sicherheiten fehlen.

In dramatischer Weise hat das Leben vieler Menschen seine Spontaneität, Flexibilität, Beweglichkeit, Kreativität und vor allem seine sinnliche Lust verloren. Deshalb ist es so wichtig, dass Lebendigkeit immer wieder neu aus den Spiel- und Bewegungsräumen des Lebens gewonnen werden kann.

Karl Gebauer leuchtet die Bedeutung des Vaters für die Identitätsentwicklung aus. In den ersten Lebensjahren seines Kindes besteht die Aufgabe des Vaters vor allem darin, körperliche Nähe und ein Gefühl von Geborgenheit zu vermitteln. Er ergänzt und erweitert die wichtige Mutter-Kind-Beziehung und ist für sein Kind der »bedeutsame Dritte«. So kann er zur Autonomieentwicklung seines Kindes beitragen. In den folgenden Lebensjahren kommt es vor allem auf gemeinsame Aktivitäten und Unternehmungen an. Wenn ein Vater mit seinem Kind zum Beispiel in der Natur auf Entdeckungsreise geht, es bei seinen vielfältigen Lernschritten wie Dreirad-, Roller-, Fahrradfahren und beim Schwimmen unterstützt, dann kann sich aus diesen Erfahrungen eine tragfähige Beziehung entwickeln. Sie ist in der Phase der Adoleszenz eine wichtige Voraussetzung für den dann einsetzenden Ablösungsprozess.

Es sind vor allem die emotionalen Fähigkeiten eines Vaters, die eine gelingende Vaterschaft ermöglichen. Väterlichkeit zeigt sich vor allem darin, dass sich ein Vater in die Wünsche und Bedürfnisse der anderen Familienmitglieder einfühlen kann und diese auch in seinem Handeln berücksichtigt. Das Konzept einer zugewandten Väterlichkeit hat vor allem dann Chancen, wenn es von der Ehefrau oder Lebenspartnerin unterstützt wird. Für die unterschiedlichen Arrangements einer gelingenden Lebensführung, bei der die Kinder in ihrer Entwicklung Sicherheit und Vertrauen erwerben können, ist ein hohes Maß an Kommunikations- und Reflexionsfähigkeit erforderlich. Viele Väter sind dazu bereit, werden aber oft in ihrem Bemühen durch die Gegebenheiten der Berufstätigkeit eingeschränkt.

Für alle Kinder und Jugendlichen, die – aus welchen Gründen auch immer – nicht mit ihren Vätern zusammenleben, ist die Regelmäßigkeit des Kontaktes mit dem Vater und die Einbeziehung in den Alltag notwendig.

Wolfgang Bergmann stellt fest, dass irgendetwas in unserer modernen Kultur und Gesellschaft den Kindern nicht gut tut. Bei einer zunehmenden Zahl von Kindern und Jugendlichen wird selbstverletzendes oder aggressives Verhalten gegenüber anderen Menschen beobachtet. Viele Kinder können sich in der Schule nicht angemessen auf Lerninhalte konzentrieren. In seinem Beitrag führt er aus, wie die Verfassung moderner Familien und die Eindrucksmächtigkeit moderner digitaler Medien ineinander wirken. Er geht auf die Bedeutung der frühesten Kindheit ein, beschreibt die notwendigen Prägungen und »Stillungen«, die in den ersten Lebensmonaten stattfinden sollten, damit sich daraus eine differenzierte Wahrnehmung aller Sinne entwickeln kann. Wo solche Sicherheit bietenden Erfahrungen unzureichend bleiben oder gestört werden, treten Behinderungen auf. Bei der Suche nach den Ursachen vieler Verhaltensauffälligkeiten stößt man bei vielen Kindern auf eine egozentrierte oder »narzisstische« Verfassung ihrer kindlichen Psyche. Sie wird heute von der inneren

Harmoniesucht und gleichzeitigen Unsicherheit junger Familien angestiftet und findet ihre Intensivierung, aber auch eine Art Trost angesichts ihrer inneren Leere und leer gebliebenen Bedürftigkeit in Medienbildern und dem fixen, omnipotenten Kommunikationshandeln im Computer und anderem digitalen Spielzeug. Seine Interpretation stützt Wolfgang Bergmann auf alte und neue Untersuchungsergebnisse aus der Entwicklungspsychologie und betrachtet vor diesem Hintergrund die »narzisstische« Verfassung vieler moderner Kinder und ihre Folgen für das soziale Verhalten, für Aufmerksamkeit und Lernfähigkeit.

Luc M. Stevens hebt in seinem Beitrag drei Basisbedürfnisse von Kindern und Jugendlichen hervor: Beziehung, Kompetenz und Autonomie. Diese können am ehesten befriedigt werden in einem »guten Unterricht«, der sich durch Respekt, Fairness, intellektuelle Herausforderung, soziale Unterstützung und Sicherheit auszeichnet. In seiner Analyse kommt er allerdings zu dem Ergebnis, dass wir es mit einer »widerspenstigen Praxis« zu tun haben, in der eine unzureichende Lehrer-Schüler-Beziehung vorherrscht, die sich überwiegend durch fehlendes Vertrauen auszeichnet.

Ein Kind erwirbt seine Fähigkeiten in der Interaktion mit ihm zugewandten Erwachsenen. Gelingende Lernprozesse sind immer in Beziehungen eingebettet, die sich durch die Qualität gegenseitigen Vertrauens auszeichnen. Darin enthalten ist die Erfahrung, dass Lernen nicht nur immer stattfindet, sondern dass man es auch selbst tun muss. Dazu bedarf es in der Schule bestimmter Organisationsprozesse. Es muss Räume und Zeiten für pädagogische Diskussionen geben. Entscheidungen über Inhalte und Unterrichtsformen müssen getroffen und umgesetzt werden. Man braucht Lehrerinnen und Lehrer, die sich mit ihren Fächern verbunden fühlen. Aber neben der fachlichen und organisatorischen Qualifikation geht es bei den Qualitäten eines guten Lehrers auch um Empathie, Aufrichtigkeit, Leidenschaft und Aufmerksamkeit für das einzelne Kind.

Kinder werden sich später an ihren besten Lehrer nicht erinnern als an einen guten Diagnostiker, einen guten Fachdidaktiker oder einen kompetenten Klassenmanager – vielleicht das auch –, aber in erster Linie sind es die typisch menschlichen Qualitäten der Lehrer, die im Gedächtnis bleiben. Luc M. Stevens findet in seinen Erfahrungen und Forschungen eine Grundannahme bestätigt, dass es die Menschen sind, die die Qualität der Schule bestimmen.

Jesper Juul betont, dass Kinder bereits mit einer ganzen Reihe eigener Kompetenzen zur Welt kommen, die sie für ihre weitere Entwicklung nutzen. Ihre wichtigsten Fähigkeiten lassen sich so beschreiben:

- Alle Reaktionen, die ein Kind zeigt, sind sinnvoll und haben eine bestimmte Bedeutung.
- Kinder besitzen bereits zum Zeitpunkt ihrer Geburt die Fähigkeit und das Bedürfnis, soziale Beziehungen zu gestalten.
- Kinder können verantwortlich handeln.

Was Kinder brauchen, sind Beziehungen, die jedem Kind das Gefühl geben, in seiner Einzigartigkeit angenommen, gewollt und geachtet zu sein. Um diese Erkenntnisse und Vorstellungen umsetzen und Kindern wie Jugendlichen bei der Aneignung neuen Wissens helfen zu können, müssen Eltern, Erzieher und Lehrer eine Fähigkeit besitzen, die bisher als entscheidende pädagogische Fähigkeit nur zufällig mitgebracht, aber selten bewusst gemacht und noch seltener in der Ausbildung von Pädagogen vermittelt worden ist: Beziehungskompetenz.

Christoph Huber zeigt in seinem Beitrag, wie durch Theaterprojekte das Selbstwertgefühl der Jugendlichen gestärkt werden kann. Besonders interessant ist das »DreiGenerationenProjekt«, das er seit vier Jahren leitet. Es besteht aus bis zu 24 Personen der Altersspanne von 13 bis 82 Jahren. Bei den Jugendlichen ist der Einsatz besonders groß. Es scheint sich ein Engagement gerade in diesem Projekt für sie zu »lohnen«. Sie fühlen sich ernst genommen und gegenüber den Erwachsenen gleichberechtigt. Sie lernen dabei, Verantwortung für sich und andere zu übernehmen, Vorurteile abzubauen und Rücksicht aufeinander zu nehmen. Ihre Kooperationsbereitschaft wächst und ihr Selbstwertgefühl wird – z. B. durch Präsentation des Geschaffenen vor einer größeren Öffentlichkeit – gestärkt. Als Ergebnis der Arbeit kann man von einer Erweiterung ihrer emotional-sozialen Kompetenz sprechen.

Für das Gelingen der Projektarbeit ist es wichtig, dass den Beteiligten Zeit gegeben wird, damit sie in den Übungen die Inhalte erfassen und begreifen können. Erst wenn Vertrauen in den Anleitenden und in die eigenen Umsetzungsversuche gewonnen ist, kann sich etwas Neues entwickeln. Es gibt keine dummen oder blöden Einfälle oder Anregungen. Oft zeigt sich in der Theaterarbeit, dass gerade die einfachste oder vermeintlich dümmste Idee zur bühnenwirksamen Lösung eines Problems beiträgt. Das Charakteristikum von Theater ist das Lebendigwerden von Figuren. Ein Spieler muss jemanden verkörpern, der nicht so ist wie er. Aber über diese Umwege, über das Fremde, ist es vielfach so, dass man einen neuen Zugang zum eigenen »Ich« entwickelt.

In jedem Projekt gibt es irgendwann eine Krise. Diese Krisen gilt es auszuhalten. So erhöht sich die Frustrationstoleranz. Man muss Wege suchen, gelassen bleiben und Vertrauen entwickeln, damit am Ende eine Lösung gefunden wird. Mut gehört bei Projekten dazu und ein wenig Verrücktheit.

Eiko Jürgens und Jutta Standop beschäftigen sich mit dem Bild der Schule als »Haus des Lernens und Lebens«, in dem alle Schülerinnen und Schüler lernen können. Diese Schule soll ein Stück Leben sein, das es zu gestalten gilt; u. a. dadurch, dass eine Vertrauenskultur wachsen kann. Neben der bemerkenswerten Akzentuierung des Zusammenhangs zwischen Wissensvermittlung und Persönlichkeitsbildung wird dem Finden der eigenen Identität, dem Gemeinschaftserleben von Lehrenden und Lernenden, den emotionalen Faktoren des Lernens und der Beachtung anthropologischer Bedürfnisse in dieser Schule große Wertschätzung entgegengebracht. Diese Aspekte sollten in allen schulischen Erziehungs- und Bildungsprozessen eine tragende Rolle spielen. Von daher ist es geradezu zwingend, die Schulentwicklungsforschung darauf abzuklopfen, welche Ergebnisse und Erkenntnisse sie in diesen Zusammenhängen bisher hervorgebracht hat. Im Einzelnen geht es um Fragen des Schul- und Klassenklimas, der Klassenführung, der Schulkultur und der klasseninternen Lern- und Arbeitskultur.

Dabei kommt der Kooperation von Eltern und Lehrern zunehmend größere Bedeutung zu. Beide, sowohl die Schule als auch das Elternhaus, haben gleichermaßen die Pflicht und Verantwortung, Sorge dafür zu tragen, dass Kindern und Jugendlichen die beste Erziehung und vielfältigste Bildung zuteil werden kann, damit diese sich in und mit ihren Fähigkeiten optimal entfalten können, sowohl im eigenen Interesse als Recht auf Bildung als auch in sozialer Verantwortung gegenüber der Gesellschaft. Schule als Lern- und Lebensraum braucht Eltern nicht nur zur Unterstützung der Gestaltung von Aktivitäten des Schullebens, sondern für die Wahrnehmung ihrer Aufgaben, Schüler zur mündigen und verantwortungsvollen Auseinandersetzung mit Grundwerten und gesellschaftlichen Normen zu erziehen und zur Akzeptanz demokratischer und humaner Werte zu bewegen.

Als zusammenfassende Konsequenz der in die Analyse einbezogenen Studien aus der Schulentwicklungsforschung muss einmal mehr ins gesellschaftliche Bewusstsein gerufen werden, dass Schule einen sehr viel anspruchsvolleren und vielfältigeren Auftrag hat, als die ihnen anvertraute Schülerschaft ausschließlich fit für ihr künftiges Arbeits- und Berufsleben zu machen. In der Schule muss gleichermaßen Erziehung, Bildung, Aufklärung und Orientierung für und durch das Leben stattfinden.

Gerald Hüther

Die Strukturierung des menschlichen Gehirns durch soziale Erfahrungen

»Panta rhei«, alles ist in Bewegung, alles entwickelt sich und nichts bleibt so, wie es einmal war. Heraklit soll dieses Bild eines dahinfließenden Flusses gefunden haben, um das zu beschreiben, was sich wohl nur mit einem menschlichen Gehirn begreifen lässt: Die Welt, in der wir leben, verändert sich, wir selbst auch. Manche Veränderungen vollziehen sich langsam und die Richtung dieser Veränderungsprozesse ist nur schwer auszumachen. Das gilt vor allem für die unbelebte Welt. Vieles fliegt seit dem Urknall mehr oder weniger rasch auseinander, anderes fügt sich unterwegs aber auch wieder zusammen und bildet neue, komplexere Strukturen. Elementarteilchen vereinigen sich zu Atomen, Atome zu Elementen, Elemente zu Verbindungen, Verbindungen zu all den Stoffen, die die tote Welt ausmachen und formen.

In der lebendigen Welt setzt sich dieser Prozess der Herausformung zunehmend komplexer werdender Beziehungen fort. Manchmal kommt dieser immer breiter werdende Fluss lebendiger Beziehungen langsamer, manchmal schneller voran. Manchmal verläuft der Entwicklungsprozess scheinbar auch wieder rückwärts, beispielsweise wenn bereits komplexer gewordene Lebensformen wieder einfacher werden (Viren, Parasiten). Durch den Wettbewerb werden einzelne Arten immer wieder in Spezialisierungen getrieben, die ihre Beziehungsfähigkeit zu anderen Lebensformen zunehmend einschränken und die Herausbildung komplexerer Formen von Beziehungen behindern (Spezialisten für strenge ökologische Nischen, wie große Hitze, ewiges Eis, ständige Dürre etc.). Solche »Spezialisten« bleiben bisweilen sehr lange auf der einmal erreichten Entwicklungsstufe stehen. Meist verlieren sie dabei ihre Anpassungsfähigkeit und sterben aus, wenn sich die Lebensbedingungen in ihren einmal erschlossenen speziellen Nischen ändern.

Weiter voran im großen Entwicklungsstrom zunehmender Komplexität und Beziehungsfähigkeit geht es offenbar nur dort, wo frühe Spezialisierungen vermieden werden können und wo die endgültige Ausdifferenzierung spezieller Organe und Organfunktionen möglichst langsam erfolgt. Das gilt vor allem für die Entwicklung eines Organs, dessen Hauptaufgabe das Anknüpfen, Aufrechterhalten und Lenken von Beziehungen ist, von Beziehungen zwischen den einzelnen Organen innerhalb des Organismus wie auch von Beziehungen zwischen dem Organismus und der ihn umgebenden äußeren Welt. Dieses besonders entwicklungs- und beziehungsfähige Organ ist das Gehirn.

Das Nervensystem der Tiere, ursprünglich einmal entstanden als ein System zur Lenkung und Steuerung von Beziehungen zwischen inneren und äußeren Zellen, wurde – je komplexer diese Beziehungen zwischen innerer und äußerer Welt zu werden begannen – zunehmend komplexer, vernetzter und effektiver ausgeformt. Als zentrales Koordinationszentrum dieses inneren Beziehungssystems entstand das Gehirn, in dem nun auch alle aus der äußeren Welt eintreffenden sinnlichen Wahrnehmungen zusammengeführt und zu inneren Bildern der äußeren Welt zusammengefügt werden konnten. Mit zunehmender Komplexität dieses Gehirns wurde es immer besser möglich, mit anderen Individuen in Kontakt zu treten, Informationen auszutauschen und schließlich sogar individuell gesammelte Erfahrungen von einer Generation zur nächsten weiterzugeben. Keine andere Lebensform hat diese Fähigkeit so weit entwickelt wie der Mensch (Hüther, 1999).

Für die transgenerationale Überlieferung von bisher gesammeltem Wissen und bisher gewonnenen Erfahrungen an die jeweils nachfolgenden Generationen sind in unserem Kulturkreis spezielle Einrichtungen – Kindergärten, Schulen, Universitäten – geschaffen worden. In diesen Einrichtungen soll die jeweils nachfolgende Generation all das lernen, worauf es nach Meinung derer ankommt, die schon älter sind und »Schule machen«. Diese Meinungen haben sich im Verlauf der Menschheitsentwicklung immer wieder verändert. Die sogenannten »primitiven Völker« waren noch der Ansicht, dass es für ihre Kinder auf alles, was sie selbst wussten und konnten, gleichermaßen ankommt. Die »Schule« für das spätere Leben ihrer Kinder fand im täglichen Zusammenleben in der Familien-, Sippen- und Stammesgemeinschaft statt. Hier wurde das gesamte Wissen über die Gestaltbarkeit von Beziehungen erlernt, von Beziehungen zwischen den Menschen untereinander wie auch zwischen den Menschen und der sie umgebenden Natur, auch zwischen den Menschen und dem, was sich hinter den Naturerscheinungen »verbarg«: Gespenster, Geister und Götter.

Erst mit der zunehmenden Spezialisierung einzelner Mitglieder dieser ursprünglichen Gemeinschaften wurden auch spezielle Einrichtungen, »Spezialschulen« zum Erwerb ganz besonderer Fähigkeiten und Fertigkeiten erforderlich. Bald hatte jede Kaste ihre eigene »Schule«, neben den verschiedenen Handwerkerschulen entstanden bereits sehr früh verschiedene Formen von Priesterschulen, in denen die Schüler all das lernen sollten, worauf es für die Gestaltung von »geistigen« Beziehungen damals ankam. Parallel dazu wurden spezielle Kampftechnik-, Militär- oder Kadettenschulen eingerichtet, um die dafür ausgewählten Nachkommen in die wichtigsten »weltlichen« Formen der Gestaltung von Beziehungen – Strammstehen und Kriegführen – zu unterrichten. Aus diesen Urformen von Schule haben sich im Lauf der letzten zwei Jahrhunderte die heutigen »allgemeinbildenden Schulen« entwickelt. Bis heute sind sich die für diese Schulen Verantwortlichen nicht so recht einig, was die Schüler dort eigentlich lernen sollen. Anfangs war es eine Mischung aus Katechismus und Gehorsam, dann kamen noch Lesen, Schreiben und Rechnen hinzu, später auch Übungen für den Leib (Sport) und für die Seele (Singen, Kunst). Ihre Geschichte (d. h. die Geschichte der jeweiligen Herrscher) sollten die Schüler ebenso kennen lernen wie die jeweils herrschenden Grundregeln für die Gestaltung der »schichtenspezifischen« gesellschaftlichen Beziehungen.

Als die Technik ihren Siegeszug angetreten hatte, wurde die Vermittlung naturwissenschaftlich-technischer Kenntnisse immer wichtiger und seit Beginn des Informationszeitalters sollen die Schüler nun auch lernen, wie informationsverarbeitende Systeme funktionieren. Allerdings beschränkt sich diese Ausbildung bisher weit gehend auf die Vermittlung von Wissen darüber, wie man einen Computer bedient.

Über das wichtigste und mit Abstand komplexeste und leistungsfähigste »informationsverarbeitende System«, über das wir als Menschen verfügen – über ihr eigenes Gehirn –, erfahren die Schüler heutzutage nur wenig, bestenfalls im Biologieunterricht. Das muss sich ändern, und das wird sich auch ändern, denn die Welt, in die Kinder und Jugendliche heute hineinwachsen, hat sich in den letzten Jahrzehnten dramatisch verändert. Als Schlüsselqualifikation für morgen wird von den nächsten Generationen etwas verlangt, was »Arbeitgeber« schon heute händeringend suchen und den Menschen in unserer technisierten, hektischen und leistungsorientierten Gesellschaft offenbar zunehmend abhanden zu kommen droht: psychosoziale Kompetenz, also die Fähigkeit, gemeinsam mit anderen Menschen nach tragfähigen Lösungen für die Bewältigung heutiger und künftiger Herausforderungen zu suchen. Leider ist diese Fähigkeit nicht wie englische Vokabeln lern- und abfragbar. Es handelt sich hierbei nämlich um eine Form von Wissen, die auf eigener Erfahrung beruht. Um sie zu erwerben, brauchen junge Menschen Vorbilder, also Menschen, die diese Fähigkeit besitzen und sie Kindern und Jugendlichen vorleben. Und sie brauchen eigene Erfahrungen, die ihnen zeigen, dass schwierige Lösungen nur gemeinsam mit anderen gefunden und umgesetzt werden können. Ohne solche Vorbilder und ohne solche Erfahrungen ist dem sich unter Kindern und Jugendlichen ausbreitenden Defizit an psychosozialer Kompetenz nur schwer beizukommen.

Unerwartete Schützenhilfe zur Überwindung dieser Misere kommt nun seit einigen Jahren von einer Disziplin, der man dies kaum zugetraut hätte: Die Hirnforscher haben auf ihrer Suche nach dem, was das menschliche Gehirn zu dem macht, was es ist, eine bemerkenswerte Erkenntnis zutage gefördert: Alle Bereiche und Regionen, in denen sich das menschliche Gehirn von dem unserer nächsten tierischen Verwandten am stärksten unterscheidet und von denen all jene Funktionen gesteuert werden, die wir als spezifisch menschliche Leistungen betrachten, werden erst nach der Geburt durch eigene Erfahrungen endgültig herausgeformt. Die wichtigsten Erfahrungen, die einen heranwachsenden Menschen prägen und in Form komplexer neuronaler synaptischer Verschaltungen in seinem Gehirn verankert werden, sind Erfahrungen, die in lebendigen Beziehungen mit anderen Menschen gesammelt werden. In all jenen Bereichen, wo es sich von tierischen Gehirnen unterscheidet, wird das menschliche Gehirn durch Beziehungen und Beziehungserfahrungen mit anderen Menschen geformt und strukturiert. Unser Gehirn ist also ein soziales Produkt und als solches für die Gestaltung von sozialen Beziehungen optimiert. Es ist ein Sozialorgan.

Diese Erkenntnis wird sich in den nächsten Jahren um so effektiver innerhalb der Gesellschaft ausbreiten und zu einer Neubewertung und Umgestaltung der sozialen Beziehungen führen, je rascher es gelingt, dieses neue Wissen bereits in den Schulen für die nachwachsende Generation verfügbar zu machen.

Die strukturierende Kraft sozialer Erfahrungen

Das menschliche Gehirn ist formbarer – und deshalb auch verformbarer –, als das selbst die Hirnforscher noch bis vor wenigen Jahren geglaubt hatten. Keine andere Spezies kommt mit einem derart offenen, lernfähigen und durch eigene Erfahrungen in seiner weiteren Entwicklung und strukturellen Ausreifung gestaltbaren Gehirn zur Welt wie der Mensch. Nirgends im Tierreich sind die Nachkommen beim Erlernen dessen, was für ihr Überleben wichtig ist, so sehr und über einen vergleichbar langen Zeitraum auf Fürsorge und Schutz, Unterstützung und Lenkung durch die Erwachsenen angewiesen, und bei keiner anderen Art ist die Gehirnentwicklung in solch hohem Ausmaß von der emotionalen, sozialen und intellektuellen Kompetenz dieser erwachsenen Bezugspersonen abhängig wie beim Menschen. Das gilt insbesondere für den jüngsten Teil des Gehirns, das Frontalhirn.

Erst in den letzten 10 Jahren ist es den Gehirnforschern und Entwicklungspsychologen vor allem mit Hilfe der so genannten bildgebenden Verfahren gelungen nachzuweisen, welch nachhaltigen Einfluss frühe Bindungserfahrungen darauf haben, wie und wofür ein Kind sein Gehirn benutzt, und welche Verschaltungen zwischen den Milliarden Nervenzellen deshalb besonders gut gebahnt und stabilisiert und welche nur unzureichend entwickelt und ausgeformt werden (Liu et al., 2000; Schore, 2001). Diese Erkenntnis beginnt sich jetzt erst allmählich unter den die Erziehung und Sozialisation der nachwachsenden Generation lenkenden Erwachsenen auszubreiten.

Nicht viel anders verhält es sich mit der zweiten wichtigen Erkenntnis, die sich zwangsläufig aus der Tatsache ergibt, dass die frühkindlichen Bindungen nur der erste Schritt eines langen und komplizierten Sozialisationsprozesses sind. Im Verlauf dieses Prozesses lernt jedes Kind, sein Gehirn auf eine bestimmte Weise zu benutzen, indem es dazu angehalten, ermutigt oder auch gezwungen wird, bestimmte Fähigkeiten und Fertigkeiten stärker zu entwickeln als andere, auf bestimmte Dinge stärker zu achten als auf andere, bestimmte Gefühle eher zuzulassen als andere, also sein Gehirn allmählich so zu benutzen, dass es sich damit in der Gemeinschaft, in die es hineinwächst, zurechtfindet. In unterschiedlichen Kulturen aufwachsende Kinder erwerben dabei zum Teil sehr unterschiedliche, kulturell tradierte Fähigkeiten. Unsere Kinder erwerben im Verlauf dieses Prozesse all jene Fähigkeiten und Fertigkeiten, auf die es eben für das Leben in unserem Kulturkreis ganz besonders ankommt, und indem sie das tun, werden auch die dabei immer wieder aktivierten neuronalen Verschaltungen stärker und intensiver benutzt, ausgebaut und entwickelt.

Alles, was auf diese Weise erst im Verlauf der ersten Lebensjahre gelernt werden muss, wird von anderen Menschen übernommen. Keine dieser kulturspezifischen Leistungen ist angeboren. Alles, worauf ein Kind später stolz ist, was es als Persönlichkeit ausmacht, was es weiß und kann, ebenso wie das, was es denkt und fühlt, ja sogar das, was es wünscht und träumt, und nicht zuletzt das, was es als seine Muttersprache erwirbt, verdankt es dem Umstand, dass andere Menschen ihm bei der Benutzung und Ausformung seines Gehirns geholfen haben. Ohne erwachsene Vorbilder hätte ein Kind womöglich noch nicht einmal den aufrechten Gang gelernt, es wäre nicht in der Lage, sich in einer bestimmten Sprache auszudrücken, es wüsste nicht, was essbar und was giftig und gefährlich ist. Auch wir selbst hätten weder Fahrradfahren noch irgendein hierzulande alltägliches Gerät zu bedienen gelernt. Wir könnten nicht schreiben, lesen und rechnen, auch nicht musizieren, singen und tanzen. Wir wären der äußeren Welt und unseren inneren Antrieben hilflos ausgesetzt, wüssten nicht, worauf wir besonders zu achten haben, hätten nicht gelernt, all die vielen komplexen Bewegungsabläufe und feinmotorischen Handlungen zu steuern, die man nur von anderen Menschen lernen kann, und wir wären auch kaum in der Lage, irgendwelche in uns aufkommenden Impulse zu kontrollieren.

All das und noch vieles mehr muss jedes Kind im Verlauf eines schwierigen und daher auch sehr störanfälligen Entwicklungsprozesses erst erlernen. Dass das geschieht, erscheint uns so selbstverständlich, dass wir kaum je darüber nachdenken, was aus unserem Gehirn geworden wäre, wenn wir keine Gelegenheit bekommen hätten, uns all diese Fähigkeiten und Fertigkeiten im Verlauf unserer ersten Lebensjahre von anderen Menschen anzueignen. Es wäre ein Gehirn geworden, in dem all das, was zum Zeitpunkt der Geburt noch nicht fertig ausgereift ist, sich nicht so weiter entwickelt, organisiert und strukturiert hätte, wie das nun einmal geschehen ist. Alle hochkomplexen Verschaltungen, die nicht automatisch entstehen, sondern nur dann herausgeformt und stabilisiert werden können, wenn sie auch immer wieder aktiviert und benutzt werden, wären ohne die vielen Anregungen und Ermunterungen, Maßregelungen und Ermahnungen, also ohne die aktive Einflussnahme anderer Menschen auf unsere Hirnentwicklung nicht entstanden. Unser Gehirn ist in viel stärkerem Maß, als wir in eigener Selbstüberschätzung zuzugeben bereit sind, durch diese anderen Menschen und all das, was diese wiederum von anderen Menschen übernommen haben, strukturiert worden (Eisenberg, 1995).

Die Hirnregion, in der all diese komplexen, nutzungsabhängigen neuronalen Verschaltungen letztendlich zusammenlaufen, reift beim Menschen zuletzt und am langsamsten aus: der Frontal- oder Stirnlappen, der präfrontale Cortex. Diese Region ist in besonderer Weise daran beteiligt, aus anderen Bereichen der Großhirnrinde eintreffende Erregungsmuster zu einem Gesamtbild zusammen zu fügen und auf diese Weise von »unten«, aus tieferliegenden und früher ausgereiften Gehirnregionen generierte Erregungen und Impulse zu hemmen und zu steuern. Ohne Frontalhirn kann man keine zukunftsorientierten Handlungskonzepte und inneren Orientierungen entwickeln. Ohne Frontalhirn kann man nichts planen, kann man die Folgen von Handlungen nicht abschätzen, kann man sich nicht in andere Menschen hineinversetzen und deren Gefühle teilen, auch kein Verantwortungsgefühl empfinden. Unser Frontalhirn ist die Gehirnregion, die in besonderer Weise durch denjenigen Prozess strukturiert wird, den wir Erziehung und Sozialisation nennen.

Die lange Zeit aufrechterhaltene und bis heute vorgenommene Trennung zwischen Gehirnentwicklung und der Entwicklung des Verhaltens, Denkens und Fühlens, ja selbst des Gedächtnisses hat sich inzwischen als ebenso schwerwiegender Irrtum erwiesen wie die Vorstellung, dass der Prozess der strukturellen Ausreifung und Umformung des menschlichen Gehirns gegen Ende des 3. Lebensjahres weitgehend abgeschlossen sei (Rutter, 2002). Inzwischen ist deutlich geworden, wie eng die Entwicklung auch des Gedächtnisses an die Ausformung und Reifung cerebraler Strukturen gebunden ist. Insbesondere die Ausreifung synaptischer Netzwerke im Neokortex ist auf spezifische interaktionale Stimulation angewiesen. Um diese Strukturen ausbilden zu können, suchen und brauchen bereits Neugeborene die lebendige Interaktion mit andern Menschen. Die bereits intrauterin entstandenen neuronalen Verknüpfungen bilden nur ein vorläufiges Muster für einen noch kontext- und nutzungsabhängig herauszuformenden späteren Zustand. Bei neuen Erlebnissen werden die dabei synchron aktivierten neuronalen Netzwerke miteinander verknüpft. Sie repräsentieren durch ihre Aktivitätsmodalität in der »Innenwelt« des Gehirns das Geschehen in der »Außenwelt« in symbolischer Weise. Zum Wiedererkennen kommt es immer dann, wenn die gleichen neuronalen Netze die gleichen »inneren Bilder« erneut aktiviert werden (Singer, 1995).

Lernen heißt Beziehungen herstellen

Die Fähigkeit, neue Wahrnehmungen zu machen und diese neuen Wahrnehmungen für die Herausformung neuer innerer Bilder in Form bestimmter synaptischer Verschaltungsmuster im Gehirn zu verankern, ist beim menschlichen Gehirn besonders gut entwickelt. Wir sind mit unserem Gehirn in der Lage, die bereits angelegten inneren Bilder mit den neuen, über die verschiedenen Sinneskanäle ankommenden und im Gehirn erzeugten Aktivitätsmustern zu vergleichen und unsere bisherige Vorstellung von dem zu verändern, was eine Maus oder ein Schwein, ein Freund oder ein Feind, eine Hose oder ein Rock ist. Wie diese Abstimmung erfolgt, ist noch nicht endgültig geklärt. Die Hirnforscher vermuten, dass die ankommenden Sinnesdaten auch bei uns im Gehirn zunächst ein inneres »Wahrnehmungsbild« erzeugen. Gleichzeitig werden dazu passende, in den höheren Arealen der Hirnrinde bereits angelegte innere Bilder benutzt, um ein bestimmtes »Erwartungsbild« in Form eines charakteristischen Aktivierungsmusters zu generieren. Falls diese beiden Erregungsmuster identisch sind, bleibt alles beim Alten. Da das neue Bild das vorhandene nur bestätigt, sind die eingegangenen Sinnesdaten für das Hirn uninteressant und können routinemäßig – so wie immer – beantwortet werden. Wenn keinerlei Übereinstimmung zwischen dem durch eine bestimmte Wahrnehmung im Gehirn entstehenden neuen Erregungsmuster und dem von den assoziativen Rindenbereichen generierten »Erwartungsbild« hergestellt werden kann, passiert gar nichts. Die eingegangenen Sinnesdaten werden dann als unsinniges und daher belangloses »Wahrnehmungsbild« verworfen. Wirklich interessant wird es nur dann, wenn das alte, bereits vorhandene Muster und das neue, eben entstandene Aktivierungsmuster zumindest teilweise übereinstimmen und überlagerbar sind. Das im Cortex entstandene »Erwartungsbild« muss dann geöffnet und entsprechend modifiziert werden. Anschließend wird es erneut mit den von den eintreffenden Sinnesdaten erzeugten Erregungsmustern verglichen. Dieser Prozess wiederholt sich so lange, bis ein neues, erweitertes inneres »Erwartungsbild« entstanden ist, das sich nun endlich mit dem tatsächlichen Wahrnehmungsbild deckt. Die neue Wahrnehmung ist dann in den Schatz der bereits vorhandenen inneren Bilder integriert worden. Man hat etwas dazugelernt (Hüther, 2004).

Die im Gehirn angelegten und bereitgehaltenen inneren Repräsentanzen über die in der äußeren Welt wahrnehmbaren Erscheinungen werden auf diese Weise im Laufe des Lebens ständig erweitert und überformt, jedenfalls solange ein Mensch noch Neues wahrzunehmen und sich auf diese neuen Wahrnehmungen einzulassen im Stande ist, d. h., solange ein solcher Abgleich zwischen neu entstandenen und bereits vorhandenen synaptischen Aktivierungsmustern erfolgen kann. Diese Bereitschaft und die damit einhergehende Offenheit zur Modifikation und Erweiterung bereits vorhandener innerer Erwartungsbilder ist während der Phase der Hirnreifung, also bei Kindern und Jugendlichen besonders groß. Das gilt nicht nur für die visuelle Wahrnehmung und die Verankerung optischer Eindrücke, sondern ebenso für das Tasten und die Herausbildung innerer »Tast- und Körperbilder«, für das Hören und die Entstehung entsprechender akustischer innerer Bilder und das damit einhergehende Verstehen und Verankern von Sprache, letztlich auch für das Interesse am Zuhören. Auf gleiche Weise entwickelt sich die Fähigkeit, aus Gerochenem innere »Geruchsbilder« anzulegen und mit anderen Sinneswahrnehmungen und den dadurch erzeugten inneren Bildern zu verbinden. Ja, sogar die von den Muskeln bei Veränderungen ihres Tonus zum Gehirn weitergeleiteten Signale werden benutzt, um innere Repräsentanzen von komplexen Bewegungsabläufen, gewissermaßen innere »Bewegungs- und Handlungsbilder« in bestimmten Bereichen des Gehirns anzulegen und bei Bedarf abzurufen.

Die anfangs noch sehr große Bereitschaft, die bereits in den assoziativen Bereichen des Cortex vorhandenen inneren Bilder mit den aus diesen unterschiedlichen Sinneskanälen neu eintreffenden Eindrücken und »Wahrnehmungsbildern« abzugleichen, verschwindet (leider) in dem Maß, wie ein Mensch zu der inneren Überzeugung gelangt, alles, was es nun noch an Neuem wahrzunehmen gibt, bereits zu kennen. Er meint dann, dass er neue Wahrnehmungen zur Aufrechterhaltung seines inneren Gleichgewichts nicht mehr braucht.

Das Neue, Fremde interessiert ihn nicht mehr. Bisweilen weigern sich einzelne Menschen auch, sich überhaupt noch auf neue Wahrnehmungen einzulassen, weil sie zu der Überzeugung gelangt sind, dass alles Neue und Fremde ihr bis dahin entwickeltes inneres Gleichgewicht nur erneut stört und bedroht. Oft haben solche Menschen die wiederholte Erfahrung gemacht (oder machen müssen), dass ihre Offenheit für Neues und Fremdes für sie nutzlos oder gar gefährlich geworden ist. Diese Erfahrung ist dann in Form komplexer Verschaltungsmuster in den höchsten assoziativen Bereichen ihres Frontalhirns als ein übergeordnetes und nun ihre gesamte Wahrnehmungsfähigkeit leitendes, d. h. ihre Offenheit bestimmendes, inneres Bild verankert. Dieses übergeordnete innere Bild hemmt als einmal angeeignete Haltung und Überzeugung fortan die Projektion von »Erwartungsbildern« aus den anderen assoziativen Netzwerken des Cortex in das Zwischenhirn. Solche Menschen hören auf, die in ihnen selbst bzw. in ihrer Lebenswelt stattfindenden Veränderungen noch wahrzunehmen. Ihre einmal entwickelten Haltungen und Überzeugungen sind dann als so starke innere Bilder in ihrem Frontalhirn verankert, dass sie den Abruf und damit den Abgleich einzelner, oft sogar aller anderen in den assoziativen Rindenbereichen bereits angelegten Wahrnehmungsbilder verhindern. Sie lassen sich dann im wahrsten Sinne des Wortes durch nichts mehr »beeindrucken«.

Umgekehrt gibt es auch Menschen, die bereits während ihrer Kindheit und auch in ihrem späteren Leben die wiederholte Erfahrung machen und als innere Überzeugung in ihrem Frontalhirn verankern konnten, dass der fortwährende Abgleich ihrer bereits angelegten inneren Wahrnehmungsbilder mit neuen Sinnesdaten zu einer für sie bedeutsamen und für ihre Lebensbewältigung hilfreichen Verbesserung und Erweiterung ihrer Wahrnehmungsfähigkeit geführt hat. Sie haben Spaß daran, Neues hinzuzulernen. Dieses übergeordnete innere Bild erleichtert ihnen im weiteren Leben den Abruf und den Abgleich ihrer in den assoziativen Rindenfeldern bereits vorhandenen inneren Erwartungsbilder für einzelne oder sogar mehrere Wahrnehmungsbereiche. Sie lassen sich deshalb auch durch sehr viele, subtile Veränderungen sowohl ihres Körpers, als auch ihrer äußeren Welt weiter »bilden«.

Kinder lernen immer, und sie lernen immer, indem sie sich zu dem, was sie erfahren und was es in der Welt zu entdecken gibt, in Beziehung setzen. Genau wie wir als Erwachsene müssen auch Kinder versuchen, jede neue Wahrnehmung und jede neue Erfahrung an etwas anzuknüpfen, was bereits da ist, was sie schon wissen und können, was ihnen also bereits irgendwie vertraut ist. Und wie bei uns Erwachsenen ist auch die Bereitschaft der Kinder, sich auf etwas Neues einzulassen, etwas Neues anzuprobieren um so größer, je sicherer sie sind und je größer das Vertrauen ist, mit dem sie sich in die Welt hinauswagen. Jede Art von Verunsicherung, von Angst und Druck erzeugt in ihrem Gehirn eine sich ausbreitende Unruhe und Erregung. Unter diesen Bedingungen können die dort über die Sinneskanäle eintreffenden Wahrnehmungsmuster nicht mit den bereits abgespeicherten Erinnerungen abgeglichen werden. Es kann so nichts Neues hinzugelernt und im Gehirn verankert werden. Oft wird die Erregung und das damit einhergehende Durcheinander im Kopf sogar so groß, dass auch bereits Erlerntes nicht mehr erinnert und genutzt werden kann. Das Einzige was dann noch funktioniert, sind ältere, sehr früh entwickelte und deshalb recht fest eingefahrene Denk- und Verhaltensmuster. Das Kind fällt dann zurück in solche Verhaltensweisen, die immer dann aktiviert werden, wenn es anders nicht mehr weiter geht: Angriff (Schreien, Schlagen), Verteidigung (nichts mehr hören, sehen, wahrnehmen wollen, stur bleiben, Verbündete suchen) oder Rückzug (Unterwerfung, Verkriechen, Kontaktabbruch). Jedes Kind verliert so seine Offenheit, seine Neugier und sein Vertrauen – und damit die Fähigkeit, sich auf Neues einzulassen. Dieser Zustand ist für Kinder genauso schwer auszuhalten wie für Erwachsene. Sie fühlen sich ebenso ohnmächtig und beschämt und reagieren mit Wut, Zorn oder gar mit Resignation auf die erlebte Enttäuschung (Henry, 1993).

Die Gefahr, dass Kinder in solche Situationen geraten, lässt sich nur abwenden, wenn ihnen Gelegenheit geboten wird, genau das wiederzufinden, was sie mehr als alles andere brauchen, um sich mit anderen Menschen und dem, was sie in der Welt erleben, in Beziehung zu setzen: Vertrauen. Nichts ist in der Lage, das Durcheinander im Kopf besser aufzulösen und die zum Lernen erforderliche Offenheit und innere Ruhe wieder herzustellen, als dieses Gefühl von Vertrauen. Deshalb suchen alle Kinder auch besonders enge Beziehungen zu solchen Menschen, die ihnen Sicherheit bieten und ihnen bei der Lösung von Problemen behilflich sind, die ihnen nicht nur sagen, sondern selbst vorleben, worauf es im Leben ankommt, und ihnen auf diese Weise Orientierung bei der Entdeckung ihrer eigenen Möglichkeiten zur Gestaltung ihres Lebens bieten.

Die eigenen Eltern sind normalerweise diejenigen Personen, denen Kinder, wenn sie auf die Welt kommen, zunächst vorbehaltlos vertrauen. Wenn sich das Baby von ihnen verstanden fühlt und seine Bedürfnisse nach Nahrung, Wärme, Zärtlichkeit und Anregungen erfüllt werden, fühlt es sich in ihrer Gegenwart geschützt und geborgen. Diese Sicherheit bietende Bindungsbeziehung ist die Voraussetzung dafür, dass ein Kind bereits im ersten Lebensjahr so viel Neues aufnehmen, Neues ausprobieren und die dabei gesammelten Erfahrungen in seinem Hirn fest verankern kann. Die so entstandenen komplizierten Muster von Nervenzellverschaltungen ermöglichen es ihm, zunehmend komplizierte Bewegungen zu steuern, erste Zusammenhänge und Regeln zu erkennen und daraus eigene logische Schlüsse zu ziehen und entsprechend zu handeln. Damit diese anfangs noch sehr lockeren Verschaltungsmuster gefestigt werden können, brauchen Kinder viel Ruhe und Zeit zum aufmerksamen Beobachten und zum intensiven Üben und Ausprobieren. Kinder lernen immer dann am besten, wenn sie den Lernstoff selbst bestimmen können. Sie sind geborene Entdecker und genießen es, ihre Neugier auszuleben. Wer keine Fehler macht, kann auch nichts hinzulernen. Deshalb erschließen auch schon Kinder die Welt durch Versuch und Irrtum – und je häufiger sie die Erfahrung machen, dass sie bereits allein in der Lage sind, ein Problem zu lösen, desto stärker wachsen ihr Selbstvertrauen, ihr Mut und ihre Sicherheit. Wenn sich dann noch jemand mit ihnen gemeinsam über jede gelungene Lösung freut, wächst auch ihr Vertrauen, dass sie selbst in der Lage sind, einen anderen Menschen glücklich zu machen. Soziale Resonanz nennen die Hirnforscher dieses Phänomen der wechselseitigen Verstärkung von Gefühlen, das dazu führt, dass der Funke der Begeisterung überspringt.

Vertrauen ist das Fundament, auf dem all unsere Entwicklungs-, Bildungs- und Sozialisierungsprozesse aufgebaut werden. Vertrauen braucht ein Kind auch später, wenn es erwachsen geworden ist, mehr als alles andere, um sich der Welt und anderen Menschen offen, ohne Angst und Verunsicherung zuwenden und auch schwierige Situationen meistern zu können. Dieses Vertrauen muss während der Kindheit auf drei Ebenen entwickelt werden:

- als Vertrauen in die eigenen Möglichkeiten, Fähigkeiten und Fertigkeiten zur Bewältigung von Problemen,
- als Vertrauen in die Lösbarkeit schwieriger Situationen gemeinsam mit anderen Menschen und
- als Vertrauen in die Sinnhaftigkeit der Welt und das eigene Geborgen- und Gehaltensein in der Welt.

Eltern, Lehrer und Erzieher, die selbst verunsichert sind oder ständig verunsichert werden, bieten die schlechtesten Voraussetzungen dafür, dass dieses Vertrauen wachsen kann. Was Kinder also stark und offen macht, hängt von der Stärke und Offenheit der Erwachsenen ab, unter deren Obhut sie aufwachsen.

Was die Lernlust und die Entdeckerfreude zerstört

Damit es Kindern gelingt, sich im heutigem Wirrwarr von Anforderungen, Angeboten und Erwartungen zurechtzufinden, brauchen sie Orientierungshilfen, also äußere Vorbilder und innere Leitbilder, die ihnen Halt bieten und an denen sie ihre Entscheidungen ausrichten. Nur unter dem einfühlsamen Schutz und der kompetenten Anleitung durch erwachsene »Vorbilder« können Kinder vielfältige Gestaltungsangebote auch kreativ nutzen und dabei ihre eigenen Fähigkeiten und Möglichkeiten erkennen und weiterentwickeln. Nur so kann im Frontalhirn ein eigenes, inneres Bild von Selbstwirksamkeit stabilisiert und für die Selbstmotivation in allen nachfolgenden Lernprozessen genutzt werden. Die Herausbildung komplexer Verschaltungen im kindlichen Gehirn kann nicht gelingen,

- wenn Kinder in einer Welt aufwachsen, in der die Aneignung von Wissen und Bildung keinen Wert besitzt (Spaßgesellschaft),
- wenn Kinder keine Gelegenheit bekommen, sich aktiv an der Gestaltung der Welt zu beteiligen (passiver Konsum von Lernstoffen und Medienangeboten),
- wenn Kinder keine Freiräume mehr finden, um ihre eigene Kreativität spielerisch zu entdecken (Funktionalisierung),
- wenn Kinder mit Reizen überflutet, verunsichert und verängstigt werden (Überlastung),
- wenn Kinder daran gehindert werden, eigene Erfahrungen bei der Bewältigung von Schwierigkeiten und Problemen zu machen (Verwöhnung),
- wenn Kinder keine Anregungen erfahren und mit ihren spezifischen Bedürfnissen und Wünschen nicht wahrgenommen werden (Vernachlässigung).

Das Gehirn, so lautet die vielleicht wichtigste Erkenntnis der Hirnforscher, lernt immer, und es lernt das am besten, was einem Heranwachsenden hilft, sich in der Welt, in die er hineinwächst, zurecht zu finden und die Probleme zu lösen, die sich dort und dabei ergeben. Das Gehirn ist also nicht zum Auswendiglernen von Sachverhalten, sondern zum Lösen von Problemen optimiert. Und da fast alles, was ein heranwachsender Mensch lernen kann, innerhalb des sozialen Gefüges und des jeweiligen Kulturkreises direkt oder indirekt von anderen Menschen »bezogen wird« und der Gestaltung der Beziehungen zu anderen Menschen »dient«, wird das Gehirn auch nicht in erster Linie als Denk-, sondern als Sozialorgan gebraucht und entsprechend strukturiert.

Es ist beeindruckend, dass die moderne Gehirnforschung inzwischen im Stande ist, all diese Erkenntnisse aus objektiven, jederzeit wiederholbaren und nachprüfbaren Befunden abzuleiten. Sie kann mit Hilfe ihrer neuen Verfahren zeigen, wie regionale Netze aufgebaut und verknüpft werden, wie globalisierende Transmittersysteme die dort ablaufenden Aktivierungsprozesse verbinden und harmonisieren, wie sich Erregungsprozesse ausbreiten und auf tiefer liegende emotionale Zentren übergreifen, welche Botenstoffe dadurch vermehrt ausgeschüttet werden und wie diese Stoffe als Wachstumsfaktoren und als Regulatoren der Genexpression die Stabilisierung und Bahnung neuer Verschaltungsmuster ermöglichen und begünstigen. Und es lässt sich inzwischen auch nachweisen, dass Angst, Stress, Überreizung und äußerer Druck die Herausformung komplexer Verschaltungen im kindlichen Gehirn ebenso behindern wie Unterforderung, mangelnde Anregungen, Verwöhnung oder Vernachlässigung.

Damit dieser komplizierte Entwicklungsprozess im Gehirn möglichst vieler Kinder gelingt, ist es wichtig, dass sich Eltern, Erzieherinnen, Lehrer, Ärzte, Therapeuten, Politiker – also alle Menschen, die für die Entwicklung unserer Kinder Verantwortung tragen – mit diesen Erkenntnissen vertraut machen und sich mit ihnen auseinander setzen sollten. Die Hirnforschung bestätigt auf eindrucksvolle Weise viele Erkenntnisse, die Entwicklungspsychologen, Säuglings- und Familienforscher über andere Methoden ebenfalls herausgefunden haben. Wir sind in der glücklichen Lage, wichtige Schritte in der Entwicklung von Kindern durch interdisziplinäre Forschungsergebnisse bestätigt zu sehen. Nun kommt es darauf an, diese Erkenntnisse nicht nur auf der Wissensebene zu speichern, sondern sie in den Alltagssituationen mit den Kindern umzusetzen.

Annelie Keil

Wie du mir, so ich dir
Gestörte Beziehungen: Gestörte Entwicklungen

Über die Vertreibung des Lebendigen aus Körper, Geist und Seele
Mit Erna und Frau Mauritz gegen Gewalt

Frau Mauritz ist eine Ziege, von der der siebenjährige Sascha behauptet, dass sie mehr und lauter meckert als jede Lehrerin. Und Erna ist ein Hängebauchschwein, mit dem der sechsjährigen Daniel begründete, warum er ausgerechnet in die Grundschule am Sandsteinweg in Berlin-Neukölln wollte, die in einem eigentlich als sozial schwierig geltenden Stadtteil liegt. Die Fuchsfamilie, die ebenfalls im Sandsteinweg zur Schule geht, bevorzugt es, den Kindern beim Sport zuzuschauen. Ob sie sich mehr für Breitensport oder die Begabung zum Spitzensport interessiert, ist unbekannt. Ein Pony begleitet, geführt von einer älteren Schülerin, die Abc-Schützen am ersten Tag in den Klassenraum, und wenn es dann äppelt, bricht ein großes Hallo aus, ohne dass jemand befürchten muss, dass die Kinder in Zukunft den Klassenraum mit der Toilette verwechseln. Hasen, Kaninchen und Meerschweinchen zeigen den Kindern, dass Streicheleinheiten nötig sind und gut tun, aber auch, dass man welche verteilen muss. Geben und Nehmen stehen in einem direkten Zusammenhang; auch das kann man lernen.

Die Zahl der Unfälle an dieser Schule ist um ein Drittel gesunken. Auf dem Schulhof und den Fluren sind die üblichen Keilereien und Schubsereien selten. »Wer ein Kaninchen auf dem Arm hält und streichelt, kann nicht auf andere Schüler einschlagen«, sagt Rektorin Petra Balzer zu dem ebenso einfachen wie erfolgreichen Konzept gegen Gewalt in der Schule. Die mit 850 Schülern und Schülerinnen größte Berliner Grundschule ist auch Heimstatt für 150 Tiere, die aus den weitläufigen Stallungen pro Woche für zwei Unterrichtsstunden in jede Klasse kommen. Überall miaut, grunzt, meckert, wiehert und kräht es und erinnert daran, dass Leben Sorge und Fürsorge braucht, gefüttert und beachtet werden will und lebendige Wesen sich normalerweise zu Wort melden, wenn sie etwas mitzuteilen haben und ihnen niemand ständig das Wort verbietet.

Schülerinnen und Schüler müssen zusammen mit Eltern und Lehrern helfen, das Futter aufzutreiben, die Tiere zu betreuen und das Projekt in Eigenarbeit zu erhalten. Sie sind bei Geburten dabei und erleben den Tod. Als das erste Pony starb, war die Trauer groß. Die Mädchen schnitten zum Andenken Locken ab und die Trauerfeier im Unterricht konnte zeigen, dass kleine Rituale helfen, den seelischen Schmerz zu bewältigen. Trennung und Abschied gehören zur Ordnung des Lebens und wollen schon früh gelernt sein.

Den Kindern zu geben, was das Leben ausmacht, war von Anfang an das Motto der Rektorin und einer Lehrerin, die gemeinsam zum Start vor mehr als 13 Jahren das erste Huhn auftrieben. Die Suche nach einem Huhn als Bündnispartner für eine Idee ersetzt manche pädagogische Podiumsdiskussion, jenem beliebten Fachgespräch der Hähne über das Eierlegen. Denkprozesse kann man nur gewinnen, wenn man sie mit Nachdenken verbindet und nicht aus jedem Dreck goldene Worte macht. Das gilt für alle Wissenschaften!

Den Kindern zu geben, was das Leben ausmacht, heißt auch, ihnen als lebendige menschliche Wesen das zu geben, was sie zu ihrer Entwicklung brauchen. Die Verantwortung für diese Aufgabe können wir weder an das Hängebauchschwein Erna noch an die Ziege Frau Mauritz abtreten.

Das Geschenk der nackten Geburt – Leben will gelernt sein Wir selber sind Werkzeug und Curriculum

Die Sehnsucht nach Leben ist eine seelische Kraft, die für die Entwicklung des einzelnen Menschen wie für die Entwicklung der menschlichen Gemeinschaft von großer Bedeutung ist. Mit der Hoffnung und dem Glauben an eine mögliche Zukunft teilt die konkrete Sehnsucht nach Leben den Willen und die Neugier, zu lernen, was zum Leben und Überleben erforderlich ist.

Willst du ein Schiff bauen, so rufe
nicht die Menschen zusammen,
um Pläne zu machen,
Arbeit zu verteilen,
Werkzeuge zu holen und
Holz zu schlagen,
sondern
lehre sie die Sehnsucht nach
dem großen endlosen Meer.
Saint-Exupéry

Mit der Potenz zu dieser sehnsüchtigen Neugier kommt jedes Kind zur Welt. Es will weit aufs weite Meer hinaus, auch wenn die ersten Wellen noch Angst machen und nicht sicher ist, ob und wann der Mensch auch Schiffbruch erleidet. Lebendige Wesen, die nicht nur auf dem Pfad der herrschenden Ordnung, sondern einen eigenen Weg gehen wollen, kann man nicht mit gläubigem Optimismus oder dem einfachen Versprechen abspeisen, dass alles schon gut gehen wird. Selbstbestimmtes Leben braucht vielmehr die Gewissheit, dass etwas auch dann Sinn macht, wenn es nicht gut ausgeht und dass nicht jede Lebensbewegung von vornherein an den Erfolg gekettet sein muss. Nur wer wagt, kann auch gewinnen. Aber wer immer gewinnen muss, wird nach kurzer Zeit nicht mehr wagen, sondern das Leben aus der Distanz beobachten, statt Beziehung aufzunehmen und sich einzumischen.

Leben ist das Geschenk der nackten Geburt. Wir bekommen nur die Möglichkeit zu leben, leben müssen wir selbst. Auch das Gehirn bekommen wir nur als Möglichkeit, zum Denken. Denken müssen wir schon selbst. Indem wir es wie eine Wohnung in Besitz nehmen und sozusagen einrichten. Von Zeit zu Zeit aufräumen und die Möbel umstellen, ist auch nicht schlecht. Leben verspricht nichts, weder Gesundheit, Reichtum, die große Liebe noch nette und vor allem pflegeleichte Kinder, auch keinen befriedigenden Arbeitsplatz und schon gar nicht ein langes, glückliches Leben jenseits eigener Verantwortung.

Auf diese Weise gefährdet Leben immer wieder unser körperliches, soziales, geistiges, seelisches und spirituelles Wohlbefinden. Im Dialog mit der Lebenslust erzeugt diese Erfahrung wieder und wieder eine tiefe Lebensangst und hat so einen nachhaltigen Einfluss auf die Grundstrukturen unseres Lernens und unseren Mut zu Selbstbestimmung und eigener Lebensgestaltung.

Leben ist begrenzt, prinzipiell unvorhersehbar sowie verletzlich und provoziert uns mit der Überraschungskraft seiner Krisen herauszufinden, was in uns steckt. Es funktioniert nach dem Motto: Friss Vogel oder stirb! Wir sind nicht immer Herr im Haus, sondern bleiben oft »Herrchen oder Frauchen« auf fremder Bühne. Wesentliche Aspekte unseres Lebens haben wir nicht bestimmt, sie wurden uns einfach vor die Füße gelegt: sozusagen Zufälle. Weder das Geburtsjahr noch die Hautfarbe noch unser Geburtsland haben wir uns ausgesucht, obwohl all dies unser Leben biografisch nachhaltig bestimmt. Zwei fremde Menschen »outen« sich am Anfang unseres Lebens als unsere Eltern. Man kann sie mit Blick auf die eigene Zukunft nicht interviewen, geschweige denn umtauschen und nur hoffen, dass sie sich lernbereit der Eltern-Kind-Beziehung auch dann stellen, wenn wir ihren Vorstellungen nicht entsprechen. Und so geht es weiter. Keine Arbeitslosigkeit, keine Krankheit oder Trennung sagt sich für uns kalkulierbar an. Die große Liebe ist nicht über die Gene berechenbar und der Satz »Ich liebe dich« enthält einen zweiten, nicht ausgesprochenen Satz und der lautet hoffnungsvoll: »Ich kriege dich schon hin«. An diesem heimlichen Curriculum arbeiten manche Ehepaare erfolglos bis zur diamantenen Hochzeit. Ob Eltern, Lehrer wie Lehrerinnen sich als Gesundheitsgefährdung oder ganze PISA-Türme herausstellen, die uns in eine lebenslange Schieflage bringen, bleibt eine biografische Überraschung.

Leben ist eine Idee, die wir täglich weiter entwickeln und zu verwirklichen suchen. Jeder neue Atemzug, der nächste Herzschlag, der vor uns liegende Schritt, der orientierende Blick oder auch der nächste wie der letzte Bissen sind Ausdruck dieser Idee, selbst wenn wir an unseren Routinen zu ersticken drohen und fest davon überzeugt sind, dass unser Leben uns gehorcht und sich an unsere Lebenspläne hält.

Wer leben will, bleibt von dieser Einsicht nicht verschont. Leben lebt in jedem Augenblick von unserer Entscheidung zu leben. Wir können tief durchatmen, um zu entspannen oder aber die Luft anhalten, wenn uns etwas überwältigt. Wir können auf verschiedene Weise hyperventilieren, wenn wir nicht genug bekommen und unseren Mitmenschen die Lust zum atmen nehmen, wenn wir uns erpresserisch auf ihr Leben setzen. Leben liegt nicht griffbereit vor uns und hat keinen einfach durchzuführenden Plan, sondern hält letztlich nur das, was wir unter den jeweils unterschiedlichen historischen, kulturellen, gesellschaftlichen und individuellen Bedingungen zu unserem eigenen Leben machen. Das ist der wesentliche Inhalt der Bedienungsanleitung, die Leben heißt: ein großer Auftrag, eine Provokation, eine riskante Chance!

Wenn wir mit dem ersten Schrei unsere Erdenbürgerschaft anmelden, liegt eine ungewisse und gleichzeitig endliche Zukunft vor uns. Außer dem nackten, überaus hilflosen Leben haben wir nichts – allerdings einen unübersehbaren Reichtum an Entwicklungsmöglichkeiten. Auch das letzte Hemd hat gerechterweise keine Taschen und ebenso nackt wie wir gekommen sind, verlassen wir die Welt auch. Das könnte zwischendurch eigentlich sehr beruhigend auf uns wirken, wenn wir uns die Taschen so voll stopfen, dass wir gar nicht abheben könnten, falls plötzlich der Ruf ergeht.

Seine Nacktheit akzeptierend verzweifelt der kleine Mensch nicht, sondern macht sich meistens sehr lustvoll an die Arbeit. Als menschliche Lebewesen kommen wir mit der Hoffnung und der Gewissheit zur Welt, dass wir von Menschen erwartet werden, die den Zustand der Nacktheit kennen und uns mit dem versorgen, was wir zum Leben brauchen: Essen und Trinken, ein Dach über dem Kopf, Berührung und Schutz, vor allem aber auch Lern- und Bildungsmöglichkeiten, die uns Schritt für Schritt aus der absoluten Abhängigkeit der Fremdversorgung in die Freiheit eines Menschen führen, der selbstbestimmt im aufrechten Gang zunächst für sich selbst und dann später wieder für andere sorgen kann.

Leben ist Koexistenz. Sie beginnt, wenn man so will, mit einer Hausbesetzung, denn das kleine befruchtete Ei muss sich in der Gebärmutter »einnisten«, um die nötige Versorgung zu bekommen. Natürlich muss sich auch jemand »besetzen« lassen, sonst kann der erforderliche Versorgungsaustausch nicht gelingen. Wir tragen ein Modell »sozialen« Lebens leibhaftig mit uns herum und daran ändert auch die Tatsache nichts, dass wir uns später als Individuen, als Interessengruppen oder als Gesellschaft insgesamt sozial ungerecht oder asozial verhalten und unsere Wurzeln verleugnen. Leben lebt vom Teilen und alle lebendigen Wesen sind darauf eingestellt. Entwicklung ist nur durch Beziehungsaufnahme möglich. In jedem Augenblick müssen wir unsere Grenze überschreiten, um Welt zu haben und den nächsten Horizont zu gewinnen, erklärt der Biologe und Philosoph Hans Jonas (1973) am Beispiel unseres Stoffwechsels. Wird dieses umfassende, leibhaftig verankerte Lebensmodell und Beziehungsnetz gestört, so hat das nachhaltige Folgen für die gesamte Entwicklung.

Wer leben will, muss lernen, vom ersten bis zum letzten Atemzug. Lebenslanges Lernen ist vorausgesetzt und keine Erfindung kluger Pädagogen. So wenig wir wussten, was im Augenblick der Geburt zu lernen war, so wenig wissen wir, was es im Augenblick der Einschulung, einer Krise, der plötzlichen Erkrankung oder zur Zeit unseres Sterbens zu lernen gilt. Spielerisch und ernsthaft, neugierig und vorsichtig, sich ausprobierend und anpassungsfähig soll und muss die Aneignung der Welt nicht nur im frühen Kindesalter vor sich gehen. Kleine Menschen wissen intuitiv, worum es praktisch geht, wenn man sich zum Leben anstiften will: Sie wollen essen und trinken, sich anziehen und ausziehen, sprechen und greifen, krabbeln, sitzen und gehen, spielen und tanzen, malen und singen lernen. Ein alter Mensch, der keinen Appetit mehr hat, muss auch wieder essen lernen, ein an der Hüfte operierter Mensch wieder laufen, ein süchtiger Mensch nach seiner eigentlichen Lebenssehnsucht suchen, ein psychotischer Mensch vielleicht lernen, sich seine Geschichte von der Seele zu malen, statt darüber zu sprechen.

Auch lesen, schreiben und rechnen wollen Kinder lernen, denn ohne diese Schlüsselqualifikationen kann man sich offensichtlich nur begrenzt der Welt mitteilen und mitmischen, wie Kinder unschwer durch Beobachtung ihrer

Umgebung erkennen können. Wer als Erwachsener nicht in der entsprechenden Sprache lesen, schreiben und reden kann, ist ebenfalls »out« und in hohem Maße benachteiligt und gesundheitlich gefährdet, weil ihm zentrale Lebensmittel fehlen.

Kleine Menschen wagen sich aber von Anfang an auch an die komplexeren Aufgaben heran, deren Bewältigung sie zum Leben und für ihr körperliches, geistiges, soziales und seelisches Wohlbefinden brauchen, wie die WHO Gesundheit definiert. Sie wollen und müssen lernen, wie man sich die Liebe und Anerkennung der Eltern, der Erzieherin, der Lehrer und Lehrerinnen, der Freunde oder überhaupt der Umwelt erobert, wie man Beziehungen aufbaut und wieder verlässt, wie man mit unterschiedlichen und manchmal unangenehmen Gefühlen umgeht, wie man wütend sein kann, ohne zuzuschlagen, wie man kritisiert, ohne gleich zu vernichten, wie man enttäuscht sein kann, ohne zu resignieren oder zu verzweifeln. Soziale Situationen und Beziehungen müssen beurteilt und Gefühle erkannt und erlernt werden. Humberto Maturana (1987), der chilenische Biologe, nennt dies »Emotionieren«, eine Fähigkeit, die so notwendig ist wie Denken und Handeln. Erstaunlich und fast unglaublich, dass das Erlernen dieser emotionalen und sozialen Kompetenzen in den öffentlichen Schulplänen nicht vorkommt. Dass es Gefühle gibt, scheint die Wissenschaft erst zu glauben, seit sie schwarz auf weiß oder auch eingefärbt im Gehirn sichtbar gemacht werden können. Für Beifahrer der Zeit ist das einzig maßgebliche Blickfeld der Rückspiegel.

Leben ist kein Kinderspiel, sondern »harte« Arbeit auf spielerische Art. Wem diese Gefühls- und Beziehungsarbeit aus welchen Gründen auch immer nur unzureichend gelingt, bleibt mit Störungen zurück und ist später gesundheitlich wiederum mehr gefährdet: Körper, Geist und Seele reagieren mit Symptomen und rufen mit Auffälligkeiten um Hilfe. Nicht nur die sogenannten psychosomatischen Erkrankungen im engeren Sinn, sondern alle somatischen, psychischen und sozialen Erkrankungen machen uns auf die ungeheuren Defizite und Folgen der Vernachlässigung von Gefühlslandschaften der Menschen aufmerksam:

Eine ältere Frau mit Herzinsuffizienz, Ödemen, Wasser im ganzen Körper, kein Medikament der großartigen Medizin hilft. Ein einziges abendliches Visitengespräch, sie schüttet ihr Herz aus, weint viel – die Ärztin tut nichts außer zuhören –, am nächsten Morgen hat sie vier Liter Wasser ausgeschieden (Kütemeyer, 1995, S. 144).

Kein Erfolg oder Misserfolg in unserem Leben geht ausschließlich auf unsere eigene Leistung und Aufmerksamkeit zurück, sondern ist immer auch Ergebnis unvorhersehbarer Konstellationen und Umstände und vor allem der Tatsache geschuldet, dass Leben immer ein Leben in Beziehungen und Koexistenz ist. Leben ist auf verlorenem Posten, wenn es nur auf uns angewiesen wäre. Dieser Verunsicherung versuchen wir durch Lebenspläne und Lebensmuster auszuweichen, mit denen wir unser Denken, Fühlen und Handeln kontrollieren, d. h. unser Leben in den Griff bekommen.

Ein 64-jähriger Patient betreute, bevor sich bei ihm ein Parkinson entwickelte, als Vorarbeiter in einer Fabrik drei Schichten, bewirtschaftete nach Feierabend 26 Ar Ackerland und hielt sich 70 Hasen. Täglich ging er 900 abgezählte Schritte, hob jeden Abend 30-mal die Hände und kämmt sich 30-mal, »damit ich weiß, was ich geschafft habe« (Kütemeyer, 1981, S. 358).

Einengung der Lebensinteressen auf Arbeit und Leistung, Ordnungsfanatismus und Abhängigkeit von rigiden Normen und Autoritäten sind gesundheitsgefährdende Begleiterscheinungen von Existenzen, die jeder Spontaneität beraubt aktionistisch und mit unglaublicher Betriebsamkeit die eigenen Einengungen zu verdecken suchen, weil sie auf diese Weise Sicherheit zu gewinnen glauben.

Um Leben zu lernen, brauchen wir kognitive, emotionale und soziale Kompetenzen und vor allem die tiefe Leidenschaft der Neugier, uns dem offenen Spiel zu stellen, das Leben heißt. Kinder sind mehr als Erwachsene und aus Not heraus von Forschungsdrang beseelte Privatgelehrte, denn alles was vor ihnen auftaucht, ist unbekannt. Sie beschaffen sich das zum Leben notwendige Wissen, suchen nach sinnstiftenden Erklärungen und vergleichen die Ergebnisse, wenn man sie lässt. Sie fragen weiter, wenn sie unzufrieden sind, verweigern sich der unsittlichen Berührung, wenn man sie dazu ermutigt hat, leisten Widerstand gegen die scheinheilige Frustrationstoleranz, wenn man sie mit ihren Bedürfnissen leichtfertig auf eine allzu ferne Zukunft vertröstet. Kleine Menschen müssen wie Erwachsene die schmerzliche Erfahrung machen, dass andere Menschen ein besseres Leben haben, mehr Möglichkeiten bekommen, mehr geliebt und beschützt werden, und manchmal müssen sie auch lernen, vor ihren Eltern und Großeltern zu sterben.

Kinder wissen, dass man sich irren kann und dass Fehler Umwege in der Erkenntnis sind. Wer A sagt, muss nicht B sagen, wenn sich A als falsch erwiesen hat, sagt die Lebenserfahrung. In dieser Form des offenen, forschenden Lernens praktizieren Kinder etwas, das den modernen Wissenschaften vielfach verloren gegangen ist: Sie wollen vom Leben und für das Leben lernen. Wenn man sie lässt und dies fördert, haben sie von Anfang an einen Zugang zum Spiel mit Informationen und zur Aneignung von Wissen.

Entgegen diesem kindlichen Forschungstrieb ist unser gesellschaftliches Wissen nicht aus der Frage entwickelt: Wie lebt das Leben? Wir denken nicht in Wechselwirkungen und Kreisläufen, setzen nach wie vor in der Schulerziehung auf verschärfte Verstandesdressur und haben im Wahn der effektiven Verwertungsstrategien keine Vorstellung mehr davon, was wir tun müssen, um nicht nur bei Kindern eine immer lernfähige Aufnahmebereitschaft zu ermöglichen. Durch dieses Denken und Handeln wird nicht nur ein Planet geplündert, sondern die Menschen selbst geraten in Gefahr, ausgeplündert zu werden.

> Der Lebensentzug an den Menschen vollzieht sich als Stillstellen oder in der einseitigen Ausnutzung von seelischem und körperlichem Austausch. Statt aufzunehmen, zu reagieren, zu wirken und zusammenzuwirken, zwingt uns eine extrem einseitige Organisationsform, uns in einsamer Überaktivität zu verbrauchen (zur Lippe, 1978, S. 11).

Was wir in vielen Bereichen als technologischen Fortschritt bezeichnen können, folgte einer Logik, die für das Verständnis des Lebendigen zu schmalspurig ist und uns in eine Sackgasse geführt hat, an deren Ende wir zu stoßen beginnen. Henker finden den elektrischen Stuhl bequem, und Schweigegeld wird auch in Lohntüten ausgezahlt.

Der Arzt und Begründer der anthropologischen psychosomatischen Medizin Viktor von Weizsäcker hat die Herausforderung, sich mit der Offenheit, Prozesshaftigkeit, Gestaltungskraft und vor allem »Antilogik« und Subjektivität des Lebens auseinander zu setzen, zum kritischen Leitmotiv seines wissenschaftlichen Selbstverständnisses gemacht. Wir sind keine logischen, sondern lebendige Beispiele des Lebens, und wenn wir erkranken, erkrankt nicht nur ein Organ, sondern wir tun das als ganze Menschen mit allem, was biografisch dazu gehört.

> Um Lebendes zu erforschen, muss man sich am Leben beteiligen. Man kann zwar den Versuch machen, Lebendes aus Nichtlebendem abzuleiten, aber dieses Unternehmen ist bisher misslungen. Man kann auch anstreben, das eigene Leben in der Wissenschaft zu verleugnen, aber dabei läuft eine Selbsttäuschung unter. Leben finden wir als Lebende vor; es entsteht nicht, sondern es ist schon da, es fängt nicht an, denn es hat schon angefangen. Am Anfang jeder Lebenswissenschaft steht nicht der Anfang des Lebens selbst; sondern die Wissenschaft hat mit dem Erwachen des Fragens mitten im Leben angefangen (Weizsäcker, 1973, S. 3).

Das Fragen und Lernen der Kinder fängt ebenfalls mitten im Leben an und sie tun dies ebenfalls von Anfang an als ganze Menschen. Sie werden inmitten von Leben geboren und müssen sich auf den Weg machen, um Teil dieses Lebens zu werden. Was Kinder für diesen Prozess der Erforschung des eigenen wie des Lebens überhaupt brauchen, ist die Hoffnung und die Gewissheit, dass Lernen Sinn macht und Zukunft hat. Neugier und Erkenntnis sind Kinder der Freiheit und Voraussetzung für die lebensnotwendige Bildung des Selbst. Die Lust auf Leben bedarf der Lust auf Bildung, weil nur über sie das Beziehungsvermögen zur Welt und der Bezug zu sich selbst aufgebaut werden kann. Lebenslust ist Lernlust und beide brauchen Mut, Ausdauer und Unterstützung vor allem dann, wenn Kinder und Jugendliche Täler der Angst und Entmutigung durchschreiten müssen, weil wesentliche ökonomische, soziale und lebensgeschichtlich notwendige Voraussetzungen fehlen oder sie die Niederlagen, Abwertungen und Gewalterfahrungen auf ihrem Weg ins Leben nicht mehr verkraften können. Emotionale und soziale Benachteiligung, Beziehungsverweigerung, Ausgrenzung und Isolation, Konkurrenz und Überforderung, politische, pädagogische und wissenschaftliche Arroganz, Besserwisserei, Bevormundung, Verwöhnung und Rechthaberei begleiten die Prozesse des Lernens in jedem Alter und beschädigen die Kraft zu nachhaltiger Neugier und zu einem Leben in eigener Verantwortung.

Leben gefährdet Gesundheit, weil es eine riskante Chance mit ungewissem Ausgang ist. Die Chancen für ein umfassendes, alle Dimensionen des Lebens einbeziehendes Lernen sind unterschiedlich und sozial ungerecht verteilt. Nicht alle und immer weniger Kinder bekommen, was sie zu ihrer Entwicklung brauchen. In vielfacher Weise bleibt das Leben sitzen. Aber auch inmitten solcher Formen der körperlichen, geistigen und seelischen Verelendung und ihrer Folgen gibt es Bildungswunder, die Mut und Hoffnung ausstrahlen, weil sie zeigen, mit welcher Kraft der Wunsch eines Kindes nach Leben und Lernen zu überleben versucht.

Es war einmal ein kleiner Junge, dessen Leben sehr anstrengend war. Die Mutter weinte viel, der Vater machte sein hartes Gesicht. Der Sonntag war in der Familie ein besonderer Tag. Der kleine Junge zitterte schon am Abend vorher und konnte nicht einschlafen, denn: Am Sonntagmorgen rief der Vater seine Kinder zu sich und forderte sie auf, kleine Zettel aus einer drehbaren Trommel zu ziehen, die der Vater schön angemalt hatte. Auf den Losen war die Zahl der Schläge für die kommende Woche angekündigt, verteilt auf sieben Tage, und je nachdem gab es mal mehr oder weniger Prügel. Es gab auch das große Los in der Trommel, das eine ganze Woche ohne Schmerzen versprach.

Die Schreie des kleinen Jungen gingen im Krach des großen Hauses unter. Wenn jemand die gefärbten Stellen an seinem Körper sah, war er eben die Treppe runtergefallen. So ging es über Jahre.

Mark ist 12 Jahre alt, als er in der Kinderpsychiatrie endlich auf einen erwachsenen Menschen trifft, der hören und lesen will, was er von seinem Leben zu erzählen hat. Die Geschichte seiner kranken Seele lautet so:

> Ich heiße Alf und bin ein Kaugummi
>
> Ich heiße Alf. Heute möchte ich meine Lebensgeschichte als Kaugummi erzählen.
> Ich lebte in einer Kaugummipackung.
> Eines Tages holt mich ein kleiner Junge heraus.
> Und isst mich auf. Da kaut und beißt einer auf mir herum.
> Aber das Schlimmste kommt noch:
> Plötzlich spuckt er mich aus. Man tritt und trampelt auf mir herum. Und wie es so kommt, bleibe ich an einer Schuhsohle kleben.
> Der Schuh wird in den Müll transportiert.
> Und von hier aus der Mülltonne kommt mein Bericht (Hesse/Wellershoff, 1997, S. 61).

Bei dieser Lebensbeschreibung bleibt einem das Lachen im Halse stecken. Trotz aller Betäubungsversuche hat Mark die bisherigen Entführungen in die Erwachsenenwelt immerhin überlebt und kann uns eindringlich mitteilen, wie ein Kind sich fühlt, dem das Recht auf ein würdevolles Leben bestritten und das zur Knetmasse für andere geworden ist. Kein Psychiater könnte diagnostisch genauer beschreiben, was seinem Leben passiert ist.

Martin, 11 Jahre, kann kaum lesen und schreiben, als er in die gleiche Klinikschule kommt. Seine Mutter ist seelisch sehr krank, fühlt sich verfolgt und mit allen Fragen allein gelassen. Sie kann ihr Kind kaum versorgen. Es mangelt ihm an allem. Die Fahrkarten, um in die Schule zu kommen, werden nicht besorgt, das Turnzeug fehlt, auch das Schulbrot. Nach kurzer Zeit und befreit von der Sorge für das Nötigste gehört er zu den eifrigsten Geschichtenschreibern und ist davon überzeugt, dass man trotz all seiner »normalen« Schulprobleme mit ihm rechnen kann. Er weiß, dass sein Kopf mitmachen wird, und drückt diese Hoffnung so aus:

> Das Hirn
>
> Das Hirn befindet sich im Kopf.
> Es behält die Sachen.

Wenn man kein Gehirn hat, weiß man nichts.
Mein Hirn kann rechnen und schreiben.
Ich denke und male und behalte.
Manchmal habe ich Kopfschmerzen.
Ich bin nicht doof, und ich bin nicht krank im Kopf.

Sein Wunsch:
Ich wünsche mir zu Weihnachten einen Gorilla.
Aber eigentlich mag ich lieber kleine Affen
(Hesse/Wellershoff, 1997, S. 59).

Zum Schutz und zur Bewältigung seiner Probleme braucht er eigentlich den größten Affen der Welt. Zum Schmusen aber eignet sich eher ein kleiner Affe, den man in den Arm nehmen kann und der nicht größer als man selbst ist. Mit zwei Sätzen drückt Martin das Dilemma aus, in dem er steckt.

Und jeder Schritt wagt den Fall
Leben heißt Krisen meistern und aufrecht gehen

Dem Rücken geht es nicht gut, der aufrechte Gang ist in Gefahr. Gekrümmte Wirbelsäulen verschiedenster Art sind unterwegs. Die freien Gedanken beugen sich der herrschenden Lehre, viele Seelen krümmen sich im Schmerz und unterwerfen sich ihrer Lebensangst. Gedienert wird an den unmöglichsten Stellen, in öffentlichen Anstalten, Partnerschaften oder in der Politik und nicht nur den Bandscheiben ist das abträglich. Die Menschen sind starrer geworden und viele haben nicht nur ihre körperliche Beweglichkeit verloren. Manches Gehirn ist gelähmt noch bevor sein Besitzer dies wahrnimmt. Statt körperlichen Alltagsklugheiten zu trauen und sich mit Gefühlen zu verbünden, hat sich der Verstand in den Kopf zurückgezogen, um dort einen Schmerz über unbeantwortete Fragen der Seele zu erzeugen, dem nicht einmal mehr mit Dauermedikation das Schweigen beizubringen ist.

Ein 60-Jähriger litt seit seinem 20. Lebensjahr an Kopfschmerzen und war gewohnt, 10 – 20 Tabletten täglich gegen diese Kopfschmerzen einzunehmen. Er stammte aus sehr einfachen Verhältnissen und hatte sich emporgearbeitet. Er war ein sehr hochstehender Funktionär in einer Gewerkschaft. Aber er lebte immer in der Furcht, versagen zu können. Sein Schlaf war gut, seine Kopfschmerzen hinderten den Schlaf nicht. Befragt, wann denn die Kopfschmerzen einsetzen, sagt er, dass er ohne Kopfschmerzen erwache, aber dann beim Rasieren kämen die Gedanken, was an dem Tage wieder alles auf ihn zukommt, und die Kopfschmerzen setzen ein (Jores, 1973, S. 102).

Unsere Körperhaltung ist eine Haltung zur Welt. Mehr als Worte drückt sie aus, wie es uns geht oder wie mit uns umgegangen wurde. In einer seiner wunderbaren Keuner-Geschichten drückt Bertolt Brecht das so aus:

> *Zu Herrn K. kam ein Philosophieprofessor und erzählte von seiner Weisheit. Nach einer Weile sagt Herr K. zu ihm: »Du sitzt unbequem, du denkst unbequem«. Der Philosophieprofessor wurde zornig und sagte: »Nicht über mich wollte ich etwas wissen, sondern über den Inhalt dessen, was ich sagte.« »Es hat keinen Inhalt«, sagte Herr K. »Ich sehe dich täppisch gehen, und es ist kein Ziel, das du, während ich dich gehen sehe, erreichst. Du redest dunkel, und es ist keine Helle, die du während des Redens schaffst. Sehend deine Haltung, interessiert mich dein Ziel nicht.«*

Über und mit dem Körper erzeugen und entwickeln wir das Leben vom Augenblick der Zeugung an. Nur indem wir hören, sehen, riechen, greifen, sprechen, sitzen, stehen, liegen und schon als kleiner Embryo Ohren, Augen, Nase, Hände, Mund, Rücken, Arme und Beine in selbstwerkzeuglicher Methode entwickeln und benutzen, nehmen wir gestalterisch in die Hand, was als Vernunft und Weisheit in unserem Körper, unserer Seele und in unserem Geist angelegt und als Möglichkeit enthalten ist. Erst im praktischen Umgang mit uns und der Welt, die uns umgibt, wird sichtbar, was in jener und in uns steckt.

Als Lebender ist der Mensch bedürftig und zum Stoffwechsel mit der Natur, der Umwelt und dem Kosmos gezwungen. Auf allen Ebenen der menschlichen Existenz muss er immer wieder den Horizont erweitern und verändern, d. h. auch seine Person im engeren Sinne überschreiten, um Welt zu haben: körperlich, seelisch, geistig, sozial und spirituell. Wer nicht atmet oder nicht mehr isst, wer ohne Liebe und Zuwendung bleibt, wer aufhört zu denken und sich den sozialen Beziehungen verweigert oder die Hoffnung auf eine menschliche Zukunft aufgibt, ist lebensgefährdet. Stoffwechsel und Austausch, Kontakt und Integration sind Grundprinzipien des Lebens, die unsere historisch konkrete Existenz in jedem Augenblick ermöglichen und gleichzeitig verunsichern und gefährden. Jeder Schritt wagt Fall, das ist nicht nur die Grundstruktur des aufrechten Gangs, sondern auch das Strukturprinzip eines aufrechten Lebens.

Nichts von dem, was wir »organisch« oder genetisch mitbringen, haben wir einfach mit dem Akt der Geburt selbstverständlich und dauerhaft zur Verfügung. Wir haben das Leben nicht, sondern wir müssen es erfinden, gestalten, verändern oder anpassen. In jedem Menschen ist das Universelle des Lebendigen anwesend, aber leben müssen wir unser Leben als Original. Leben kennt keine Kopie und deshalb kann niemand durch den Atem eines anderen Menschen leben. Auch der aufrechte Gang bleibt an unsere Person gebunden. Keine noch so gute Rückenschule kann eine verbogene Wirbelsäule gegen ihren Willen wieder gerade biegen. Wir sind zur Mitarbeit aufgefordert.

Lebensperspektive im aufrechten Gang heißt Gebrauch der Sinne, des Körpers, der Seele, des Geistes, bedeutet Erkenntnis und Bewusstwerdung von Wirkung und Gegenwirkung in der Erfahrung. Über das Leben, den Körper und ihre Gefährdungen erfahren wir bewusst nur etwas durch die Wirkungen, die wir auslösen. Der Körper ist das erste Werkzeug der Kulturen und lebensgeschichtliches Werkzeug zugleich. Die menschliche Geschichte ist eine Geschichte der Sinne. Wir machen sie nicht nur mit unseren Gedanken und Gefühlen, mit unserem Glauben und unserer Sozialität, sondern auch mit unseren Händen und Füßen, mit unserem ganzen Körper.

Nimmt man den Menschen die Möglichkeit, sinnlich zu wirken und sinnstiftend etwas zu bewirken, über- oder unterfordert man ihre Kräfte oder raubt man ihnen ihre Bewegungsfreiheit, so zerstört man ihren aufrechten Gang. Sie erstarren und rufen mit körperlichen und seelischen Symptomen um Hilfe: mit schmerzenden Schultern, verdrehten Halswirbelsäulen, steifen Rücken, erschlafften Muskeln, herausgesprungenen Bandscheiben und erstarrten Haltungen. Wenn Menschen ihren Stand verlieren, hören sie auch auf, sich zu verstehen. Die Füße sind die Grundlagen für unseren Stand. Sie sichern den Rücken und die Wirbelsäule und geben ihnen die Grundlage, mit beiden Händen den Himmel zu stützen, wie es in der ersten der acht Brokatübungen des Pa Tuan Chin heißt. Wer je ein Kind bei seinen ersten Steh- und Gehversuchen beobachtet hat, weiß um die Gefährdung des aufrechten Gangs, aber auch um den Stolz und die Großartigkeit des ersten freien Stehens, das später zur Grundlage des Gefühls wird, auf eigenen Füßen stehen zu können. Wer nach langer Krankheit das erste Mal wieder schwankend stehen kann, erlebt ein ähnliches Glück.

Jeder Schritt in die Welt hinein ist der Versuch, die grundsätzliche Krise des Lebens zu meistern, indem wir mit Hilfe des Rückens und der beweglichen Wirbelsäule die Balance zwischen Himmel und Erde immer wieder neu herstellen. Jeder Mensch wiederholt in seiner Entwicklung, was die Geschichte der Menschheit ihm vorgelebt hat. In der Auseinandersetzung mit der Schwerkraft muss unser ganzer Körper, zentriert um die Wirbelsäule, mit Hilfe aller Sinne, Muskeln, Sehnen und Gelenke sowie der Gleichgewichtsorgane eine hoch komplexe und vernetzte Arbeit leisten. Nur im feinen Zusammenwirken der tragenden Strukturen schaffen wir die Voraussetzungen dafür, dass wir in einem umfassenden Sinne auf eigenen Füßen stehen können und von dort aus Schritte in die Welt wagen.

Das Bild von der Funktionsweise des aufrechten Gangs ist ein wunderbares Bild über das, was ich eine umfassende Lebenskompetenz nenne: eine Kompetenz, die mit der ganzen Komplexität des Lebens umzugehen weiß, sich vernetzt, mit allen Ressourcen spielt. Wie der aufrechte Gang bedarf sie der lebenslangen Übung. Im aufrechten Gang des Menschen erfahren wir sinnbildlich und sinnstiftend, worum es im Leben geht. Leibhaftig können wir erleben, dass Leben Kontakt, Wechsel, Austausch und Integration, aber vor allem eine Bewegung ist, die aus der Wahrnehmung entsteht.

In der Wahrnehmung eines Hindernisses hebe ich den Fuß, um es zu überwinden. Die Lust, einen Menschen zu berühren, veranlasst mich dazu, auf ihn zuzugehen. Die Materie braucht ein Motiv, um sich zu bewegen, sie tut es nicht von allein.

Der aufrechte Gang ist wie das Leben ein Prozess, der die Ruhe so nötig hat wie die Bewegung; der ein Unten und ein Oben, ein Links und ein Rechts erfordert, um sich zu orientieren; der die Vorwärts- wie die Rückwärtsbewegung kennt und den Mut voranzuschreiten ebenso braucht wie die Angst, die uns zum Anhalten zwingt.

Übungen zum aufrechten Gang
Über das Liegen, Sitzen, Stehen und Gehen

Der Rücken ist ein Organ des Wechsels und wenn man so will, ein Organ der Freiheit Er lehrt und zeigt uns, worum es in der Krise geht, die uns aus der Balance bringt. Die Gelenkigkeit und Beweglichkeit der Wirbel macht es möglich, dass wir den Kopf in alle Richtungen wenden und entscheiden können, in welcher Position wir verharren möchten.

Wir können uns aufrichten und beugen, wir können sitzen, stehen und auf und davon gehen. Die Wirbelsäule und der Rücken sind Orte, derer sich Geist und Seele bedienen können; die Angst braucht unsere Beine, wenn sie weglaufen möchte, und die Liebe braucht einen Rücken, der in der Umarmung geschmeidig genug ist, um diese zärtlich zu realisieren. Liegen, Sitzen, Stehen und Gehen sind die Grundpositionen, die wir im Leben immer wieder einnehmen. Jede dieser Positionen entspricht bestimmten in der Evolutionsgeschichte des Menschen entstandenen biologischen Notwendigkeiten und trifft gleichzeitig auf entsprechende seelische, geistige und soziale Bedürfnisse des Menschen. Die Lage des Körpers ist immer auch eine Lebenslage. Es ist der begründete und bewusste Wechsel der Positionen, der Leben auch in Krisen möglich macht. Das Beharren auf einer Position und die Vereinseitigung, die Vielfalt verunmöglicht, gefährdet nicht nur die Gefäße, sondern auch unsere Gesundheit und unser Wohlbefinden insgesamt. Der aufrechte Gang ist nicht nur physiologisch gesehen ein Kunstwerk, er ist ein Beispiel für die Kunst zu leben.

Hingabe und das Vertrauen in den Boden: das Liegen

Der Rücken braucht für den Menschen, den er trägt und aufrecht hält, Ruhe, Erholung und Schlaf. Die meisten Menschen haben es auch in bequemen Betten nicht leicht, Kontakt mit dem Boden aufzunehmen. Unsicher und irritiert suchen Menschen nach dem, was ihnen gut tun könnte. Das Vertrauen in den Boden, der uns trägt, ist erschüttert und hat auch den aufrechten Gang verunsichert. Liegen ist vor allem eine passive, zulassende Körperhaltung. Wer sich der Schwerkraft anvertraut, muss für eine gewisse Zeit bereit sein, das aktive Handeln und damit auch die Kontrolle aufzugeben. Gefordert ist eine Yin-Qualität, das aktive Zulassen der Passivität. Dass dies in einer Kultur schwierig ist, die der Muße und Ruhe keine eigenständige Qualität zugesteht, weil sie Müßiggang für aller Laster Anfang und Ruhe nur aus Gründen der Regeneration der Arbeitskraft für erforderlich hält, liegt auf der Hand. Immer mehr Menschen verlernen, ihre Müdigkeit und Erschöpfung richtig einzuschätzen, und das gefährdet schon die Gesundheit unserer Kinder in großem Ausmaß. Wir wissen und erkennen nicht mehr, wann und wie wir uns körperlich, geistig und seelisch zurücknehmen müssen. Ohne innere Ruhe, Konzentration und ausreichende Erholung werden immer mehr Menschen nervös, aggressiv, vergesslich und realitätsgestört. Sie kommen aus der Balance. Mit legalen Drogen wie Zigaretten, Alkohol, Medikamenten und anderen Ablenkungsmanövern versuchen Menschen zwanghaft zur Ruhe zu kommen und liegen zähneknirschend mit geballten Fäusten und herzinfarktgefährdet in ihren Betten. Mit dem Terror des Schnarchens überprüfen sie die Leidensfähigkeit ihrer Partner. Auch auf Meditationsmatten und im autogenen Training wird verbissen um Ruhe gekämpft und jeder überholt, der langsamer zur Erleuchtung kommen will.

Wer liegt, ist ein anderer als einer, der steht oder geht. Unser neurophysiologisches Differenzierungsvermögen ist für bestimmte Wahrnehmungen, zum Beispiel für den Blick nach innen, in der Liegeposition feiner als im Stehen und mit offenen Augen. Liegen ist eine wichtige Möglichkeit zur

Selbstdiagnose und Selbstwahrnehmung. Viele bewegungstherapeutische Methoden und Entspannungsverfahren benutzen das Liegen, um die Wahrnehmungsfähigkeit zu erhöhen und die Menschen durch eine bessere Spannungsverteilung im Körper deutlicher mit sich und dem Boden in Kontakt zu bringen.

Ruhe, Schlaf und Erholung und entsprechend die Fähigkeit zum Loslassen, zum Unterlassen, zum Ruhenlassen, zum Anvertrauen, zum Aussteigen, zum Liegenlassen, zur Hingabe oder zum Überlassen sind biologische und ebenso bedeutsame psychosoziale wie geistige Fähigkeiten zur Sammlung der Kräfte von Körper, Geist und Seele. Wer nie gelernt hat, sich wirklich dem Schlaf hinzugeben, wird sich auch nur schwer der Liebe und dem Genuss hingeben können.

Leben ist die Spannungsbeziehung zwischen den Polen, zwischen Geburt und Tod, Lachen und Weinen, Stärke und Schwäche, Tag und Nacht, Schwerkraft und Fliehkraft, Anspannung und Entspannung, Lust und Angst. Das Liegen schult die Aufmerksamkeit und lässt uns erleben, wie die Gelassenheit und Ruhe im Liegen mit der Angst kämpft, etwas zu versäumen, was nur im Stehen oder Gehen möglich ist. Wie man sich bettet, so liegt man, heißt auch, dass man sich zu betten wissen muss. Wenn sich jemand irrt, dann liegt er falsch, und wenn uns jemand liegt, dann gefällt er uns auch. Wenn etwas in der Hand von jemandem liegt, dann hat er auch die Entscheidung dafür getroffen. Schon deshalb sollte das Leben wie unsere Gesundheit in unseren Händen liegen. Sie sollten uns auch am Herzen liegen, denn da liegen sie richtiger als in der Hand von Experten, die uns nur bedingt kennen.

Sitzen und sitzen bleiben

Die Position des Sitzens bildet den Übergang vom Liegen zum Stehen und Gehen. Sie vermittelt zwischen dem umfassenden Loslassen des Liegens im Schlaf und der unmittelbaren Handlungsbereitschaft des Stehens. Sich tragen lassen von den Sitzknochen und sich halb aufgerichtet schon der Welt zuwenden ist eine vorbereitende Handlung. Etwa 300 Muskeln sind mittelbar oder unmittelbar an den Bewegungen beteiligt, deren Schwerpunkt die Sitzfläche ist. Mit der Übung zum Sitzen beginnen wir unsere eigene Beziehung zum Gleichgewicht zu entwickeln. Das Sitzen ist eine Art Probehandeln für das Ganze des aufrechten Gangs.

Rücken- und Bauchmuskulatur müssen gestärkt und Kopf und Augen in die Lage versetzt werden, eine horizontale Richtung beibehalten zu können. Beim Erlernen des Sitzens übt man sich in Koordination: Schwerkraft, Eigenbewegung und das Sehen lenken das komplexe, sich selbstregulierende Muskelsystem. Kinder sitzen in einer Vielfalt von Sitzpositionen, wenn man sie nicht gleich auf jenen Gefängnisstühlen festnagelt, auf denen sie brav am Tisch der Erwachsenen ausharren dürfen. Wenn man sie lässt, sitzen sie auf den Fersen, zur Seite, im Langsitz und ihre Beine, Hüften, Kniegelenke, Arme und Ellbogen erweisen sich als überaus gelenkig und flexibel. Die Erwachsenen haben inzwischen an die Stelle von tausend Sitzpositionen tausend Sesselformen gesetzt. Sie brauchen dann klösterliche Gesundheitsschulen, um endlich im Schneidersitz um die Erleuchtung zu ringen.

Das Sitzen ist zu einer Kulthandlung der modernen Gesellschaft geworden. Menschen sitzen auf Lehr- und anderen Stühlen, auf ihren Positionen, auf ihrem Geld und ihrem Eigentum, auf ihren Beziehungen und Meinungen. Wir sitzen beim Frühstück, auf dem Weg zur Arbeit, bei der Arbeit, nach der Arbeit auf dem Weg nach Hause, beim Abendessen, beim Fernsehen, in der Kneipe, im Konzert und zur Not auch noch auf der Bettkante, weil wir nicht mehr stehen können, aber auch Angst vor dem Liegen haben.

> Kein Reh oder Bär, kein Elefant oder Wal, kein Vogel und keine Schnecke könnten jemals so auf der Stelle sitzen wie der Mensch. Sie würden austrocknen und bald sterben. Im Zoo kann man sehen, was das Sitzen aus wilden Tieren macht … Das Sitzen ist für den zivilisierten gepanzerten Menschen ein Segen. Das Sitzen auf der Stelle wird so zu einer der am meisten geschätzten Eigenheiten der Menschheit (Reich, 1979, S. 120/121).

Besser ist wohl kaum zu beschreiben, wie aus der notwendigen Gleichgewichtsübung zwischen Ruhe und Bewegung und der Vorbereitung auf die bewegte Gestalt des aufrechten Gangs eine disziplinierende Übung zur Unbeweglichkeit geworden ist. Von Kindesbeinen an ist das Experimentierfeld des Sitzens zum Akt sozialer Dressur verkommen. Sitz grade, bleib ruhig sitzen, fass nichts an, stell keine Fragen, hör ruhig zu, schau nicht blöd aus dem Fenster, lass das Kinn nicht hängen, sind die Titel der Kinderlieder, die nicht nur die Gesundheit der Kinder gefährden, sondern ihr Leben.

Was man dem Körper an Bewegungsfreiheit nimmt, kommt dem guten Benehmen und dem Gehorsam zugute. Wer ständig und nur in einer Form sitzt, verliert nicht nur seine körperliche Elastizität. Wer auf seinen Gedanken und Gefühlen sitzen bleibt und ihnen die frische Luft der Bewegung verweigert, muss mit Motten im Kopf rechnen. Wer immer abwartet, hat am Ende nichts mehr vom Leben und Tee trinken nutzt dann auch nichts mehr. Das ständige Sitzen und seine Folgen für Nacken, Wirbelsäule, Becken, Oberschenkel und andere Organe ist längst zu einem großen Problem der öffentlichen Gesundheit geworden. Herz, Darm, Atem und Gefäße erlahmen. Schrittmacher aller Art stehen bereit. Damit keine innere Unruhe aufkommt, werden gegen diesen umfassenden Stillstand auch noch Beruhigungsmittel verteilt, bis sich letztlich niemand und nichts mehr rührt.

Wer das bewegte Sitzen nicht übt, wer nicht mühelos sitzen und sich langsam aufrichten darf, verliert die Erfahrung, dass man sich der Welt nur dann mit Gewissheit zuwenden kann, wenn man gleichzeitig auch in sich ruht. Kleine Kinder, die sitzend in ihrem Ställchen spielen und gleichzeitig ständig Kontakt aufnehmen, veranschaulichen, worum es gehen kann. Wer sein Gleichgewicht verkrampft und unter hohem Druck auszusitzen versucht, wird den aufrechten Gang nur noch chronisch müde und mit Schmerzen im Rücken und in den Füßen erreichen. Nietzsches Empfehlung dazu lautet:

> *So wenig als möglich sitzen; keinem Gedanken Glauben schenken, der nicht im Freien geboren ist und bei freier Bewegung, in dem nicht auch die Muskeln ein Fest feiern. Alle Vorurteile kommen aus den Eingeweiden. Das Sitzfleisch ist die Hauptsünde gegen den Heiligen Geist.*

Sitzen kann die Ruhe vor dem nächsten Aufbruch sein, eine Möglichkeit zum Nachdenken und zur Konzentration. Es bleibt die Position zwischen Liegen und Stehen. Bleibt man aber sitzen oder auf etwas sitzen, dann schläft die Lebensbewegung ein und aus dem Sitzen wird das stumpfe Verharren auf einer Position – körperlich, geistig, seelisch oder sozial. Eigentlich ist dann Aufstehen angesagt.

Stehen, Verstehen und Standpunkte einnehmen

Im Gegensatz zu den Vierbeinern braucht der kleine Mensch mehr als ein Jahr bevor er, auf eigenen Beinen stehend, sich halten kann. Grundsätzlich aber können wir darauf vertrauen, dass wir trotz aller Mühen beim Üben und Fallen das genetische Potenzial des aufrechten Gangs entfalten können. Auch das Stehen haben wir als Möglichkeit in uns, stehen müssen wir nur selbst.

Aufrecht stehen zu können und zu verstehen, einen Standpunkt einzunehmen und ihn auch wieder zu verändern, unterscheidet den Menschen von anderen Lebewesen. Die vertikale Ausrichtung der Wirbelsäule hat die freie Balance des Kopfes auf dem oberen Wirbel möglich gemacht, die Entwicklung des größeren menschlichen Hirns erlaubt, den Wahrnehmungsraum vor den Augen geöffnet und zur feinen Bewegung der Zunge wie Befreiung der Lippen und des Rachens geführt. Damit waren die Voraussetzungen für die Entstehung unserer Sprachfähigkeit geschaffen und ein Ort gefunden, über den wir mitteilen können, wie es um uns steht, was uns bewegt und wohin es uns treibt. Die Aufrichtung mit ihren differenzierten Funktionen enthält zentrale Voraussetzungen für die Entwicklung jener Lebenskompetenz, mit der wir Leben gestalten und Krisen meistern können.

Mehr als andere Positionen drückt das Stehen unsere Haltung zur Welt aus. Wir stehen mit beiden Beinen im Leben, auch wenn wir den Boden manchmal nur wie auf Zehenspitzen und sehr unsicher berühren. Im Stehen entwickeln wir Ansichten von der Welt, wir schauen auf das, was uns umgibt, und gewinnen Welt-Anschauungen. Stehen ist die Auseinandersetzung mit der Schwerkraft und gleichzeitig die Fähigkeit zur Integration und Koordination verschiedener Impulse. Das Stehen ist die Orientierungsfähigkeit des Rückens, auch dann, wenn wir mit dem Rücken zur Wand stehen und nicht mehr viele Wahlmöglichkeiten haben, um ins Gehen zu kommen.

Es bietet die Chance, zwischen oben und unten, links und rechts zu differenzieren und sich zu orientieren, wo wir stehen und wohin wir uns wenden wollen. Wenn wir nicht mehr wissen, wo links und rechts ist, dann beschreiben wir einen Zustand der Verwirrung und Orientierungslosigkeit.

Stehen ist nicht nur eine körperliche Tätigkeit. Wir stehen auch Rede und Antwort, für eine Sache ein und manchmal stehen wir auch zur Strafe in einer Ecke, mit dem Gesicht zur Wand und zum Schweigen verdonnert. Wir stellen uns auf etwas ein und manchmal stellen wir uns auch um, wenn wir unsere Beweglichkeit im Stehen nicht verloren haben. Wir fragen nach dem Stand der Dinge, wenn uns die Realität interessiert. Wer die Dinge gut schafft, steht seinen Mann und inzwischen wissen wir endlich, dass natürlich auch Frauen standhaft sind. Wer selbstständig arbeitet, steht auf eigenen Füßen, und wer Distanz braucht, hält am besten Abstand. Manche Menschen stehen wie eine Eins oder wie ein Fels in der Brandung, aber dass viele dieser Felsen verdammte Rückenschmerzen haben und nur noch so dastehen, weil sie müssen, wissen wir auch. Ob die Leute, die von Kopf bis Fuß auf Liebe eingestellt sind, immer schmerzfrei bleiben, wird in der Literatur verschwiegen.

Durch aufrechtes Stehen werden dem Menschen neue Handlungs- und Bewegungsfreiheiten eröffnet Aber genau in diesem Freiraum setzen auch die Disziplinierungsmaßnahmen und die zivilisatorische Zurichtung ein, wie sie Reich schon für das Sitzen beschrieben hatte. Stramm stehen, Hände an die Hosennaht, Bauch rein, Brust raus, nicht mit dem Hinterteil wackeln, das brave Händchen zum Grüßen aus der Hosentasche nehmen und zur Not den Diener oder den Knicks – der aufrechte Gang muss gezähmt werden. »Wir sind derart gewohnt, die Zähne zusammenzubeißen, alles hinunterzuschlucken, die Backen zusammenzukneifen, für alles Mögliche gerade zu stehen, unser Bündel zu tragen, dass wir verlernt haben, unser eigenes Gewicht von der Erde, auf der wir stehen und sitzen, tragen zu lassen«, schreibt Rudolf zur Lippe.

Die Freiheit des Stehens als Vorstufe zum freien Gang hat sich an vielen Stellen in eine Zwangsdressur für Rücken und Wirbelsäule verwandelt. Diese Dressur gefährdet Leben und

Gesundheit auf massive Weise. Monotonie und Bewegungslosigkeit am Arbeitsplatz, Durchhalten um jeden Preis, angespannte Rivalität und Konkurrenz, Verleugnung der passiven Tendenzen, Haltung einnehmen und bewahren, auch wenn alles überkocht, sind die Hintergründe einer Pathologie des Stehens, die gesundheitlich zu Buche schlagen und Arzt- und Therapiepraxen mit der »Volksseuche der Leiden im Bereich des Haltungs- und Bewegungsapparats« füllen.

Die wenigsten von uns stehen in einem umfassenden Sinn mit beiden Füßen auf der Erde, weil wir in der Regel nicht wirklich zu uns selbst stehen. Viele Menschen vertrauen eher verschiedensten Höhenflügen und Fallschirmen und wundern sich über die harten Bruchlandungen. Stehen ist die Fähigkeit zum Balancieren in einer konkreten Situation, die sich im nächsten Augenblick schon verändert hat. Stehen ist immer auch ein Verweilen, ein Stehenbleiben vor der Entscheidung, mit der wir uns zum Gehen motivieren.

Gehen – der ständig aufgefangene Fall

Gehen ist eine Entscheidung, den bisherigen Standort zu verlassen. Gehen hat mit Abschied und Zukunft zu tun. Ob wir rennen, stolpern, schlendern, schreiten oder im Gleichschritt gehen, zeigt mehr als eine Gangart. Die Frage »Wie geht's?« fragt eigentlich danach, wie es uns ergangen ist. Im Gehen geht uns vielleicht ein Licht auf, wir suchen nach gangbaren Alternativen, um nicht am Gängelband von irgendetwas zu bleiben. Wenn wir etwas umgehen wollen, dann hoffen wir, dass es bald vorübergeht, und was im Laden »geht«, ist ein erfolgreiches Produkt. In kritischen Zeiten gehen wir aufs Ganze und wenn einer sich nicht anständig benimmt, lässt er sich gehen.

»Gehen ist ein ständig aufgefangener Fall«, schreibt Hugo Kükelhaus. Das Gehen basiert auf der Fähigkeit des Menschen, sich für Lebensbewegungen zu entscheiden und diese so zu koordinieren, dass er auch einigermaßen sicher sein kann, dass er dort ankommt, wohin er wollte, auch wenn das Risiko des Stolperns und Scheiterns immer im Raum steht. Obwohl wir alle ständig rennen, retten und flüchten, steht es mit dem freien Gehen und Loslassen nicht sehr gut. Ganze Therapeutengenerationen sind damit beschäftigt, Menschen von ihren

Fesseln an Kindheit, Familie, Eigentumsansprüchen aller Art loszueisen, um das Leben wieder auf Trab zu bringen. Anstatt dass die Menschen spazieren gehen, schlendern, stapfen, latschen, schleichen, hüpfen, tanzen, springen, sich davonstehlen oder ihre eigene innere Rückenschule nutzen, werden sie meistens durch das Verkehrswesen aufgefangen. Wer das Gehen nicht ehrt, ist sich selbst nichts wert. Wir brauchen keine elektronischen Instrumente an den Schuhsohlen, die unsere Schritte beim Joggen zählen, um endlich jene Schritte zu wagen, mit denen wir unseren Lebensraum erschließen und herausfinden, auf welch großen Füßen wir leben.

»Solange Bewegungsfreiheit nicht als natürliches Geburtsrecht auf selbstständige Fortbewegung eingefordert wird, solange sind die Füße politisch entmachtet«, schrieb mein Freund Iwan Illich, von dem ich so viel über die Enteignung der Gesundheit gelernt habe. Die Entmachtung der Füße ist in einem umfassenden Sinne eine Gefährdung des aufrechten Gangs. Auf Laufbändern in Flughäfen und Fitnessclubs wird die Lust und Freiheit zu innerer und äußerer Bewegung nicht zurückgefunden, die wir brauchen, um wieder zu beweglichen Menschen zu werden.

Der aufrechte Gang mit seinen Möglichkeiten zum Liegen, Sitzen, Stehen und Gehen verdeutlicht in seiner Struktur und seinen Funktionen das Wagnis, das Leben heißt. Er zeigt uns, was Gesundheit als Lebens- und Krisenkompetenz meint, um den Gefährdungen und Krisen zu begegnen, die Lebensprozesse behindern. Mit jedem Schritt muss der aufrechte Gang gewonnen werden. Der aufrechte Gang des Menschen ist das Werkzeug, das Leben auf seinem Weg durch Fremde benötigt, denn nichts von dem, was vor uns liegt, ist bekannt. Nicht abgerichtet und dressiert wie ein Hund, der den Menschen treu begleitet, sondern frei entscheidend müssen wir gestalten, was uns aufgegeben ist. Stolpern und Fallen werfen uns aus dem Gleichschritt jener Selbstverständlichkeit, dass jeder Schritt dem vorhergehenden folgen muss und eine Schrittfolge wie in der Krise nicht unterbrochen werden kann. Der aufrechte Gang lehrt uns, dass Kontrolle eben nicht immer besser ist als Vertrauen.

Die Dauer unseres Gehens ist unbestimmt. Unsere Lebenszeit bleibt unberechenbar. Der bewegte Gang braucht eine bewegte Seele, einen offenen Geist, einen liebenden Glauben und gesellschaftliche Lebens- und Arbeitsbedingungen, die Leben ermöglichen und unterstützen. Leben gefährdet Gesundheit, aber vor allem ermöglicht Leben auch ein umfassendes körperliches, seelisches, geistiges und soziales Wohlbefinden, weil es selbst an dieser Qualität unseres Lebens interessiert ist. Möge die Übung gelingen.

Karl Gebauer

Die Bedeutung des Vaters für die Identitätsentwicklung

Vorwort: Was Kinder und Jugendliche so über ihre Väter sagen

Lange erschienen die Väter als *Randfiguren* in der Kindererziehung. Das drückt sich immer noch in Äußerungen von Kindern und Jugendlichen aus:

> Mein Vater? Ich weiß nicht. Er ist eigentlich gar nicht. Er ist nichts. Er möchte es immer allen recht machen. Hat keine Autorität.
> Ich bin 16, lebe bei meiner Mutter, vermisse meinen Vater nicht.
> Mein Vater ist mein Erzeuger. Wir kennen uns nicht besonders gut. In der Erziehung spielt er keine Rolle. Wir verbringen die Wochenenden miteinander.
> Mein Vater hat uns verlassen. Vielleicht lag es daran, dass sein Vater auch gegangen ist, als er ein Jahr alt war (Ausschnitte aus einer Fernsehsendung, in der Jugendliche über ihr Verhältnis zu ihren Eltern befragt wurden. 10. 2. 03, ARTE).

In diesen Äußerungen erscheint der Vater als merkwürdiger – vielleicht sogar als ein verantwortungsloser Geselle. Aber bei den Vätern ist etwas in Bewegung geraten. Neuere Forschungsergebnisse zum Selbstverständnis von Vätern (Fthenakis/Minsel 2002; Walter, 2002) geben Anlass zu einer optimistischen Sichtweise.

Vaterschaftskonzepte der Gegenwart

Statistische Erhebungen zeigen, dass sich das Vaterschaftskonzept geändert hat. In einer für Deutschland repräsentativen Studie wird das Vaterschaftskonzept der Gegenwart auf zwei Typen zugespitzt. Danach rechnen sich 66 Prozent der

Befragten dem Typ »Vater als Erzieher« und 34 Prozent dem Typ »Vater als Ernährer« zu. Mit der letzteren Bezeichnung ist gemeint, dass sich der Vater eher um die äußeren Belange kümmert, während sich der Vater als »Erzieher« um die gesamte Entwicklung seines Kindes und die Beziehungen innerhalb der familiären Konstellation sorgt. »Es handelt sich also um eine neue soziale Norm, die Vaterschaft neu definieren lässt« (Fthenakis/Minsel, 2002, S. 23).

Die Ergebnisse dieser Studie konnte ich anhand von Beispielen im Rahmen einer qualitativen Untersuchung konkretisieren (Gebauer, 2003). Seit einigen Jahren beschäftigt mich die Frage, wie es kommt, dass sich manche Väter emotional ihren Kindern zuwenden und sie in ihrer Entwicklung unterstützen, während sich andere eher desinteressiert zeigen und auf Distanz gehen. Ich wollte erfahren, ob, wie und wodurch es Vätern gelungen ist, ein inneres Vaterbild zu erwerben und zu einem inneren Arbeitsmodell weiter zu entwickeln, das ihnen eine zugewandte väterliche Haltung (Vaterschaftskonzept »Erzieher«) ermöglichte. Dabei interessierte ich mich besonders für die Ressourcen, die für eine zugewandte Haltung erforderlich sind, und wie diese Ressourcen trotz oft problematisch verlaufender Biographien erworben werden konnten. In Gesprächen mit Vätern im Alter zwischen 37 und 64 Jahren habe ich versucht, auf diese Fragen Antworten zu finden. Ich stellte jedem Gesprächspartner zwei Grundfragen:

»Wenn Sie an Ihren Vater denken, welche Situationen, Ereignisse oder Bilder springen dann unmittelbar in Ihr Bewusstsein?« Diese Frage weckte in allen Fällen deutliche Erinnerungen.

»Wenn Sie nun an sich selbst als Vater Ihres Kindes/Ihrer Kinder denken«, so fragte ich meine Interviewpartner, »was fällt Ihnen dann spontan ein?«

Auf diese Weise habe ich viele Geschichten von Vätern mit ihren Vätern und mit ihren Kindern gehört, aufgeschrieben und analysiert. Der Blick in die Vergangenheit gibt Aufschluss über das internalisierte Bild vom Vater, und der Blick auf die eigenen Kinder lässt das innere Arbeitsmodell sichtbar werden, das das Verhalten eines Vaters im Umgang mit seinen Kindern beeinflusst.

Die Bedeutung innerer Vaterbilder

Jeder von uns trägt ein Bild vom Vater in sich. Dieses innere Vaterbild entsteht in der frühen Kindheit. Es entwickelt sich aus den Erfahrungen mit dem realen Vater und ist einem ständigen Prozess unterworfen. Der Verinnerlichungsprozess ist abhängig von den konkreten Interaktionen zwischen Vater und Kind und von der emotionalen Bedeutsamkeit, die innerhalb dieser Interaktionen erfahren wird. Im Verlauf der Entwicklung verdichten sich viele Teilerfahrungen zu einem relativ geschlossenen Bild. Dieses innere Vaterbild stellt ein unbewusstes »Ensemble von Erwartungs- und Interaktionsmustern« (Grieser, 1998) dar.

Ob und wie sich ein Vater um seine Kinder kümmert, hängt u. a. davon ab, welches innere Bild er selbst von sich als Mann und Vater entwickelt hat. Für eine gelingende Vaterschaft sind Erlebnisse mit einem emotional zugewandten und anregenden Vater wichtig. Beim Fehlen dieser positiven Erfahrungen kann eine Kompensation über vaterähnliche Personen erfolgen. Diese Aufgabe kann z. B. ein Großvater, ein älterer Bruder oder ein Freund erfüllen (Gebauer, 2003, S.100 ff. und S. 178 ff.). Das besondere Ereignis der Geburt eines Kindes kann ein entscheidender Schritt zu einer reflektierenden Vaterschaft sein (Schorn, 2003). Damit ein Vater seine vielfältigen Aufgaben erfüllen kann, ist aber auch eine Akzeptanz seiner Rolle durch seine Frau von Bedeutung. Er wird seine Aufgaben als Vater dann besonders gut ausfüllen können, wenn er von seiner Frau nicht nur als Partner, sondern auch als Vater des gemeinsamen Kindes gewünscht und akzeptiert wird. In der Umkehrung wird die Mutter ihr Kind eher freigeben können, wenn sie von ihrem Mann als Partnerin akzeptiert und als Mutter des Kindes geschätzt wird.

Wenn Vater, Mutter und Kind positiv aufeinander bezogen sind, kann man von einem gelungenen Triangulierungsprozess sprechen. Auch wenn dieser Prozess in der heutigen Zeit in vielen Familien nicht oder nur begrenzt gelingt, ist dies kein Grund, ihn als unbedeutend anzusehen. Es ist das Prinzip des bedeutsamen Dritten, das unabhängig von der tatsächlichen väterlichen Präsenz von Anfang an seinen Platz in der Mutter-Kind-Beziehung bekommen muss (Grieser, 1998, S. 21 ff.).

Hilfreich ist es, wenn die Mutter diesen »psychischen Raum« schon während der Schwangerschaft bereit hält, sodass er für das neugeborene Kind innerpsychisch schon vorhanden ist (von Klitzing, 2002a, S. 13). Der reale Vater muss natürlich bereit und in der Lage sein, diesen von der Mutter eingeräumten Platz auf seine ganz eigene Weise einzunehmen und zu gestalten. Das gelingt nicht immer und nicht zu jeder Zeit.

Entwicklungsprozesse zu einer väterlichen Haltung

Einige prägnante Aussagen aus Interviews mit Vätern machen deutlich, wie sehr sie sich, lange bevor sie selbst Vater wurden, nach einem Vater gesehnt haben, der ihnen Anerkennung zuteil werden ließ und Zeit für sie hatte.

»Ich konnte mich anstrengen wie ich wollte, ich habe die Zuneigung meines Vaters nicht erhalten.« »Ich habe ihn bewundert und mich nach ihm gesehnt.« »Eigentlich habe ich nie einen Vater gehabt.« »Was Männer in Beziehungen erleben, das hat als Erfahrung gefehlt.« »Er hat mich wie verrückt geliebt, konnte es aber nicht zeigen.« »Mein Vater war da, aber er war nicht erreichbar« (Gebauer, 2003, S. 69 ff.).

Im inneren Bild dieser Väter wird eine starke Erwartungshaltung nach Zuwendung und Anerkennung sichtbar. Die Enttäuschung, die in den Aussagen mitschwingen, sind unübersehbar.

Wie kann sich vor dem Hintergrund solcher Erfahrungen ein Vaterschaftskonzept entwickeln, in dessen Kern es um eine zugewandte väterliche Haltung geht? Einige Antworten aus den Interviews sollen den Weg andeuten.

»Ich habe mir meine Vaterrolle selbst gebastelt.«

Ein Vater von drei Kindern erzählt, er habe immer wieder vergeblich Lebendigkeit in seinem Vater gesucht:

> Das Erste was mir einfällt, wenn ich an meinen Vater denke, das ist der Pfarrer auf der Kanzel. Das ist ein prägendes Bild. Mein Vater war mir mit Badehose am Meer suspekt. In der Kirche war er sehr beeindruckend, sehr klar. In der

> Familie war er nicht anwesend. Er war auch für Ängste und Sorgen bei mir nicht zuständig. Er war eher so einer, der die familiären Dinge der Frau überließ. Ich habe Orgel gelernt. Das war mein Versuch, an seiner Lebendigkeit teilzuhaben. Ich habe immer wieder versucht, die Lebendigkeit in meinem Vater zu suchen. Was ich auch immer sagte, es gab nur stereotype Anweisungen, es fehlte die emotionale Nähe. Als ich älter wurde und versuchte, mit ihm zu diskutieren, standen sich zwei Menschen mit ihren Meinungen gegenüber. Später habe ich mich von ihm losgesagt. In der Phase der Trennung ist mein Vater gestorben. Ich bin nicht bei der Beerdigung gewesen. Zu dem Zeitpunkt habe ich mir ein einsames Kirchlein gesucht und dort meinem Vater alles entgegengebrüllt, was mir einfiel. Ich habe gebrüllt, gesungen und geweint. Jetzt sind wir quitt, das war anschließend mein Gefühl. Du hast mich allein gelassen, jetzt habe ich dich allein gelassen. Ich habe sehr viel Trauer, aber auch sehr viel Wut gespürt. In mir wuchs der Wunsch, nicht den Weg meines Vaters zu gehen, sondern für mich einen neuen Weg zu suchen (Gebauer, 2003, S. 71ff.).

Emotionale Nähe zu seinen Kindern ist das wesentliche Kennzeichen dieses Weges. Er sei bei allen Geburten seiner Kinder dabei gewesen. Da habe eine Beziehung zu ihnen angefangen, die sehr viel mit Wärme und Nähe zu tun habe. Und rückblickend hält er fest: »Mein Vater war auf jeden Fall unfähig, aber es war nicht so, dass er mir überhaupt keine Liebe mitgegeben hätte. Ich habe schon ein Potenzial mitbekommen, um lebensfähig zu sein« (Gebauer, 2003, S. 77).

Diese Fähigkeit reichte allerdings nicht aus, um eine eigene Vaterrolle zu begründen. Es fehlte die Entwicklung zu einer eigenen Identität als Mann. Der »ferne« Vater war auch als männliches Identifikationsobjekt in der Ferne geblieben. Über eine Gestalttherapie gelingt es diesem Vater, seine männliche Identität auszubilden. Eine Identität als Mann ist eine entscheidende Voraussetzung für das Ausfüllen der Vaterrolle. Fehlen männliche Personen, an denen sich ein Heranwachsender orientieren kann, so ist z. B. eine Kompensation der fehlenden Erfahrungen auch über eine Therapie möglich.

»Wir haben eine Art Gegenbild zu unseren Vätern fantasiert.«
Oft mussten Väter einen beschwerlichen Weg gehen, bis sie ihren Kindern gegenüber eine zugewandte Haltung einnehmen konnten. Das Vatersein braucht immer wieder den Austausch und die Vergewisserung mit anderen Männern und Vätern. Ein Vater erzählt:

> Seit meiner Kindheit habe ich drei gute Freunde. Wir haben uns immer über unsere Väter unterhalten. Schläge haben wir alle bekommen. Ihre Bereitschaft zur Gewalttätigkeit haben wir verachtet. Wir haben darüber diskutiert, was wir anders machen würden. Wir haben eine Art Gegenbild zu unseren Vätern fantasiert. Was es heißt, Vater zu werden, darüber habe ich seit der Geburt meiner Kinder immer wieder nachgedacht und das hält bis heute an (Gebauer, 2003, S. 83 ff.).

»Als ich Vater wurde – das war das größte Ereignis in meinem Leben.«
Bei sehr schlimmen Vater-Erfahrungen kann die Geburt eines Kindes mit zur »Geburt des Vaters« beitragen. So erzählt ein Vater, dass er eine besonders schlimme Kindheit hatte. Er sei bei seinem Stiefvater, einem Alkoholiker, aufgewachsen. Er sei immer wieder geschlagen worden, seine Mutter habe ihn nicht geschützt. Sie habe ihm auch bis zu seinem 17. Lebensjahr verschwiegen, wer sein leiblicher Vater war.

Er bezeichnet die Geburt seines Kindes als einzigartiges Erlebnis: »Es war das größte Ereignis in meinem Leben. Als ich das kleine Wesen auf dem Bauch meiner Frau sah, war ich völlig überwältigt« (Gebauer, 2003, S. 93 ff.).

Die Geburt seines Kindes ist Anstoß und Anlass, ein inneres Bild von sich als Vater zu gestalten:

> Es rührt mich, wenn ich erlebe, wie vertrauensvoll mein Sohn zu mir ist. Ich kenne das ja gar nicht aus meiner Kindheit. Ich erlebe mit ihm zusammen etwas nach. Es erfüllt mich mit tiefer Zufriedenheit, dass er dieses Vertrauen hat. Ich erfahre, dass die Welt auch anders sein kann, als ich sie erlebt habe. Das ist für mich ein Stück Versöhnung (Gebauer, 2003, S. 97).

Dieser Vater hatte sich an einer geburtsvorbereitenden Gruppe beteiligt. Zusammen mit anderen Vätern, die er während dieser Phase kennen gelernt hat, gründet er eine Vätergruppe. Bei regelmäßigen Treffen werden hier nicht nur Probleme besprochen, sondern auch gemeinsame Aktivitäten vorbereitet.

Orientierung an anderen Männern und Vätern

Wie ein roter Faden zieht sich durch alle Interviews die Erkenntnis, dass eine unzureichende oder schädliche Vatererfahrung auf unterschiedliche Weise kompensiert werden kann. Dabei scheint für das Gelingen einer zugewandten Väterlichkeit die Orientierung an anderen Männern eine unabdingbare Voraussetzung zu sein. Auf dem Holzweg befinden sich Väter, die sich beim Aufbau und bei der Stabilisierung eines inneren Vaterkonzeptes an Müttern orientieren wollen. Männliche Identität und ein inneres Vaterkonzept brauchen männliche und väterliche Vorbilder.

Das bedeutet allerdings nicht, dass die Bedeutung der Mutter/Ehefrau für eine gelingende Vaterschaft unterschätzt werden darf. Eine der neueren Untersuchungen hebt hervor, dass die Ehezufriedenheit der Frau eine nicht zu unterschätzende Bedeutung hat. »Das Ausmaß des väterlichen Unterstützungsverhaltens wird … in besonders starker Weise von der Ehezufriedenheit der Mutter und der Sensitivität der Väter bestimmt« (Herlth, 2002, S. 602).

Die Ehezufriedenheit der Partnerin lässt Väterlichkeit besonders wirksam werden

Das Konzept einer zugewandten Väterlichkeit hat vor allem dann Chancen, wenn es von der Ehefrau oder Lebenspartnerin unterstützt wird. Die Frau stellt gleichsam für den Vater ihres Kindes einen »psychischen Raum« (Grieser, 2002, S. 21 ff.) bereit. Wenn in ihrer inneren Einstellung eine Wertschätzung des Vaters mitschwingt, dann wirkt sich diese positiv auf die Vater-Kind-Beziehung aus. Natürlich muss der Vater auch bereit sein, diesen Platz einzunehmen und aktiv zu gestalten. Nicht unwesentlich für ein Gelingen der Vaterschaft ist die Qualität der Paarbeziehung. Ein Vater sagt:

Es gibt Mütter und Väter, die sehr auf ihre Kinder achten und auf deren Bedürfnisse eingehen, dabei aber die Paarbeziehungen aufs Spiel setzen. Wenn man auf der Beziehungsebene verunsichert ist, wirkt sich das auf die Beziehungen zu den Kindern aus (Gebauer, 2003, S. 75).

Der Vater als Konstrukt

Wenn wir uns darüber verständigen wollen, welche Bedeutung der Vater in der Identitätsentwicklung seiner Kinder hat, dann müssen wir neben den konkreten Handlungsweisen des realen Vaters immer auch dessen psychischen Entwurf im Blick haben. Damit ist zum einen der »psychische Raum« gemeint, den eine Mutter ihrem Partner, dem Vater ihrer Kinder, zur Verfügung stellt. Dabei kommen ihre Erfahrungen mit ihrem Vater ins Spiel. Es handelt sich um das »innere Vaterbild« der Mutter (symbolischer Vater). Der von der Mutter zur Verfügung gestellte Raum muss nun vom Vater aktiv gestaltet werden. Dabei wirken im Hintergrund dessen Vatererfahrungen, die er als innere Bilder gespeichert hat (vgl. Skizze 1). Innerhalb dieses Prozesses ist von Bedeutung, ob negative Erfahrungen mit dem eigenen Vater kompensiert werden konnten oder ob dies noch geleistet werden muss.

Das Vaterbild wird selbstverständlich auch beeinflusst von gesellschaftlichen Erwartungen und familienpolitischen Vorgaben. Es macht z. B. einen großen Unterschied, ob ein Vater

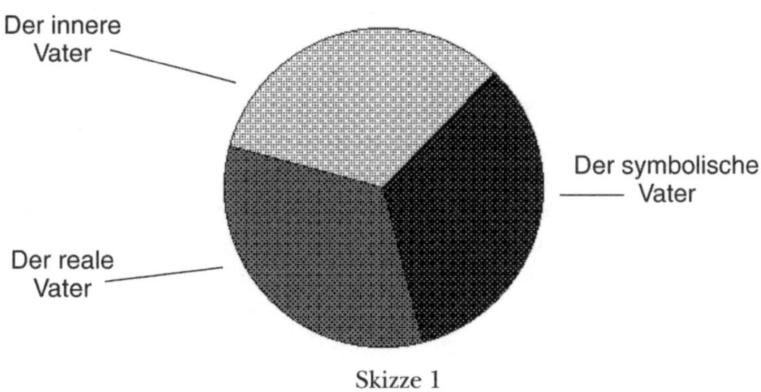

Skizze 1

die Chance hat, Erziehungszeiten zu nehmen oder nicht. Hier gibt es im Ländervergleich große Unterschiede. In Schweden machen 40 Prozent der Väter davon Gebrauch, in Österreich 2 Prozent. In Deutschland ist der Anteil der Väter, die Erziehungszeit nehmen, laut einer Studie des Familienministeriums von 2 Prozent im Jahr 2001 auf 5 Prozent angestiegen (Quelle: Süddeutsche Zeitung, 17. 6. 04). Während eines Zeitraums von 420 Tagen kann in Schweden einer der Elternteile die Betreuung der Kinder übernehmen und erhält dafür 80 Prozent seines Monatslohnes (Quelle: Der Standard, 20. 9. 03).

Zum Stand der Vaterforschung

Erst seit den 70er Jahren kann man von einer kontinuierlichen und differenzierten Vaterforschung sprechen. Seiffge-Krenke (2002) unterscheidet drei Phasen: In der ersten Phase habe man versucht nachzuweisen, dass die Väter »distante, periphere Figuren in der Kindererziehung« seien. In der zweiten Phase der Vaterforschung habe die Ähnlichkeit zwischen Vater und Mutter im Vordergrund gestanden. Ihre Aktivitäten in Bezug auf das Kind wurden miteinander verglichen. Kennzeichnend für beide Phasen sei, dass der Vater »quantitativ und qualitativ als defizitär im Vergleich zur Mutter eingestuft« wurde. Allerdings entdeckte man während dieser Phase einige Besonderheiten und Unterschiede im Kontakt zu den Kindern. Väter verhielten sich demnach im Körperkontakt aufregender und risikoreicher mit ihren Kindern. Im Hinblick auf fünfjährige Kinder etwa beobachtete man nach diesen Studien bei den Vätern stärkere körperliche Aktivitäten und ein umfangreicheres Spielverhalten, während bei den Müttern wiederum das umsorgende Element vorherrschte.

Die Frage, worin sich Vater und Mutter in ihren Handlungsweisen und in ihrer Bedeutung für die Entwicklung des Kindes unterscheiden, wurde erst in jüngerer Zeit gestellt. Bei Vätern war man bisher eher daran interessiert, ob in Bezug auf ihre Töchter eine sexuelle Problematik vorliegen könnte. Das Interesse richtete sich vor allem auf das Thema Missbrauch gegenüber Mädchen und auf aggressive Handlungsweisen von

Vätern gegenüber ihren Söhnen. Vor dem Hintergrund der Ergebnisse, wie sie die Säuglings- und Bindungsforschung vorlegen, wird die Frage interessant, ob der Vater nicht ebenso wie die Mutter schon in der frühen Kindheit eine herausragende Bedeutung hat, wenn es zum Beispiel um den Aufbau sicherer Bindungen geht (Steinhardt et al., 2002).

Viele Väter beteiligen sich an geburtsvorbereitenden Kursen, sind während der Geburt ihres Kindes anwesend und nehmen unmittelbar körperlichen Kontakt zu ihm auf. In der Folge wickeln und pflegen diese Väter ihre Kinder, nehmen sie auf den Arm und sind auf diese Weise wie die Mutter eine nahe Bezugsperson. In einer vertrauensvollen Beziehung erlebt das Kind, dass es neben der Mutter noch eine weitere Person gibt, die sich anders anfühlt, deren Stimme anders klingt, die aber dennoch Geborgenheit vermittelt. Eine so beginnende emotionale Bindung wird mit hoher Wahrscheinlichkeit positive Auswirkungen auf die Entwicklung des Kindes haben (Scheer/Wilken, 2002, S.182 ff). Aus der Säuglingsforschung ist bekannt, dass ein Kind schon in den ersten Wochen eine Beziehung zu mehreren Personen aufbauen kann. Eine große Bedeutung des Vaters für die Identitätsentwicklung und die Bindungssicherheit seines Kindes wird daher bereits für dieser Phase angenommen.

Der Spannungsbogen der Vaterforschung reicht von einer weitgehenden Ignoranz des Vaters bis hin zu einem positiven, unterstützenden Vater. Auch seine wesentliche Rolle als Dritter im Beziehungsgefüge (Mutter – Kind – Vater) wird zunehmend gewürdigt (von Klitzing, 2002b, S. 94 ff.). Die Aufgabe des Vaters liegt über weite Strecken vor allem darin, der Verschmelzung zwischen Mutter und Kind etwas entgegen zu setzen. So kann er am ehesten zur Autonomieentwicklung seines Kindes in den ersten Lebensjahren beitragen (Petri, 2002, S. 5 ff.). Der Psychoanalytiker Peter Blos (1990) hat die Vater-Sohn-Beziehung bis ins Erwachsenenalter beschrieben und spezifische Verhaltensweisen des Vaters hervorgehoben: Zum einen geht es darum, zu seinen Kindern eine angemessene Beziehung herzustellen, und zum anderen gilt es auch eine entsprechende Paarbeziehung zu leben. So kann ein Kind erfahren, dass es in einem Beziehungssystem aufwächst, dem mindestens drei Personen angehören. Es erkennt im Verlauf seiner Entwicklung, dass es zu Vater und Mutter eine Beziehung hat und dass es darüber hinaus eine Dreierbeziehung gibt. Im ersten Fall spricht man von einer dyadischen und im zweiten Fall von einer triadischen Beziehung. Bei aller Fürsorglichkeit, vor allem des frühen Vaters für den Sohn und der Wahrnehmung von Ähnlichkeit, ist es dennoch wichtig, sich um Differenz zu kümmern und die Bedeutung des Dritten, in diesem Fall die Mutter, zu beachten.

Zusammenfassend hebt Inge Seiffge-Krenke hervor, dass der Vater in der Erziehung einen besonderen Beitrag hinsichtlich der Individuation leiste, der den Beitrag der Mutter ergänze und komplettiere:

> Er muss seine Rolle als Vater übernehmen und nicht zur zweiten Mutter werden. Für alle diejenigen Kinder und Jugendlichen jedoch, die – aus welchen Gründen auch immer – nicht mit ihren Vätern zusammenleben, ist, auch wenn diese nur einen kleinen Teil ihrer Zeit zur Verfügung stellen können, die Regelmäßigkeit dieses Arrangements und die Einbeziehung in den Alltag notwendig, um die gefährliche Idealisierung von Vätern zu vermeiden (Seiffge-Krenke, 2002, S. 31).

Für eine gute Entwicklung sind unterschiedliche Akzentsetzungen durch Mutter und Vater wichtig. Die Ablösung in der Adoleszenz kann dann gut gelingen, wenn eine Beziehung zu beiden Eltern besteht. Je mehr ein Kind mit der Realität auch außerhalb der Familie konfrontiert wird, desto stärker gewinnt der Vater als Sicherheit bietende Instanz an Bedeutung.

Psychische Störungen

Es gibt nur wenige Studien über die Bedeutung der Väter bei psychischen Störungen ihrer Kinder.

- Einige Studien belegen, dass es prognostisch günstig für den Therapieerfolg war, wenn die Beziehung zum Vater

gut war. Andere Studien zeigen, dass Väter auch zur Symptombelastung ihrer Kinder beitragen können.
- Aggression und antisoziales Verhalten (externale Störungen) haben eher mit der Beziehung zum Vater zu tun, während internalisierende Störungen wie Depression und Ängstlichkeit stärker mit der Beziehung zur Mutter zusammen hängen.
- Schließlich haben Studien belegt, dass Kinder von alkohol- und drogenabhängigen und depressiven Vätern ein höheres Risiko tragen, selbst zu erkranken.
- Neuere Publikationen gehen davon aus, dass der Vater hinsichtlich der Individuation den Beitrag der Mutter ergänzt und komplettiert. Für eine gute Entwicklung sind unterschiedliche Akzentsetzung durch Mutter und Vater wichtig. Er muss seine Rolle als Vater übernehmen und nicht zur zweiten Mutter werden (Seiffge-Krenke, 2002, S. 29).

Bedeutung des Vaters für die Identitätsentwicklung seiner Kinder

Zuwendung, Anerkennung, emotionale Achtsamkeit, Anregungen, Geborgenheit, Beziehungsvorbild sind grundlegende Merkmale eines zugewandten Vaters im gesamten Entwicklungsprozess.

Das väterliche Beziehungsangebot ist wichtig
In den ersten Lebensjahren besteht seine Aufgabe vor allem darin, körperliche Nähe und ein Gefühl von Geborgenheit zu vermitteln. Er ergänzt und erweitert die wichtige Mutter-Kind-Beziehung und ist für sein Kind der »bedeutsame Dritte«. Seine Aufgabe in der frühen Kindheit liegt über weite Strecken vor allem darin, der Verschmelzung zwischen Mutter und Kind etwas entgegenzusetzen. Neben der dyadischen Beziehung zur Mutter kann das Kind auch eine Zweierbeziehung zum Vater erleben. So kann er zur Autonomieentwicklung seines Kindes beitragen. In den folgenden Lebensjahren kommt es vor allem auf gemeinsame Aktivitäten und Unternehmungen an. Wenn ein Vater mit seinem Kind in der Natur auf Entdeckungsreise geht, es bei seinen

vielfältigen Lernschritten wie Dreirad-, Roller-, Fahrradfahren und beim Schwimmen unterstützt, dann wird er als Vorbild erlebt. Auf diese Weise wird eine tragfähige Beziehung aufgebaut, die eine wichtige Voraussetzung für den später einsetzenden Ablösungsprozess bildet.

Spiel und Gehirnentwicklung

Das Haupterfahrungsfeld für Babys und Kinder ist das Spiel. Im Spiel setzt sich ein Kind durch permanente Gestaltung mit sich und der Welt auseinander. Seine Selbstentwicklung basiert auf unendlich vielen Interaktionserfahrungen mit anderen Menschen in der jeweiligen Umwelt. Ein spieleinfühlfähiger Vater trägt nicht nur zu einer stabilen Bindung und der Erfahrung von Geborgenheit bei, er gibt seinem Kind über vielfältige Anregungen die Möglichkeit, die damit verbunden Erfahrungen in inneren Bildern, Geschichten und Erzählungen anzulegen, zu speichern. Somit trägt er entscheidend zur kognitiven Entwicklung bei, denn unser Gehirn enthält nicht Erinnerungen an einzelne Objekte, sondern an die emotionale Einbettung dieser Objekte in eine als bedeutsam erlebte Situation. Es sind die Szenen, die Erzählungen, die persönlichen Erlebnisse, die als erste Repräsentanten so etwas wie eine Grund-Matrix ausbilden, auf der sich später abstrakte Gedanken und Erinnerungen abbilden. Hier werden die Grundlagen für die später so wichtige intrinsische Motivation gelegt (Gebauer/Hüther, 2002, S. 14 ff.).

Idealisierung und Entidealisierung des Vaters

Der Übergang von der Kindheit ins Erwachsenenalter, die Phase der Adoleszenz, ist eine Zeitspanne, in der das innere Bild vom Vater besonders intensiv überprüft und gegebenenfalls verändert wird. Gelingt der Prozess der Revision des inneren Vaterbildes während und auch nach dieser Phase – man spricht auch von einer Entidealisierung –, dann führt dies zu größerer Selbstständigkeit, verbunden mit mehr Verantwortungsbereitschaft für die eigene Identitätsentwicklung.

Eine Idealisierung des Vaters entwickelt sich aus konkreten Erfahrungen mit dem Vater und den Wunschfantasien, wie der Vater sein sollte. Die so idealisierten Seiten des Vaters werden im Verlauf der Adoleszenz zunehmend durch die

Erfahrung mit dem realen Vater infrage gestellt. Es sind jene positiven Erfahrungen, die dem Heranwachsenden bisher eine innere Orientierung boten. Auch das eigene Selbst wird zunehmend realistisch wahrgenommen. Es werden sowohl beim Vater als auch beim Jugendlichen die Stärken und Schwächen sichtbar und wahrnehmbar. Der zuvor als stark und mächtig erlebte Vater schrumpft immer mehr zusammen (vgl. Skizze 2).

Skizze 2

Innerhalb dieser oft sehr heftig verlaufenden Veränderungsprozesse kommt der Mutter eine vermittelnde Funktion zu. Das gilt nicht weniger für die Auseinandersetzung der Mutter mit den Kindern. Kommt es hier zu unlösbar scheinenden Verstrickungen, dann ist die vermittelnde Funktion des Vaters gefragt. Die Konflikte, die gerade während der Phase der Pubertät sehr heftig sein können, sollten immer wieder Gegenstand gemeinsamer Reflexionen sein. Gelingen solche Gespräche, dann müssen weder Vater noch Mutter von ihren Kinder erniedrigt oder erhöht werden, sie können realistisch wahrgenommen werden. Diese Reflexionsprozesse stellen für die Heranwachsenden einen wichtigen Orientierungsrahmen dar.

Sensitivität des Vaters

Neuere Studien zeigen, dass es vor allem die emotionalen Fähigkeiten eines Vaters sind, die eine gelingende Vaterschaft ermöglichen. Eine zugewandte väterliche Haltung zeigt sich vor allem darin, dass sich ein Vater in die Wünsche und Bedürfnisse der anderen Familienmitglieder einfühlen und diese auch in seinem Handeln berücksichtigen kann. In diesem Zusammenhang ist seine Kommunikationsfähigkeit hinsichtlich der vielen Entscheidungen, die das alltägliche Leben verlangt, gefragt.

Desinteresse und Gewalt

Über weite Strecken der Entwicklung geht es bei den Kindern um Entdeckungen, um das Wahrnehmen und Genießen der eigenen Stärke, des eigenen Könnens. Kinder lernen gern von ihrem Vater und schätzen ihn als Vorbild, wenn er ihnen Interesse entgegenbringt und auch Zeit für sie hat. Steht der Vater nicht zur Verfügung, so kommt es bei manchen Kindern zu Enttäuschungsaggressionen. Es besteht die Gefahr, dass er selbst durch sein Desinteresse zum Auslöser von Aggressionen wird. Der Vater fehlt als Anreger und als Identifikationsmodell. Er fehlt vor allem als naher und zugewandter Vater, der durch sein Verhalten in Konflikten ein Vorbild dafür sein könnte, wie man mit aggressiven Gefühlen umgehen kann. In der Triade von Mutter, Vater und Kind kann am ehesten erlebt und gelernt werden, dass es für viele Alltagsprobleme nicht nur Lösungen gibt, sondern dass auch Alternativen zu den jeweiligen Ergebnissen denkbar wären. Das setzt Umgangsformen voraus, die sich durch Sensitivität, Kommunikations- und Reflexionsfähigkeit auszeichnen. Hier liegt für ein Kind die große Chance, innerhalb seines Entwicklungsprozesses nicht nur oberflächlich erwünschte Verhaltensweisen auszubilden, sondern einen inneren Lebens- und Erlebensraum zu entwickeln.

Größenfantasien

Größenfantasien sind während dieser Phase nicht selten. Sie haben die Funktion, gefühlte Unzulänglichkeiten in der Fantasie auszugleichen und somit das Selbstsystem zu stabilisieren (Erdheim, 2002, S. 324 ff.).

Es sind vor allem zwei Denk- und Fühlbewegungen zu erkennen: Die Jugendlichen versuchen, innere Zustände nach außen zu verlegen. Sie projizieren zum Beispiel aggressive Gefühle nach außen und inszenieren sie in anderen Zusammenhängen. Oft hat das auch schlimme Folgen.

Bei der anderen Denk- und Fühlbewegung geht es darum, innere psychische Räume aufzubauen und darin die Spannungen zu ertragen, die aus dem Verhältnis von Fantasie und Realität entstehen. Wenn Kinder im Verlauf ihrer Entwicklung häufig erleben, dass es bei einer erfolgreichen Konfliktklärung immer auch um die Wahrnehmung und Beachtung der Gefühle und um das Reden darüber geht, dann können sie ein »inneres Parlament« (Stierlin, 1994) ausbilden, das ihnen ermöglicht, das Für und Wider ihrer Handlungsweisen unter Berücksichtigung ihrer Gefühle abzuwägen. Emotion, Kognition und Kommunikation gehen dabei eine Verbindung ein und führen zur Ausbildung solcher neuronaler Strukturen und Netzwerke, die auch in bedrohlichen Situationen eine Affektkontrolle möglich machen. Im anderen Fall bleiben die »inneren Räume« leer und halten für Entscheidungen in Konfliktsituationen wenige oder keine

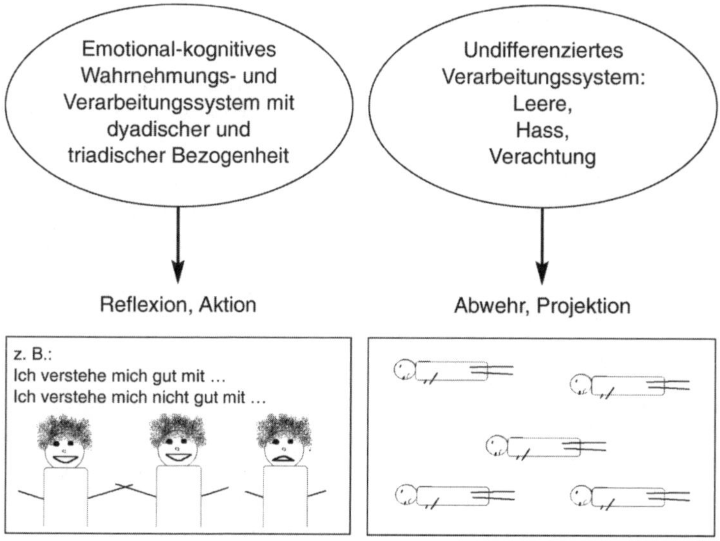

Skizze 3

Alternativen bereit. Wird der innere Raum als leer empfunden, so kann er sich über erlebte Demütigungen und Gewalterfahrungen mit Hass anfüllen, der sich unkontrolliert – denn es stehen keine Verarbeitungsmuster zur Verfügung – auf unbeteiligte Personen entlädt (vgl. Skizze 3).

Hier kommt den Eltern eine wichtige Gestaltungsaufgabe zu. Aggressive und omnipotente Fantasien brauchen innere Erlebnisräume. Es muss je nach Entwicklungsstufe immer wieder die Konfrontation mit der Realität gesucht werden. In dieser Phase kommt es oft zu harten Auseinandersetzungen und Brüchen zwischen den Eltern und ihren Kindern.

Der Ablösungsprozess gelingt, wenn es eine tragfähige Bindung gab

Der Übergang von der Kindheit ins Erwachsenenalter, die Phase der Adoleszenz, ist eine Zeitspanne, in der das innere Bild vom Vater besonders intensiv überprüft und gegebenenfalls verändert wird. Es ist eine Zeitphase, in der heftige Auseinandersetzungen stattfinden. Gelingt der Prozess der Revision des inneren Bildes vom Vater während und auch nach dieser Phase, dann führt dies zu größerer Selbstständigkeit, verbunden mit mehr Verantwortungsbereitschaft für die eigene Identitätsentwicklung. Innerhalb dieses Prozesses wird der Vater »entidealisiert«, und das heranwachsende Kind lernt innerhalb dieses Prozesses mehr und mehr, den Vater und schließlich sich selbst realistisch wahrzunehmen (vgl. Skizze 2).

Für Väter und Mütter ist diese Phase nicht einfach. Einerseits sollen sie ihren Kindern Sicherheit geben, ihnen beim Übergang zum Beruf helfen und mit ihnen Perspektiven eröffnen, andererseits ist die eigene Situation oft durch große Unsicherheiten geprägt.

Sexuelle Identitätsentwicklung

In dieser Phase werden auch die bisherigen Erfahrungen mit der sexuellen Identitätsbildung aktuell. Die neuen Herausforderungen, die nun an Jungen und Mädchen gestellt werden, können u. a. dann besser angenommen und bewältigt werden, wenn es positive verinnerlichte Erfahrungen über das Mann- und Frausein gibt.

Bereits in der frühen Beziehungen zu Vater und Mutter liegen die Anfänge der sexuellen Identitätsbildung. Vater und Mutter können von dem Kind in ihrem Anderssein, in ihrer Männlichkeit und Weiblichkeit erfahren werden. Die Erfahrung beider Modi scheint unabdingbar für die psychische Entwicklung zu sein. So wichtig eine sichere Bindung zwischen Mutter und Sohn ist, muss sich der Junge doch im Laufe seiner Entwicklung vom Geschlecht der Mutter entidentifizieren. Der kleine Junge hat bei einem zugewandten Vater schon früh ein leibhaftiges männliches Vorbild hinsichtlich seiner Geschlechtsidentität. Der Erkenntnisprozess, nicht so zu sein wie die Mutter, ist mit Schmerz verbunden, der jedoch gemildert werden kann, wenn der Junge von Anfang an körperliche und emotionale Erlebnisse mit seinem Vater hat.

Es ist nicht Aufgabe des Vaters, zweite Mutter zu sein.

Im Kindergarten und in der Grundschule wären Männer als Erzieher und Lehrer für die Identitätsentwickelung gerade der Jungen besonders wichtig. Über eine emotional tragende Beziehungserfahrung ist eine positive Identifizierung mit dem Vater möglich. In der Phase der Adoleszenz ist es z. B. wichtig, dass ein Vater seinem Sohn und auch seiner Tochter signalisiert: »Es ist schön zu sehen, wie ihr euch entwickelt.« Viele anerkennende Komplimente sind denkbar. Dabei sollte jetzt klar sein, dass die Gleichaltrigengruppe in dieser Phase eine große Bedeutung einnimmt. Aber Vater und Mutter haben nach wie vor wichtige Funktionen in den anstehenden Klärungsprozessen.

Während der gesamten Entwicklung geht es um das Ausloten der Freiräume und Grenzen. Die Bedeutung des Vaters, liegt u.a. darin, Nähe und Sicherheit zu ermöglichen, aber auch Grenzen zu setzen. Gelingen solche Prozesse, dann entstehen im inneren Erlebnisraum des Kindes Bilder eines zugewandten Vaters.

Ambivalenz und Kohärenzerfahrungen

Im Verlauf seiner Entwicklung wird ein Kind bei seinen Strebungen nach Wohlbefinden und Unabhängigkeit Vater und Mutter als »böse« und »gut« erleben. Für die Eltern ist damit die Aufgabe verbunden, die Gefühle ihres Kindes nicht abzuwehren, sondern sie als elementare Erlebnisweisen in ihre

Kommunikation einzubeziehen. Dabei ist die Erfahrung von »sprachlicher Kohärenz« entscheidend. Das Gesagte muss mit dem Erlebten übereinstimmen. Wird so über Gefühle kommuniziert, dann kommt es zu einer Integration von »guten« und »bösen« Beziehungsanteilen. Es entsteht ein Netz von inneren Repräsentanten bzw. inneren Bildern. Hier wird die wichtige Erfahrung gemacht, dass kein Mensch »nur gut« oder »nur böse« ist. Erleben Kinder, dass im Verlauf von Konflikten Gefühle ausgedrückt und benannt werden, dann haben sie die Chance, eine eigene Gefühlssicherheit zu erwerben. Sie erleben auch, dass sich Gefühle verändern. Es entstehen Modelle davon, wie Konflikte unter Einbeziehung der Emotionen geklärt werden und so auch anders als nur mit Gewalt gelöst werden können. Diese Modelle stehen dann im Kindergarten und später in der Schule als innere Orientierungen zur Verfügung (vgl. Skizze 3).

Identitätsentwicklung »ohne Vater«

Für alle Kinder und Jugendlichen, die – aus welchen Gründen auch immer – nicht mit ihren Vätern zusammenleben, ist die Regelmäßigkeit des Kontaktes mit ihm und die Einbeziehung in den Alltag wichtig. Steht kein Vater als nahe Person zur Verfügung, mit dem sich ein Kind identifizieren kann, dann kann dies den unbedingt erforderlichen Ablösungsprozess von der Mutter erschweren. Eng verbunden damit ist die sexuelle Identitätsentwicklung. Grundlage für das spätere Vatersein ist die Entwicklung einer männlichen Identität. Diese ist nur möglich über Erfahrungen mit männlichen Vorbildern. Scheitert dieser Versuch, dann kann der Sohn ein Leben lang auf die enge Beziehung zur Mutter fixiert bleiben und sich auf eine unendliche Reise der Sehnsucht nach dem Vater begeben. Bleibt es bei einer Orientierung an der Weiblichkeit, dann ist Abgrenzung nur schwer möglich. Die Ausbildung einer männlichen und später auch einer väterlichen Identität wird erschwert oder verhindert. Es besteht auch die Gefahr, dass ein Sohn von der Mutter als Ersatzpartner missbraucht wird. Lässt sich die Mutter von ihrem Sohn verführen, dann wird das Inzestverbot verletzt. Damit gehen entscheidende Impulse für die Persönlichkeitsentwicklung verloren. Lehnt die Mutter ihren Partner/Ehemann als Vater für ihr Kind ab, dann erschwert sie ebenfalls den Aufbau der männlichen Identität ihres Sohnes. Der Vater erscheint seinem Kind als blasser Repräsentant des Männlichen und wird oft auch so verinnerlicht. Eine Identifikation mit einem Vater, der über bestimmte Zeiträume abwesend ist, ist nur dann möglich, wenn sein Bild in der Vorstellung der Mutter positiv besetzt ist.

Nicht selten kommt es vor, dass der Vater anwesend, aber emotional abwesend ist. Ein solcher Vater kann den Entwicklungsprozess seiner Kinder dadurch enorm erschweren, dass er die Entwicklung eines inneren Raumes, in dem ein lebendiger Vater als inneres Bild aufgebaut werden muss, blockiert (vgl. Gebauer, 2003, S.150 ff. und S. 238 ff.). Damit sind alle Prozesse beeinträchtigt, die zur Entfaltung der Identität erforderlich sind:

- Es mangelt an der Erfahrung von Nähe und Geborgenheit; sichere emotionale Bindungen können nur schwer entwickelt werden; positive dyadische und triadische Grunderfahrungen entfallen.
- Eine Identifizierung mit dem Vater erscheint nicht erstrebenswert, somit entfällt die Chance seiner Idealisierung.
- Eine innere Orientierung in schwierigen Situationen an einem verlässlichen Vaterbild ist nicht möglich.
- In einer solchen Situation können auch keine Erfahrungen für eine positive sexuelle Identitätsentwicklung gemacht werden.
- Eine Modulation der Gefühle, vor allem der Umgang mit aggressiven Impulsen, wird erschwert. Der Vater entfällt als Helfer beim Umgang mit Gefühlen.
- Oft richten sich die Aggressionen über Projektion und Inszenierung nach außen, weil der Aufbau eines inneren psychischen Raumes, in dem die unterschiedlichen Gefühle bearbeitet werden können, wegen Unfähigkeit oder Desinteresse auf Seiten des Vaters nicht ausgebildet werden konnte.
- Wo keine Idealisierung entstanden ist, kann auch keine Entidealisierung erfolgen. Es bleibt eine Leerstelle, die

aber gefüllt werden muss, wenn die Entwicklung zu einer männlichen und väterliche Identität eine Chance haben soll.

Wolfgang Bergmann

Ihre Welt ist bunt, laut und fremd – und nirgends ein Halt

Ungehaltene Kinder

Wer nimmt ein Kind,
wer stellt es ins Gestirn
und gibt das Maß des
Abstandes
ihm an die Hand
Rilke, Duineser Elegien

Wenn ich an moderne Kinder denke, dann denke ich an Felix, Kevin oder Max. Ach ja, Kevin! Es ist gar kein Scherz, wenn ich gelegentlich berichte, dass ich am Telefon schon zusammenzucke, wenn eine Mutter sagt, ihr Sohn heiße Kevin. »Ach Gott«, denke ich, »schon wieder ein hyperaktives Kind!« Und bei erstaunlich vielen »Kevins« ist es dann auch so. Namen haben eine Magie, eine Bedeutung aus dem individuellen und kollektiven Unbewussten. Das wusste schon Walter Benjamin. In unserer Kultur wird diese Magie weitgehend von den Medien bestimmt.

Kevin ist ein Medienname. Sein Bedeutungscharakter stammt aus dem 80er-Jahre-Film »Kevin allein zu Hause«. Kevin, das ist der verwegene kleine Junge, der, ganz auf sich allein gestellt, allen Gangstern und auch sonst allen finsteren Kräften der Welt trotzt. Kevin, von Mama und Papa und den Geschwistern verlassen und vergessen, der sich trotzdem durchbeißt und am Ende triumphiert – eine mediale Metapher, die offensichtlich viele Eltern bewegte, als sie nach einem Namen für ihr Kind suchten. Der Name birgt Erwartungen, bewusste und unbewusste, die sich auf das Kind richten.

Der reale Kevin, der dann im Erstgespräch vor mir hockt, ist meist ein kleiner Junge, dem mit seinem Namen eine zu große Bedeutungslast aufgebürdet wurde. »Kevin«, Nominativ für das Ungebärdige, das Trotzige, das Widerspenstige –

mit dieser Zuweisung sind die Jungen überfordert. Wir werden gleich sehen, warum.

Mit »Max« verhält es sich ähnlich. »Wir haben Probleme mit unserem Mäxchen!« Max und Moritz! Eine ältere Nomenklatur mit traditionsverhafteter Bedeutung. Wieder ist das Ungebärdige gemeint, das sich keiner Anordnung fügt. Eine sehr deutsche Tradition des Widerständigen schwingt da mit, die seit der Mitte des 19. Jahrhunderts »bürgerliche Kindheit« gern in romantische Verklärung hüllt. Und auch hier ist es so, dass solche Idealisierung den Kindern nicht gut tut.

Wenn sie dann in die Praxis kommen, oft schlurfend oder geschoben von ihren Müttern und im Schatten eines abwesenden oder abwesend wirkenden Vaters, dann fällt als Erstes ihre unglücklich-rabiate Ungeschicklichkeit auf. Sie bewegen sich schnell, rammen aber gegen jeden Stuhl, schon ist der Vorhang auf den Boden gerissen und das Lego-Spiel von der Fensterbank gefegt. Dann, oft nach einer herrischen Ermahnung von Papa oder Mama, lassen sie sich auf einen Stuhl sinken, rutschen dort unruhig hin und her und finden sich schließlich am Boden hockend wieder. Das Nomen »Kevin« hat seine Bedeutungszuweisung des Ungebärdigen, des fröhlich Widerständigen längst eingebüßt! Nichts davon ist in der unsicheren und zornig-entnervten Stimme der Mutter noch zu vernehmen: »Kevin, sitz endlich still. Kevin, halt doch mal den Mund. Kevin, lass dies und Kevin lass das!«

Das Zweite, das auffällt: der schnelle Blick. Er schweift umher, fixiert nichts und niemanden, sondern scheint durch die Dinge hindurchzugehen, als fände dieses Schauen gar keinen Widerhall in der kindlichen Seele. Alles und jedes wird erfasst und in gleicher Geschwindigkeit wieder aufgegeben, scheinbar vergessen. Nur ich, diese fremde Person des Psychologen hinter dem Schreibtisch, bannt ihre Aufmerksamkeit. Mit derselben fixen Eindringlichkeit wie zuvor die Sachen scheinen sie nun auch mich zu mustern – doch »mustern« ist nicht der zutreffende Ausdruck; es ist vielmehr so, als fiele ihr Blick tief in mich hinein und stürze anschließend in ihr eigenes Kind-Ich zurück, um dort auf seltsame Weise irgendwelche Spuren zu hinterlassen. Aber welche?

Nein, eine Reaktion geben sie meist nicht zu erkennen, oder nur eine stereotype. Sie wirken sehr offen, sind aber schwer zu durchschauen. Diese Kinder buhlen in ihrer Unsicherheit immer sofort um die Sympathie des Erwachsenen. Distanzlos kommen sie auf einen zu und wollen Nähe herstellen, zu der sie aber, wie sich später herausstellt, gar nicht in der Lage sind – dies haben sie alle gemeinsam (hier deuten sich Eigenarten des hyperaktiven Erwachsenen an, dem es, geschickter als einem Kind, gelingt, zu allem und jedem eine Nähe, fast im Sinn persönlicher Beziehung herzustellen und dabei eine tiefe, instrumentelle Distanz einzuhalten – Bill Clinton ist solch ein Prototyp[1]).

Für ein längeres, vertieftes Verweilen bei einem Gesicht, einer Geste, einer Person und bei den eigenen Reaktionen darauf bleibt auch gar keine Zeit. Ihr umhersuchender Blick schweift sofort wieder ab, kehrt zurück zu jenem Lego-Spiel auf der Fensterbank oder dem Vorhang, oft zu dem Computer, der durch die weit geöffnete Tür im Nebenzimmer zu erkennen ist.

Eine paradoxe Gleichzeitigkeit von Flüchtigkeit und Empfindungsintensität ist es, die diese Kinder vermitteln und die sich später, wenn man mit ihnen allein im Gespräch ist, bestätigt. *Alles* scheint ihnen ganz »nahe zu gehen«. Zu allem suchen sie Bindung und intensive Nähe, und gleichzeitig wirkt es so, als würden sie *alles* sofort wieder von sich stoßen und wieder aufgeben. Ihr Schauen und ihr Herumtasten und selbst ihre Suche nach Nähe greift nach allem und begreift nichts.

Eine Folge dieser *zugleich Nähe suchenden und haltlosen* Art der Beziehung zu Dingen und Menschen besteht darin, dass sie, wenn sie an mir oder der Praxis, dem Raum oder der Atmosphäre Gefallen gefunden haben, sogleich die Bitte äußern, den einen oder anderen Gegenstand – ein Spiel, einen Kugelschreiber oder auch nur eine herumliegende Spielkarte – »mitnehmen zu dürfen«. Nach ihrem Hin- und Herschauen, ihrem unruhigen und kurzzeitigen Verharren auf dem Stuhl und dem abwesenden Hocken auf dem Fußboden, verwundert es mich oft, dass sie dann doch auf die Dinge zurückkommen, die sie ganz am Anfang, beim Eintritt

[1] In den Vereinigten Staaten gab es zu Anfang der 90er Jahre eine Phase, in der sich Berühmtheiten als ADSler »outeten«, dazu gehörten u.a. Dustin Hofmann, Harry Belafonte, Paul Newman und Whoopie Goldberg.

ins Zimmer, zuerst im Auge hatten. Dieses Buch oder jenes Spiel oder dieser Radiergummi – sie möchten es gern festhalten, in Besitz halten. Als könnten sie ihre Erinnerung, die flüchtige, entgleitende, auf diese Weise fixieren; als könne solch ein Gegenstand, der vielleicht ein zufälliger, vielleicht ein (von den Erwachsenen nur nicht genügend erkannt) bedeutsamer ist, eine Art Erinnerungsgewissheit herstellen. Vielleicht ist es so! Vielleicht hat der regelmäßig vorgetragene Wunsch der kleinen Zappelphilipps, den einen oder anderen Gegenstand aus meiner Praxis herauszutragen und mit nach Hause zu nehmen, tatsächlich damit zu tun, dass ihnen die Dinge und sogar ihre Gefühle ganz »nahe gehen« und doch wieder schmerzlich entgleiten, dass sie in einer merkwürdigen Weise Bindung aufsaugen *und* an ihr verzweifeln und dass dagegen dieses in Besitz genommene »Ding« wie ein Garant wirkt – »dies gehört zu mir!« –, an dem sie später, ganz allein, ihre Gefühle rekonstitutieren. (Freilich kommt es dann oft vor, dass sie nach der Verabschiedung unruhig zur Tür hinausstürzen und den so innig erbettelten Gegenstand einfach liegen lassen, sie haben ihn schon wieder vergessen.)

Diese Kinder hören alles und nichts. Das vorüberratternde Auto zwei Stockwerke tiefer auf der Straße wird mit derselben Konzentration vermerkt wie die Frage, die ich an diesen Jungen gerichtet habe. Die Ermahnung der Mutter verschwimmt unter der Aufmerksamkeit, die die Kinderstimmen im Nebenzimmer auf sich ziehen, mal antwortet ihr impulsives Kind gereizt, oft gar nicht, dann wieder mit überraschendem Gehorsam. So hetzt und stürzt es von einer fluktuierenden Aufmerksamkeit in die andere und kommt nie ganz zu sich selbst. Es ist auf egozentrische Weise immer »außer sich«.

Am Ende zeigt sich, dass die Frage nach der Zukunftschance dieses Kindes identisch ist mit einer anderen Frage, nämlich: Wer könnte diesem ständig in Unruhe versetzten Kind-Ich, das fast immer von depressiven Gefühlen durchzogen ist, Halt geben (Feuling, 1993)? Die erste Aufgabe der psychischen Betreuung besteht darin, ihnen einen Verlässlichkeitsraum anzubieten, der sowohl durch die feste Struktur der Betreuungsstunden als auch durch die Beständigkeit des äußeren Raumes, durch die Regelhaftigkeit der Aufgaben, die zwischen diesen Stunden zu erledigen sind, und vor allem durch die gleich bleibende Identität und Zuwendung einer akzeptierten Person gesichert ist.

So wenig Verlässlichkeit ist in ihnen, dass sie von nichts ablassen können. Alles und jedes wollen sie in sich aufnehmen und festhalten, aber *alles ist nicht genug*, und schließlich stürzt das ganze überforderte Wahrnehmungsgebäude in sich zusammen, wieder und wieder, und immer ohne Einsicht. Und dann krallen und klammern sie noch mehr und finden keinen Ausweg – man kann das ja alles mit offenen Augen erkennen. Je länger ich mit diesen Kindern zu tun habe, desto eindringlicher zeigen sie mir eine psychische Not, die mindestens *auch*, oft ausschließlich eine Beziehungsnot, eine Bindungsarmut ist.

An den Quellen des seelischen Lebens

Ich möchte Sie gern einladen, mit mir gemeinsam zu rekonstruieren, wie die Quellen des seelischen Lebens beschaffen sind, was am Anfang der Bewusstwerdung eines Kindes steht, wie sich in den ersten Wochen, Monaten und Jahren Aufmerksamkeit, Begreifen, symbolisches Verstehen – ich erkläre gleich, was ich damit meine – vollziehen und was Eltern tun können (und vor allem gar nicht tun, sondern geschehen lassen dürfen), um diese Entfaltung des kindlichen Körpers und der kindlichen Seele zu beschützen. Ich sage nicht fördern, ich sage beschützen. Denn dies ist die vornehmste Aufgabe der Erziehung.

Der amerikanische Psychoanalytiker René Spitz (1946) hat in einer berühmt gewordenen Untersuchung die Innigkeit in der Beziehung zwischen dem Kleinkind und der Mutter rekonstruiert. Freud- und lustvoll ist für die Mutter ihr natürliches Vermögen, das Kind zu nähren, zu stillen, es »still werden« zu lassen, ihre Freude wird unendlich erweitert und bestätigt durch den unverwandten Blick des Kindes, bis es gesättigt in den Schlaf fällt. Der Säugling empfindet im Versorgtwerden ein universales Weltgefühl, in dem noch nicht zwischen innen und außen unterschieden wird und ein Zeit- und Raumgefühl noch nicht ausgebildet ist. Er sucht die Bestätigung seiner wohligen Befindlichkeit in dem ihm zugewandten Blick der Mutter und empfängt auf diese Weise sein allerererstes kommunikatives Zeichen, das sich lebenslang einprägt. *Dieses Zeichen ist gleichbedeutend mit dem Versprechen des Lebens.*

Die »Stillung« – wo sie fehlt, nimmt eine katastrophische Entwicklung ihren Anfang. In den letzten zwei, drei Jahren gab es vermutlich keine größere Stadt in Deutschland, in der nicht Kinderpsychologen oder Lehrer zu einem Kongress zusammenströmten, um über Hyperaktivität nachzugrübeln, ein neues, epidemisch sich ausweitendes Problem. Mir kommt es oft so vor, als sei bei vielen dieser Kinder bereits das allererste Vertrauen unzureichend verankert. Als müsse das hyperaktive Kind sich unaufhörlich bemerkbar machen, als Signal seiner Existenz, seines Willens und seiner Bedürftigkeit, als müsse es mit seiner heftigen Motorik sein Körper-Selbst zur Geltung bringen, das es anders gar nicht fühlen würde. Als sei es, mit anderen Worten, unaufhörlich dazu gezwungen, sich das »Versprechen des Lebens« aus sich selbst zu schöpfen. Die begründende Verlässlichkeit des kindlichen Seins ist ausgeblieben oder nicht kräftig genug ausgefallen.

So kommt es vielleicht auch dazu, dass das in seine Unruhe verstrickte Kind die unzureichende Zuwendung der Mutter, wenn sie denn endlich eintritt, ablehnen muss. Eben dies berichten viele Mütter hyperaktiver Kinder: wie enttäuscht und frustriert sie waren, als sie ihr Kind in den Arm nehmen und küssen und streicheln wollten, aber es strampelte nur, wehrte sich und drehte den Kopf zur Seite. Auch die Mutter fühlt sich nun in ihrem »Vermögen« abgelehnt, sie ist gekränkt, und ein Teufelskreis unzulänglicher Sehnsucht nach jener Innigkeit, die beide voneinander benötigen und nicht erhalten, tritt ein.

Empirische Untersuchungen notieren seit langem, dass Mütter hyperaktiver Kinder um ein Sechsfaches häufiger depressive Züge aufweisen als andere Mütter. Man hat dies als Folge der Überforderung durch das überaktive Kind interpretiert, und ich will diese Überforderung nicht gering einschätzen. Aber vielleicht ist es auch ganz anders, vielleicht stand am Anfang die depressionsbelastete oder aus anderen Gründen unzureichende Innigkeit der Mutter-Kind-Beziehung. Es konnte nicht ganz still werden, dieses Kind, es empfing die frühesten kommunikativen Zeichen der Sicherung seines Daseins nicht oder unzureichend – also strampelte und stemmte es sich mit seiner kleinen Existenz hinein in eine fremde Welt.

Und so ist sie in Teilen geblieben, fremd und ungedeutet. Ein französischer Psychoanalytiker sagte mir im Gespräch, mit dem eleganten Pathos der Lacan-Schule: *Das überaktive Kind bewegt sich, um den anderen und sich selbst zu bestätigen, dass es nicht tot ist.*[2]

Diese Hektik, diese Unruhe tritt bei vielen Kindern in den ersten Lebensphasen auf und kommt später nie mehr ganz zur Ruhe. Wer aber unaufhörlich bestätigen muss, dass er noch lebt, »da – ist«, dem erschöpft sich die innere und äußere Welt im puren Dasein. Jetzt und jetzt und wieder jetzt! Was uns hingegen *dauerhaft* prägt, das entfaltet sich in *solchen* Momenten, in denen das Vergangene und das Zukünftige gleichzeitig und innig gefühlt werden. *In ihnen* reift das wandelbare Ich und findet seine Kontinuität im Erleben der fließenden Dauer, die unsere Gegenwart ist.

Diesen Kindern gelingt die Dauer der Gegenwart (Barkeley, 1957) nicht, auch die erinnerte Zeit bleibt ihnen ein Schloss voller Rätsel. Und dies sind die Folgen: Wir sehen sie ruhelos auf dem Spielplatz von einem Spielgerät zum anderen eilen und bei keinem Freude und Halt finden. Noch später, in der Schule, fällt ihnen die Ordnung von Schrift und Zahl unendlich schwer. Sie macht ihnen auch deshalb soviel Mühe, weil sie nicht wie andere Kinder mit dem Lernen eine Erwartungsfreude, ein Gespannt-Sein auf sich selbst verbinden. Wie man sein wird als lesendes Kind, als schreibendes und rechnendes (»bald bin ich ein Schulkind« sagte meine 6-jährige Tochter stolz), als Teil einer Kultur der Großen, als *zugehörig* – davon hat es keine Vorstellung.

Die Zukunft liegt so leer vor den kleinen »Hypies«, wie die Vergangenheit hinter ihnen. Sie hören einem durchaus zu, wenn man ernst und eindringlich mit ihnen redet, aber kaum

---

[2] Diese Sätze fielen während eines persönlichen Gespräches am Rande des Kasseler Psychotherapie-Kongresses zur Hyperaktivität bei Kindern 2001, veröffentlicht in: Arbeitshefte Psychoanalyse, hrsg. v. Institut für vergleichende Kulturforschung, Universität Kassel, 2002.

ist die Tür hinter ihnen ins Schloss gefallen, scheint alles Gesprochene und Verabredete wie ausgewischt, als sei es nie da gewesen. Es ist schon Vergangenheit und auf diffuse Weise in ihr versickert ...

Entwicklungspsychologie auf empfindsamen Trampelpfaden

Die moderne Bindungsforschung hat mittlerweile eine umfassende Anordnung von experimentellen Studien aufzuweisen, in denen die Bedeutung der frühkindlichen Interaktion von Mutter und Kind – zumal in den ersten 18 Monaten – gezeigt wird. Sie geht aus von den grundlegenden Überlegungen des Psychoanalytiker John Bowlby, der von der internationalen, immer etwas dogmatisch gestimmten Gemeinde der Analytiker ausgegrenzt wurde (Bowlby, 2001), und ist weiter differenziert worden von Mary Ainsworth, besonders in ihren geradezu »berühmt« gewordenen Baltimore-Studien. Darin wurde ein Schema für verobjektivierbare Beobachtungen der intimen Mutter-Kind-Bindung geschaffen, in denen bei aller Regelhaftigkeit der empirischen Notierungen dennoch genügend Spielraum für die Feindifferenzierung von Beobachtung und Interpretation blieb. Die darauf folgenden Studien konnten diese ersten ideenreichen Versuche, die Gestimmtheit zweier Menschen in ein wiederholbares Raster zu fassen, weiter verfeinern. Die oft sehr klugen Betrachtungen kann ich hier nicht referieren, ich verweise nur knapp auf einige Ergebnisse, die in evidenter Weise den Erfahrungen derjenigen Kinderpsychologen entsprechen, die sich auf die Lebenswelt der modernen nervösen Kinder einlassen (Ainsworth et al., 1969).

Folie aller Versuche von Ainsworth und ihren Mitarbeitern ist die so genannte »fremde Situation«. Dort wurden nach sorgfältig erhobener Ätiologie eine Mutter und ihr sechs bis acht Monate altes Kind in eine begrenzte Stresssituation geführt. Die Mutter verließ den gemeinsamen Raum und das gemeinsame Spiel, nachdem ein Fremder auf freundliche, aber distanzierte Weise eingetreten war. Diejenigen Kinder, die in der vorausgehenden Befragung als »sicher gebunden« eingestuft worden waren, reagierten gemäßigt irritiert. Sie schauten der Mutter zwar nach, manche zeigten Protest, wandten sich dann aber – offenbar mit dem sicheren Gefühl, dass »Mama« schon zurückkehren werde – wieder dem Spiel zu und nahmen vorsichtigen Kontakt zu der »dritten Person« auf.

»Unsicher gebundene« Kinder dagegen zeigten sich wie erstarrt. Scheinbar gleichgültig warteten sie auf die Rückkehr der Mutter, während Pulsfrequenz, Blutdruck und Gehirnaktivitäten deutlich verstärkt waren. »Ambivalent gebundene« Kinder – später wurde auch diese Subgruppe noch einmal unterteilt – suchten oft rasch und vorbehaltlos den Kontakt zu dem Fremden, zeigten dabei aber eine hohe Unruhe. Im Umgang mit dem Spielzeug wirkten sie rabiat und unbeholfen. Gegenüber der zurückkehrenden Mutter waren sie extrem anhänglich, aber *zugleich* unruhig bis aggressiv. Während sie sich an die Mutter klammerten, ging ihr Blick unaufhörlich zum Spielzeug, sie strebten von der Mutter fort und hielten sich gleichzeitig verzweifelt an ihr fest (vgl. auch Hobson, 2003).

Unübersehbar zeigt sich, dass zentrale kindliche Verhaltensprobleme, die in der kinderpsychologischen und -psychiatrischen Praxis mit dem ADHS-Etikett belegt werden, mit diesen Störungen der »ambivalent oder unsicher gebundenen« Kinder weitgehend übereinstimmen. So gehört es beispielsweise zur regelmäßigen Klage der Mütter, dass ihr ADHS-Kind sie kaum loslasse und sich bei geringstem Anlass heftig an sie klammere – »Ich kann kaum allein aufs Klo gehen«, sagte mir eine junge Mutter; zugleich reagieren die Kinder bei der kleinsten Frustration oder Enttäuschung heftig abwehrend und erregt, oft aggressiv. Auch die Selbstüberschätzung der Kinder, die bis zur Realitätsleugnung geht, gehört in diesen Zusammenhang.

Die regelhafte Ähnlichkeit der »Symptome« ist beeindruckend. Sie ist durch eine Reihe weiterer Untersuchungen belegt. Hier scheint sich also eine Chance zu eröffnen, diese impulsiven und hochverletzlichen Kinder über das symptomgebundene Zuordnungsverfahren der psychiatrischen Diagnostik hinaus zu verstehen und die formalen Kategorien auf eine lebensgeschichtliche Betrachtungsweise hin zu erweitern.

In jedem Kindergarten, jeder Grundschule und auf jedem Pausenhof beobachten wir zunehmend – meist sehr laute – Kinder, die sich an völlig beliebige Dinge klammern und diese wütend verteidigen, dann aber, wenn sie sie in Besitz genommen haben, nichts mit ihnen anzufangen wissen; Kinder, die zwar miteinander spielen, aber im Spiel kaum Kontakte aufnehmen, jedes folgt einer eigensinnigen, egozentrierten Spur. Aus all dem folgt ein Grundklima von Rivalität und stets abrufbereiter Aggressivität, das manchmal selbstdestruktive Züge annimmt. Erzieherinnen, Grundschullehrerinnen oder andere Betreuer sind von dieser unterschwelligen Gereiztheit und aggressiven Dynamik der Kindergruppen überfordert und oft verwirrt, zumal fast nie ein angemessener Anlass für den wilden Aufruhr zu erkennen ist. Diese Kinder leben auf hybride Art eine »Selbstbehauptung ohne Selbst«, wie Adorno schon vor 50 Jahren den Prototyp des modernen Menschen beschrieb (Adorno, 1955).

Im Einzelgespräch zeigen sich narzisstische Züge, die von unsicheren symbolischen Ordnungen der Wahrnehmung und der Selbsterfassung bis hin zur manifesten Realitätsleugnung reichen können. Umtriebig sind sie beim Befolgen aktueller Impulse, die aber nie zu einem befriedigenden Ziel zu kommen scheinen. Die Sprache, die das frühkindliche Fantasiegeschehen bannt, bleibt ungenau, verwischt, die Teilhabe an den symbolischen Ordnungen wird verweigert oder nur widerstrebend aufgenommen (darauf komme ich noch ausführlich zurück). Der Mangel an symbolisch regelhafter und empathischer Wahrnehmung geht paradoxerweise mit einer oft hohen funktionalen Intelligenz einher (Hartmann, 1972), die sich aber nur im Umgang mit komplex-mechanischen Dingen oder den fixen digitalen Apparaten und Symbolgeschehen im Computerspiel erweist.

Viele dieser Kinder erreichen in den Intelligenz-Tests hohe Werte. Die Erfahrung zeigt, dass sie gleichwohl eine geringe soziale Intelligenz haben, und daraus resultierend bei der Zusammenführung unterschiedlicher Aufgaben, die sich der menschlichen Intelligenz im Alltag stellen, versagen. *Der klinisch-reine Charakter der Testsituation kommt ihrer seelischen*

Verfassung nahe. Ihr Scheitern angesichts der Anforderungen des Alltags und besonders im schulischen Leben wird oft als »Unterforderung« interpretiert. Ich halte das für eine verkürzte Darstellung. Wahrscheinlich langweilen sie sich mit ihrem raschen Verstand bei der Trödeligkeit des Schulunterrichts, aber für ihr spezifisches Scheitern ist dies keine ausreichende Erklärung. Untersucht werden müsste, wieweit der testierte Intelligenzfaktor regelmäßig mit einer hohen narzisstischen Verengung der Wirklichkeitswahrnehmung und der Wirklichkeitsanerkennung einhergeht.

Alles in allem öffnet die Bindungsforschung den Blick auf die seelischen Teufelskreise, in denen sich zahllose Kinder mehr oder minder intensiv bewegen, sie verweist darauf, dass vieles an den verwirrenden und oft bestürzenden Identitätsnöten frühkindlichen Irritationen, Bindungsstörungen und Entregelungen des Selbsterlebens zuzurechnen ist. Bevor wir sie detaillierter betrachten, möchte ich kurz den Blick auf das sozial-kulturelle Umfeld lenken, das zu diesen Störungen offensichtlich beiträgt. Wie kann man die Verfasstheit der modernen Familien beschreiben und inwiefern leidet sie unter Erschwerungen, die es in dieser Weise in früheren Generationen nicht gab?

Papa und Mama, allein zu Haus

Den türkischen Honig,
den es, wie wir wissen,
nicht mehr gibt,
mag ich lieber
als alles auf der Welt,
und eines Tages
werde ich dich darum
bitten.

Samuel Beckett, Endspiel

In der medialen Wissensgesellschaft werden Vorbilder geschaffen, die mit dem familiären Leben nur schwer in Übereinstimmung zu bringen sind. Der streunende Single in den Großstädten und der Global Player im Finanzgeschehen: *Das* sind zwei soziale Rollen, die sehr wohl gleichzeitig gelebt werden können. Aber wie bringt ein ehrgeiziger 30-Jähriger das Idealbild des Managers im weltweiten Verbund digitaler Informationstechnologien mit dem Bild des sesshaften Familienvaters zusammen? Wie verknüpft eine junge Frau ihr berufliches Ideal in der Werbung oder im Verkauf attraktiver Konsumgegenstände mit der Rolle der geduldigen, abwartenden Mutter, die beim Stillen mit ihrem Kind in eine spielerische Passivität versinkt? *Bereits die Gründung einer Familie ist von inneren Polarisierungen gekennzeichnet, die frühere Generationen nicht kannten.*

Die Familientradition ist weitgehend bedeutungslos geworden. In früheren bürgerlichen und kleinbürgerlichen Generationen war der Bestand der Familie ein Wert an sich; – in Krisenzeiten war er ein wichtiger, stützender Faktor für die Paarbeziehung. Solche im moralischen Bewusstsein verankerte Bindungen an die Familie als Institution und an die ökonomisch sichernden Verwandtschaftsbeziehungen sind weitgehend aufgelöst, Familie ist heute wesentlich eine *Beziehungsgemeinschaft.* Damit kann aber jede Beziehungs-, jede Befindlichkeitsstörung zur Bedrohung des Bestandes der Familie werden. Immer, zu jeder Zeit, steht alles auf dem Spiel!

Wenn ich meine Bedürfnisse im Rahmen der Familie nicht einlösen kann, dann verlasse ich sie eben, »dann trennen wir uns«. Diese Überzeugung ist für junge Ehepaare heute genauso selbstverständlich, wie sie noch vor einem halben Jahrhundert buchstäblich undenkbar gewesen wäre. Mit dem Zuwachs individueller Freiheiten ist ein destabilisierender und verunsichernder Faktor in die modernen Familien eingezogen, der die Beziehung zum Kind auf vielfältige Weise beeinflusst.

»Was Gott zusammengefügt hat, soll der Mensch nicht trennen«, wird bei kirchlichen Trauungen gern dahingesprochen. Die modernen Brautleute können sich aber nichts Rechtes darunter vorstellen. Gleichberechtigte Partnerschaft hat einen grundsätzlich anderen Charakter als die sakrale Stiftung einer »Einheit« von Mann und Frau im christlich-mystischen Sinn. Gleichberechtigte Partner müssen sich von Anfang an vor dem möglichen Scheitern der Ehe schützen, schon deshalb verfolgen beide unabhängig von ihren Gefühlen unterschiedliche Interessen. Auf der Ebene der individuellen Bedürfnisse sind die Interessen nur schwer dauerhaft auszugleichen, und eine andere Ebene gibt es nicht. Zugleich geben aber junge Erwachsene – ebenso wie übrigens die Teens und Kinder – ein tiefes Verlangen nach Treue, Verlässlichkeit und »Zuhause-Sein« an. Alle Umfragen zeigen dies. Auf diese Weise wird die Befindlichkeitsgemeinschaft Familie heute zu einem zwar *emotional hoch besetzten, zugleich äußerst störungsanfälligen Ort.*

Der einzige Garant von Stabilität, der diese Gemeinschaft über die Befindlichkeit des Egoismus von Papa und Mama hinaus stützt, ist das Kind. Das Kind rückt ins Zentrum der Familie. Auf das Kind projizieren Papa und Mama ihre Wünsche. Die Realisierung ihrer Erwartungswünsche einer heilen und glücklichen Familie hängt ganz vom Kind ab, von seiner Entwicklung, seiner Freude, aber auch von seinen Launen.

In der Folge wird die Erziehung des Kindes problematisch. Am liebsten würden viele Eltern es von einem Glücksmoment zum nächsten führen und ihm die vielen kleinen und großen Tragödien, die Kindheit auch bedeuten, ersparen. *Die Sinnhaftigkeit von Trauer wird auf diese Weise ausgeblendet.* Jede Beschädigung, jede Krankheit, jede Frustration wirkt nicht wie ein natürlicher Teil des gemeinsamen Daseins, sondern wie eine – möglicherweise unerträgliche – Störung. Verwöhnte Kinder sind die Folge, Kinder, die von der Wirklichkeit ihrer Umgebung weitgehend geschützt werden, Kinder, die fordernd und zugleich überempfindlich und leicht verletzlich sind.

Schon die ersten Begegnungen mit ähnlich erzogenen Kindern im Kindergarten oder auf dem Spielplatz fallen ihnen schwer. Da stößt ein Wille, der die Eigenart der Welt von Menschen und Dingen nicht als bedeutsam für sich selber erlebt hat, sondern lediglich als Beschränkung, Beeinträchtigung der eigenen Willensnot, auf einen anderen, ebenso egozentrierten harten kindlichen Willen. Diese Egozentrik steigert sich dann zur Identitätsnot, wenn dem Kind regelhafte Leistungen abverlangt werden, also spätestens mit dem Eintritt in die Schule.

Papa und Mama sind in ihrer sozialen Rolle unsicher. Elternschaft hat in der Öffentlichkeit, bei Freunden, bei Kollegen, in der Nachbarschaft ein wenig stabiles Ansehen. Soweit es das berufliche Weiterkommen angeht, ist sie hinderlich. Herr Müller muss vor dem gemeinsamen Abendessen mit Geschäftspartner seinen Sohn aus dem Kindergarten holen? Der Chef der Beratungs- oder Werbeagentur gibt, begleitet von der Zustimmung aller Kollegen, seine Bewunderung zu erkennen. Großartig, diese Familienbindung des Kollegen Müller. Freilich wird er bei dem abendlichen Essen nach erfolgreichem Geschäftsabschluss nicht dabei sein können und deshalb bei der nächsten Verhandlung keine wichtige Rolle spielen – schade eigentlich, sagt der Chef, aber bekanntlich wisse man, dass im modernen kommunikativen Geschäftsleben gerade die persönliche Beziehung zum Kunden eine entscheidende Rolle spiele. »Und da hat der Herr Müller – anerkennenswerter Weise, wie ich hinzufügen möchte – ja leider keine Zeit!«

Kinder und Familie sind empfindliche Karriereblockaden. Für Frauen gilt dasselbe bekanntlich noch umfassender. Eine kulturell-verbürgte Anerkennung des Mutter-Seins, wie er in Traditionsgesellschaften oder Stammesgemeinschaften selbstverständlich ist, ist vollständig weggefallen. Die Beziehung zum »Partner« ist ebenfalls anfällig, sie kann sich von Tag zu Tag ändern. Umso wichtiger, dass das Gelingen des Projekts Familie nach innen und außen immer wieder dokumentiert werden kann. Wiederum ist es das Kind, dem dafür die schwerste Bürde aufgelegt wird. Das kluge Kind, das schulisch erfolgreiche, das talentierte usw. ist in dieser diffusen Lebenssituation von Papa und Mama eine zentrale Voraussetzung ihres Lebensglücks. Aber was, wenn das Kind Probleme hat, wenn sich zeigt, dass seine intellektuelle Begabung begrenzt ist, dass seine kreativen Talente bei aller Förderung dürftig bleiben? Die Kränkungen, die solche Einsichten für die Eltern bedeuten, greifen tief. Deshalb bemühen sich Eltern heute mehr als jede Elterngeneration zuvor, im Umgang mit dem Kind alle Fähigkeiten zu fördern und wieder zu fördern, alle psychologischen Ratschläge penibel zu befolgen usw. Im Hintergrund all der vielen Förderungen, der musikalischen Früherziehung und des Ballettunterrichts, der Hausaufgabenhilfe usw. steht die Angst vor dem Versagen des Kindes, das für die Familie eine Katastrophe bedeuten würde.

Die Kinder tragen die Last. Die *Schuldlast*, weil jede seelische Missstimmung, jede Disharmonie die ganze Familie im Innersten gefährdet; die *Verwöhnungslast*, weil die konfliktscheuen und Harmonie suchenden Eltern als stabile Beschützer und Vorbilder weitgehend entfallen; die *Angstlast*, weil jedes schulische oder sonstige Versagen – »schau mal, wie schön deine Freundin Margot die Pirouette dreht!« – den verletzlichen Narzissmus der Eltern kränkt. *Die Gleichzeitigkeit von Verwöhnung und Perfektionsanspruch, auf der Basis oft unsicherer frühkindlicher Bindungen, begründet das Drama des modernen Kindes* (Bergmann, 2003).

Von der Allmacht zur Realität – und zurück!

> »*Weil ich*«, *sagte der Hungerkünstler* »*nicht die Speise finden konnte, die mir schmeckt. Hätte ich sie gefunden, glaube mir, ich hätte kein Aufsehens gemacht und mich vollgegessen wie du und alle.*«
>
> Franz Kafka,
> Der Hungerkünstler

Unter sehr erschwerten allgemeinen Bedingungen also entfaltet sich das frühe seelische Leben und der Aufbau einer inneren symbolischen Ordnung eines Kindes im Kontakt mit der Mutter, später mit der familiären Umwelt und darüber hinaus. Ich möchte Sie noch einige Schritte weiter hineinlocken in die Frage, wie ein Kind »Welt erwirbt« (behalten Sie dabei die problembehaftete familiäre Situation im Hinterkopf). Ich schrieb vorher: An die von Freud betonte Bedeutung der Mutter und an die aus der symbiotisch-halluzinativen Phase hervorgehende Fantasietätigkeit knüpft die Bindungsforschung an, freilich liegt ihr Schwerpunkt nicht auf der innerpsychischen Verarbeitung der »Objekt«beziehungen, sondern auf den *Interaktionen* von Mutter und Kind.

Die Säuglingsforschung ebenso wie die experimentelle Bindungsforschung und die Psychoanalyse plagen sich mit der Frage ab, ob dem Kind ein symbiotisches Grundgefühl eigen ist, in dem es sich in einer universellen Welt eingehüllt und allmächtig fühlt (die Psychoanalyse neigt zu dieser Grundannahme) oder ob es von Anfang an den »Objekten« seiner Umwelt zustrebt und sich im Kontakt mit ihnen herausbildet (wie die Bindungsforschung implizit unterstellt). Viele der mystischen Fantasiebilder, die Kinder bewegen, ebenso die verschiedenen Bewältigungsstrategien, mit denen sie dem »Angstphantasma« begegnen, scheinen die Annahme einer halluzinativ-allmächtigen Innenwelt zu bestätigen. Doch dabei bleibt ja ganz unerklärt, warum sich das Kind aus diesem Mama»Paradies, in dem Milch und Honig fließen«, abwendet und sich der Welt der Objekte öffnet. Sogar Freud hatte – nach anfänglichem, männlich-wissenschaftlichem Zögern – dem französischen Schriftsteller Romain Rolland zugestimmt, der diese infantile Phase als die der »ozeanischen Gefühle« bezeichnete. Aber die Frage, was es denn sei, das da in uns »drängt und strebt«, konnte auch er nicht beantworten (Freud, 1914; 1923: 1927; 1938).

Winnicott – und im Anschluss an ihn Kliniker wie beispielsweise Peter Hobson in der Autismusforschung – hat einen entscheidenden Schritt getan, um die *innere Notwendigkeit* der Transgressionen von der *eher* symbiotischen zur *eher* objektbezogenen Verfassung des Kindes zu deuten (Winnicott, 1971). Einfühlsam wie immer beschreibt Winnicott zunächst den Austausch zwischen Mutter und Kind. Das Wort Aus»tausch« (oder Inter-Aktion) bezeichnet schon die Einheit *und* das Getrennte in der Einheit der ersten Lebensmonate. Nach Winnicott spiegelt sich das Kind im lächelnden Blick der Mutter und empfängt dabei die Gewissheit seiner Selbst wie eine Art »Grundempfinden«. (Der Blick, die Augen bleiben das Zentrum der menschlichen Interaktion. Wir schauen einander im Gespräch in die Augen, nicht etwa auf den Mund, der uns die sprachliche Information zukommen lässt. Wir wollen mehr als nur Sprache! So verhält es sich auch beim Säugling. Er sucht vom ersten Kontakt an den

Blick, das Angeschautwerden. Ob beim Säugen oder in der erwachsenen Liebe, jeweils gilt: »Schau mir in die Augen!« Hollywood-Autoren und Schlagersäger wissen das, aber in der Praxis von Psychologie und Pädagogik nutzen wir solche Einsichten viel zu wenig!).

Bei diesem Austausch wird dem Kind zugleich die Einsicht aufgezwungen, dass die Mutter ein autonomes, also nicht in der Symbiose verhaftetes Wesen ist. Sie *spiegelt* ja nicht ausschließlich, sie »reagiert«. Der Vorgang ist komplex. Sie lächelt oder spricht, bleibt stumm oder wendet den Blick ab. Sie legt das Köpfchen des Kindes an ihre Brust und greift etwa gleichzeitig nach dem Fläschchen auf einem nebenstehenden Tisch. Kurzum, die Mutter hat ein ganzes Repertoire von Reaktionen zur Verfügung, auf das der Säugling wiederum antwortet – entsprechend seiner Bedürftigkeit und seinem Temperament mal gespannt oder beglückt, mal frustriert und mal zufrieden, manchmal aus irgendeinem inneren oder äußeren Grund auch ablehnend-missmutig. Das Kleinkind erfährt sich über seine Bedürftigkeit als abhängig (wogegen seine Allmacht-Gefühle heftig rebellieren). Gleichwohl stellt sich durch die ausreichend einfühlende Mutter ein Gefühl von Befriedigung und Geborgenheit ein. Das Ineinander-Wirken von Aufwallung gegen die Mutter und Geborgenheit/Sättigung *durch* die Mutter führt zu ersten Konturen einer kindlichen Autonomie, die von der Bindung getragen wird und doch schon über sie hinausweist. Allzu massive Frustrationen hingegen zwingen ihn immer wieder in die halluzinative Allmacht zurück, die schließlich verzweifelte Züge annimmt.

Vielleicht kann man davon ausgehen, dass in der Spanne zwischen dem Empfinden der Bedürftigkeit und der darauf folgenden Befriedigung, also in der geringen Spanne zwischen kindlicher »Artikulation« und mütterlicher »Reaktion«, ein kurzfristiger Ausnahmezustand entsteht, sozusagen ein seelischer Spalt, den das Kind mit halluzinativen Empfindungen zu füllen sucht. Es handelt sich einerseits um den Versuch, die kleinkindlichen Allmachtsgefühle aufrecht zu erhalten, aber gleichzeitig um etwas Anderes, erheblich Komplizierteres: nämlich darum, mithilfe der halluzinativen Allmacht die innere Spannung so erträglich zu halten, dass es möglich wird, die Bedürftigkeitsintensität zu relativieren und bis hin zur Realitätszufuhr aufrecht zu erhalten.

Es handelt sich, mit anderen Worten, um das Entfalten einer Selbst-Kompetenz, bei der die Auflösung des reinen »Innen« hin zur Realitäts-Wahrnehmung zunehmend als lustvoll-spannungsreich empfunden werden kann. Mit den symbiotischen gehen nunmehr abenteuernde Gefühle einher, die sich in dieser Zeitspanne bis hin zur Realitätszufuhr erwartungsfroh einzurichten wissen und das Kleinkind dazu befähigen, neugierig und aufgeregt – und eben nicht mit einem diffusen Gefühl der katastrophischen Existenzbedrohung – die Tätigkeit der Mutter (das Wärmen des Fläschchens, das Verschließen, Trocknen usw., alles wird genau und gespannt beobachtet!) abzuwarten und schließlich froh nach dem Fläschchen zu greifen. Auf diese Weise werden Bedürfnis *und* Objekt der Befriedigung positiv verankert. Eine *Relation* zwischen inneren Bedürfnisspannungen und Objekt (und der Gesamtheit aller Objekte) zeichnet sich ab, ebenso erste Zeitkonturen. Es ist wahrscheinlich, dass der ausgeprägte Mangel der hyperaktiven Kinder an Geduld und Zeitgefühl und an – wie die Lernpsychologie sagt – »Reaktionshemmung« durch Störungen in dieser Phase eingeleitet wird.

Das Greifen zum Fläschchen oder zur mütterlichen Hand, also die sensomotorische Tätigkeit, wird in einer gesunden Entwicklung immer zielgerichteter. Entfernungen können immer sicherer ge- und begriffen, Zeitabstände immer geduldiger abgewartet werden. Beide, Zeit und Raum, haben sich in die Körpererinnerungen eingeschrieben. Bei den hyperaktiven Kindern – und überhaupt in der modernen Kindheit – bemerken wir aber, dass zwar die kognitiven Fähigkeiten in der Betätigung von Realobjekten und ihren Funktionsweisen ausgebildet werden, aber die Empathie auf eigenwillige Weise schwach ausgeprägt bleibt. Rabiat ist der Zugriff der Kleinen; sie erkennen und beherrschen die Mechanik schnell. Zugleich aber liegt das Spielzeug wie fremd in ihrer Hand. Sie können es zwar bedienen, verstehen aber die Freude, die es bereiten soll, nicht oder nicht ausreichend. Ihre Geduld reicht nicht bis an ihre Emotionen heran, sie sind schon wieder »unterwegs«.

Ebenso ist die Schnelligkeit ihrer Körperbewegungen seltsam gelenkig und unbeholfen zugleich. Ja, sie sind fix auf den Beinen, rammen aber überall an. Oft erwecken sie den Eindruck, als hätten sie *irgendein* Objekt im Raum so starr fixiert, dass ihnen dabei *das vor ihnen stehende* Objekt schlicht abhanden kam. Anders gesagt, alle *integrativen* Leistungen gelingen nur in begrenztem Umfang. Sobald zur Kognition die Komplexität der intuitiven Wahrnehmungen und der – emotionalen – »Rücksichtnahme« hinzu treten müsste, versagen sie kläglich. Ihre sofort auftretende Egozentrik – »ich kann das, ich kann das«! – vergrößert den Eindruck einer unglücklichen Einsamkeit inmitten des gewaltigen Trubels und Lärms, den sie verbreiten.

Kognition und Emotion bleiben auf befremdliche Weise uneinheitlich. Das feine Empfinden der Haut, das »Getast«, wie Freud schrieb, integriert sich nicht zur empathischen Sensibilität für das Ding, für den Stoff, die Berührung, die Wärme oder Kälte. Ihre Vernunft ist funktionstüchtig, aber beziehungsleer. Deshalb vergessen sie auch alles sofort wieder, egal ob Gespräche, Versprechungen, Verabredungen oder abstrakte Lösungen von Rechenaufgaben. Die Dinge – und in gewisser Weise die Menschen – werden bedient, ihre Vorgaben oder Anweisungen mechanisch, manchmal unterwürfig befolgt, aber verinnerlicht werden sie kaum.

Zusammengefasst: Das Suchen und Tasten über »Mama« – den narzisstischen Kern des Selbst – hinaus gelingt nur, wenn Mama ein verlässliches Zentrum war, das jeden Schritt über sich hinaus sichert und schützt. Das Ertragen der Bedürfnisspanne gelingt nur, wo die Zeit eine freundliche Erwartungsdimension hat und nicht leere, frustrierende Zeit ist. Die Konstituierung des Körper-Selbst gelingt nur, wo sich Körpererfahrungen in Zeit und Raum verlässlich integrieren konnten. Die basalen Regulationsdefizite, die hyperaktive Kinder aufweisen, erklären sich aus dem Übermaß an sinnlichen und kognitiven *Einwirkungen ohne emotionalen Bezug,* denen sie unaufhörlich ausgesetzt sind, ein permanenter Wirbel, der die Welt bunt und befremdlich, verführerisch und beängstigend erscheinen lässt – und nirgends ein Halt!

Das Ich und die Anderen

Ist der Mensch dasjenige Wesen, das die Sprache in Besitz hat? Oder ist es die Sprache, die den Menschen »hat«, insofern er in die Sprache gehört, die ihm erst Welt eröffnet und zugleich damit sein Wohnen in der Welt?

Martin Heidegger, Wegemarken

Das Kind wendet sich auf der Basis guter Bindung und integrierter Bedürfnisregulationen der Welt der Menschen und Dinge zu. Dabei wird ihm eine enorme Kränkung zugefügt. Es entdeckt nämlich, dass es ein Objekt neben anderen Objekten, ein *Körper neben anderen Körpern* ist. Es büßt die Illusion seiner Einzigartigkeit ein – nur die Liebe der Eltern kann durch ihre Bedingungslosigkeit wenigstens fantastische Reste dieser Illusion aufrecht erhalten. (Auch dazu ist Liebe bekanntlich da: Illusion zu stiften!) Dieser Allmachts-Rest ist in der schwierigen Phase der inneren und äußeren Trennungen und Kränkungen für die Aufrechterhaltung der seelischen Gesundheit vermutlich dringend notwendig. Zugleich ahnt das Kind, dass es fortan, wie Erikson formulierte, »von hinten gesehen werden kann« (Erikson, 1974)[3]. Es wird, mit anderen Worten, von außen betrachtet, wird bewertet, angenommen oder abgelehnt, verworfen oder akzeptiert, und zwar ganz unabhängig von seinem Willen und Wunsch. Diese Gefährdung kann man sich gar nicht grundsätzlich genug vorstellen.

Zugleich aber – gewissermaßen im Gegenzug – sichert es die Objektbeziehungen mittels einer rasanten Entfaltung seiner Symbolisierungsfähigkeiten, allem voran der Sprache. Das Sprechen bildet die Objektwelt nach, gliedert ihre Funk-

[3] Detailreicher in: Kinderspiel und politische Phantasie, Frankfurt: Suhrkamp 1971 (in diesem Aufsatzband geht es aber ausschließlich um kindliche Fantasien und Spiele, Politik kommt überhaupt nicht vor. Die Erwähnung im irreführenden Titel ist dem Erscheinungsjahr geschuldet)

tionen entsprechend von Zeit, Raum und Kausalität. Gleichzeitig wird die Endgültigkeit des Realitätsprinzips durch den verspielten Charakter, den Sprache auch annehmen kann, wieder in Frage gestellt. Sätze wie »da fliegt ein Elefant durch die Wolken und kann sich nicht benehmen« entzücken Kinder hochgradig. Dieser »komischen« Realitätsverdrehung wohnt immer eine – auch für uns Erwachsene spürbare – Poesie inne.

Sprache ordnet Welt und macht sie erträglich, Sprache bannt die inneren Phantasma und bindet sie an Vorstellungsbilder, die ihrerseits der Realität entnommen sind. Dieser »Halt« am Realen kann die Abgründigkeit des infantilen Phantasma, die in Alpträumen und schreckhaften Einbildungen aufschimmern, lindern helfen. Sprache ist schließlich auch die Vergewisserung des sprechenden Ich im Gegenspiel zur Welt. Welt wird durch das bewusste Sprechen regelhaft in das Selbst integriert – auch durch die grammatische Ordnung, für die schon Dreijährige ein erstaunliches Gefühl haben und die sie penibel einzuhalten versuchen. Bewusstes Sprechen schafft durch Klang und Struktur einen selbsterzeugten Geborgenheitsraum, den Kinder, unaufhörlich plappernd, aufsuchen.

Den hyperaktiven, nervösen Kindern gelingt das Sprechen in aller Regel nur unvollständig. Wie die anderen kognitiven Funktionen beherrschen sie den funktionalen Vorgang, aber sie verinnerlichen ihn nicht. Sie sprechen – noch als Jugendliche – undeutlich, hastig und verschwommen; die Sprache liegt fremd in ihrem Mund, so wie das Spielzeug fremd in ihrer Hand liegt. Sprache ist unmittelbar sozial, Sprache ist Teilhabe an der Welt. Eben deshalb erscheint sie diesen Kindern bedrohlich und erzeugt Abwehr. Sie wollen die Ordnung der Dinge nicht in sich aufnehmen, sie haben die Grundlagen für solches Vertrauen nicht erworben. In der weiteren Entwicklung führt dieser Mangel dann dazu, dass die überimpulsiven Kinder – mit ihrem unverlässlichen Körperempfinden im Raum, mit ihrem verarmten Zeitgefühl, mit ihren hybriden Selbstbildern, ausgehend von elementaren Bindungsschwächen – Lernstörungen aufweisen, die eigentlich elementare Symboliserungs- und Ordnungsschwächen sind.

Sartre (1941) hat in seiner negativen Ontologie die Not des Selbst durch sein Angewiesen-Sein auf das »Andere« zum Ausdruck gebracht. In den stärksten Partien von *Das Sein und das Nichts* zeichnet er nach, wie sehr der Mensch dem Blick des Anderen, dem bestätigenden oder verwerfenden, ausgesetzt ist und wie sehr sein Streben nach der Anerkennung im Blick des Anderen seine Welterfahrung durchdringt und erschüttert. Genau diese Abhängigkeit und dieses unkontrollierbare Gebunden-Sein sind für die hyperaktiven Kinder schier unerträglich.

Dies ist vielleicht der entscheidende Grund dafür, dass sie – fast ohne Ausnahme – eine heftige Vorliebe und eine besondere Begabung für die digitalen Medien haben. Dort, in jenem immanenten Symbolraum, können sie ihre Funktionsgeschwindigkeit ohne Rücksicht auf die Widerständigkeit der realen Dinge ausleben und genießen. Dort, in jenen aus algebraischen Zeichen konstruierten Szenarien, können sie die Abhängigkeit von den »Anderen« abschütteln, indem sie im Spiel oder im Internet-Kontakt (im Chat oder Rollenspiel) ihr Ego mit virtuellen Objekten hantieren lassen und *doch immer bei sich selbst und in einem eigenen Bestätigungsrhythmus verharren.* Im Lichtszenarium, das Anklänge an die symbiotisch-passive Getragen-Werden der frühen Kindheit trägt, sind sie endlich in ihrer hybriden Verfassung ungefährdet, fast so, als seien sie seelisch endlich zu Hause.

Mir fällt dazu der Mythos des Narziss ein. Narziss, der sein eigenes Bild mit verlockender Vollkommenheit im Wasser erblickte. Es war ungetrübt, heißt es bei Ovid, von »keiner Ziege geleckt, keinem Blatt beschmutzt«. Wir sind an eine Interpretation gewöhnt, die besagt, dass Narziss sich in das eigene Bild verliebte. Bei Ovid liest es sich anders: Narziss sucht im Spiegel des Wassers das Bild des »Anderen«, ihm verlangt es nach dem anderen Menschen, nach Bindung – und er findet immer nur *sich.* In »wachsender Verzweiflung« greift er in die Wellen nach dem entschwindenden Bild, das er als »einen Anderen« lieben möchte und das er selbst ist. Er verfällt, wie es bei Ovid heißt, einem »neuen Wahn«. Pädagogische und psychologische Aufgabe ist es heute, so scheint mir, unsere Kinder vor diesem Wahn zu bewahren.

Luc M. Stevens

Lust auf Lernen

Lust auf Lernen – ganz normal

Was-, Wie- und Warum-Fragen

Wenn Lehrer über ihre Arbeit sprechen, geht es meistens um Was- und Wie-Fragen. Was bieten wir unseren Schülern an, und wie tun wir das? Vor allem die Wie-Frage beschäftigt sie. Wie gelingt es, dass die Schüler alles verstehen und dass sie bei der Arbeit bleiben? Und wie organisiere ich meine Schule so, dass dieser primäre Prozess gut verläuft? Eine nicht unkomplizierte Frage, wie man an der Reihe von Untersuchern und Entwicklern ablesen kann, die sich mit Lernen, Instruktionen und Klassenmanagement beschäftigen. Mit der Wie-Frage kann sich ein ganzes Land beschäftigen. Aber wie eindringlich die Wie-Fragen auch sein mögen (die Was-Fragen werden mit dem Lehrplan schnell beantwortet), sie dürfen uns nicht die Aussicht auf die Frage verstellen, die ihr vorausgeht: die Warum-Frage oder die Sinn-Frage. Warum gehen Schüler zur Schule und warum gehen eigentlich die Lehrer? Wenn wir diese Frage beantworten können, das heißt, wenn wir den Sinn der Schule verdeutlichen können, scheinen die Wie-Fragen sehr viel weniger schwierig zu sein.

Von innen heraus motiviert

Es ist nicht wahrscheinlich, dass Kinder und Jugendliche nur in die Schule gehen, weil sie müssen, genauso wenig wie es wahrscheinlich ist, dass die Lehrer jeden Tag hingehen, nur weil sie einen Arbeitsvertrag abgeschlossen haben. Dass mehr Dinge eine Rolle spielen, erkennt man am besten dort, wo wir »good practice« vorfinden. Das sind Situationen, in denen Lehrer und Schüler ihr Bestes geben, einander herausfordern und einander helfen, falls nötig. Mit anderen Worten: zeigen, was sie können, und zusehen, wie weit sie kommen können. Menschen sind motiviert zu zeigen, was sie können, und sie sind motiviert, mehr zu können. So sind Menschen gebaut: pro-aktiv, intrinsisch motiviert, sich zu entwickeln und zu lernen, ein Leben lang. Die Rochester (US)-Motivationspsychologen, mit denen wir uns in unserer Arbeit sehr verwandt fühlen, haben systematisch und oft auf die Rolle des Motivationsprinzips im Unterricht hingewiesen (Harter, 1978; Deci & Ryan, 1985; Deci & Chandler, 1986; Nicholls, 1989; Skinner, 1995). In einem fundamentalen Beitrag in diesem Zusammenhang (es ging um Kinder mit Lernschwierigkeiten in der Schule) haben Deci und Chandler das Motivationsprinzip mit den Begriffen der drei Basisbedürfnisse ausgearbeitet: das Bedürfnis nach Beziehung, nach Kompetenz und nach Autonomie. Wenn man ihren Beitrag für einen Lehrer zusammenfassen wollte, dann könnte man sagen: Deine Schüler sind motiviert zu zeigen, was sie können (Kompetenz), sie wollen zeigen, dass sie es selbst können (Autonomie), aber nicht allein: Sie möchten, dass du verfügbar und ihnen zugewandt bist (Beziehung). Ein Sonderschüler drückte es einmal so aus: »Sie müssen uns ein bisschen lieb haben« (Doornbos/Stevens, 1987).

Aber man könnte es den Lehrern auch anders erklären. Genau wie alle anderen Menschen strebst auch du danach zu zeigen, was du als Lehrer oder Lehrerin kannst, was du vielleicht noch mehr könntest und dass du das selbst kannst, wenn auch nicht allein. Deine Schüler brauchen dich, aber du brauchst auch die Schüler. Ich hoffe, dass die Schüler dich ein bisschen mögen, auch die Schwierigen, oder vielleicht gerade die. In einem schönen Buch von Lloyd-Smith und Davies (1995) kommen genau diese schwierigen Schüler zu Wort: »Cullingford (der Lehrer) bringt dich dazu, im Unterricht mitzumachen, weil Du es für ihn willst (...). Er strengt sich wirklich an. Du kommst aus dem Unterricht und denkst, dass es super war« (Garner, 1995, S. 23).

Vollständig ausgerüstet für unsere Entwicklung

Lust auf Lernen – das ist ganz normal. Es ist eine Disposition. Neugierig und lernwillig sind wir, wir langweilen uns schnell. Motivational sind wir im Prinzip vollständig für unsere Entwicklung ausgerüstet. Und kognitiv sind wir nicht weniger gut ausgestattet. Wir können schwerlich behaupten, dass wir im Hinblick auf unsere eigene Entwicklung zu kurz kommen. Wir können nur unsere genetische Kapazität nicht erweitern, zumindest vorläufig nicht, und es gibt auch den moralischen Standard der Akzeptanz dessen, was oder wer man ist, und die Verantwortung dafür. Was man dann jedoch vermag, als Individuum, welche Talente man besitzt, das ist noch längst nicht deutlich, das wird sich erst langsam herausstellen. Dafür braucht man jedoch von Anfang an eine optimale Herausforderung und Unterstützung. Und was dann mit Einsatz der verfügbaren Kräfte dabei herauskommt, ist grundsätzlich ein ausreichendes Resultat. Was mit Verstand, Vertrauen und Engagement aller Beteiligten, des Kindes in erster Linie, erreicht wurde, ist ausreichend. Übrigens, was uns betrifft, unter der ausdrücklichen Bedingung, dass das Kind mitbestimmt, was denn eine passende Herausforderung und eine passende Unterstützung ist. Warum sollten Kinder mit Lernschwierigkeiten zum Beispiel nicht den Lehrer wählen, der zu ihnen passt?

Die Logik dessen, was wir über uns selbst wissen und was wir aus der wissenschaftlichen Forschung der menschlichen Entwicklung wissen, führt zu der Feststellung, dass wir motivational und kognitiv vollständig für unsere eigene Entwicklung ausgerüstet sind. Darüber hinaus sind wir komplett dazu ausgestattet, dies *selbst* zu tun, nie ohne eine gute Beziehung, aber eben selbst. Letzteres wollen wir nun genauer betrachten.

Man ist »dabei«

Mit »selbst« weisen wir auf die *meta-kognitive Dimension* der Entwicklung und des Lernens hin: das kritische Bewusstsein dessen, wie es um deine Bestrebungen, deine Kompetenzen, deine Chancen, deine Hilfsquellen und so weiter bestellt ist. Dieses Bewusstsein hilft uns permanent bei der Wahl einer Position, die damit übereinstimmt, was unserer Meinung nach in unserem Interesse ist. Es führt Regie über unser Verhalten und damit unsere Entwicklung und kann uns über das informieren, was wir brauchen.

Das ist jedoch nicht nur so bei uns, sondern es gilt genauso gut für unsere Kinder, auch die ganz kleinen. Sie sind sich bereits sehr früh ihrer eigenen Situation bewusst. Das wird in den folgenden Schüleräußerungen deutlich:

Die Lehrerin weiß nicht, was schwere Aufgaben sind. Die sagt: das ist leicht. Aber wir finden das nicht leicht. Die Lehrerin weiß das noch nicht so gut. Sie muss das noch lernen, denke ich.

Die Lehrerin weiß, wie es geht. Aber sie kann es nicht so gut erklären. Ich mache es falsch. Aber ich weiß nicht, wie es richtig geht. Ich will wohl, aber es ist zu schwierig. Dann werde ich traurig.

Die Lehrerin sagt: »Nicht abgucken!« Aber dann geht es gut. Dann verstehe ich es wenigstens.

Der Lehrer redet, um es zu erklären. Er redet und redet. Dann du nix verstehen. Zuviel reden hier. Muss mehr machen, mitmachen.

Unsere Lehrerin kann nicht so gut erklären. Sie ist wirklich lieb. Aber sie redet nur und dann verstehe ich es noch nicht so gut. Dann frag ich noch mal und dann sagt sie genau dasselbe. Aber dann verstehe ich es immer noch nicht.

Die Lehrerin versteht mich nicht, wenn ich es nicht verstehe. Dann sage ich, was ich nicht verstehe, aber das versteht sie dann nicht. Also dann weiß sie auch nicht, was sie erklären muss.

Die Lehrerin, die guckt mich so an. Dann wird mir ganz warm und willig im Kopf. Nicht wild, sondern dass ich dann so gerne will. Es verstehen. Aber das geht dann gerade nicht.

Diese Aussagen wurden von Meerdink und Hameetman aufgezeichnet (2000, S. 13, 16, 17). Sie stammen von Schülern der 1. Klasse in der Innenstadt von Den Haag. Sie zeigen eine hohe meta-kognitive Aktivität, zusammen mit einer hohen Motivation, die Dinge zu verstehen. Eine ideale Ausgangssituation für einen Lehrer: Schüler, die willig sind und sich außerdem sehr gut selbst beobachten (monitoring), also wissen, wann sie gut sind und wann nicht, wann sie Hilfe brauchen, welche Hilfe und wo sie sie finden können. Mit Alter oder Wortschatz hat das nicht viel zu tun: lernen wollen. Sie stehen in den Startlöchern, um mit dir an die Arbeit zu gehen, und du kannst dich auf sie verlassen, denn wenn sie etwas nicht leiden können, dann das, irgendetwas nicht zu verstehen. Über diese Kinder regen wir uns auf, hier kämpfen Schulpolitik und Programme um den ersten Platz. Die

Kinder könnten mit Recht sagen: Es ist wunderbar und qualitativ ausgezeichnet, was ihr alles für uns gemacht habt, und wir gehen gern mit euch an die Arbeit, aber respektiert uns als diejenigen, die es selbst können müssen. Sie wollen, mit anderen Worten, dass ihre Selbstregie gefordert wird, sie wollen als vollständig qualifiziert für ihre Weiterentwicklung anerkannt werden, natürlich nach eigenem Maß, aber das ist für Kinder nie ein Problem.

Hiermit ist das Arbeitsmaterial und die Herausforderung für Lehrer gegeben: das Entwicklungspotenzial, das deine Schüler dir anbieten, namentlich der bewusste Teil oder die meta-kognitiven Qualitäten. Hiermit ist, ich weise nochmals auf die Zitate hin, gleichzeitig die erste Aufgabe gegeben: das Entwickeln einer Beziehung zu den Schülern, das heißt eine Beziehung von der Art, dass man sich gegenseitig versteht.

Für die Schüler, die wir eben gehört haben, könnte das bedeuten, dass ihre Redeschule eine Zuhörschule wird.

Lust auf Lernen – nicht einfach nur so

Der Lehrer spielt eine entscheidende Rolle

Lust auf Lernen ist ganz normal, sie ist einfach da, aber sie stellt auch Anforderungen. Was man zum Lernen oder als zu lösendes Problem vorgesetzt bekommt, muss erreichbar oder realisierbar sein und so gut wie möglich in den persönlichen Plan passen, man muss sich dafür interessieren, selbst die Regie führen können und es muss ein Erwachsener zur Verfügung stehen, der helfen oder mitarbeiten will. In der Motivationsliteratur wird über die folgenden Bedingungen für eine gute Motivation oder die Lust auf Schule gesprochen: Wahlmöglichkeit, Realisierbarkeit, Platz für Selbstregulierung, Verfügbarkeit des Anderen und Feedback und hohe Erwartungen (siehe auch das ausgezeichnete Buch von Schunk/Zimmermann, 1994). Wer realisiert normalerweise diese Bedingungen? Der Lehrer. Diese Antwort hören Lehrer selbst nicht gern, weil damit die Verantwortung für Unterrichtsresultate vor allem bei ihnen liegt, aber es gibt ausreichend Evidenz, um daran festzuhalten: Lehrer sind entscheidend für die Motivation der Schüler und damit für das

Unterrichtsresultat. Aber es gibt nicht nur wissenschaftliche Evidenz. Die Annahme, dass der Lehrer verantwortlich ist, wenn auch nie allein, hat auch eine eigene Logik. Lernen in der Schule wird nämlich durch Lernen zu Hause vorbereitet und ist auch im Grunde nichts anderes: Auch dort waren die Erzieher entscheidend.

Mit und von einem anderen lernen, das sind wir gewohnt
Wir haben unsere Fähigkeiten als Kind durch die Vermittlung unserer Erzieher gelernt, meist unsere Eltern. Nicht nur diese Fähigkeiten selbst haben wir erworben, wir haben auch gelernt, wie sie zustande kommen: in der Interaktion mit aktiv verfügbaren oder beteiligten anderen. Und diese Interaktionen hatten meistens eine bestimmte Qualität, *eine Qualität des Vertrauens*, gegenseitig, die zum Ausdruck kommt in gegenseitiger Sensitivität und Responsivität und feste Erwartungsmuster zur Folge hat. Wir haben zu Hause gelernt, dass Lernen nicht nur selbstverständlich ist und immer anwesend, sondern dass es auch gefahrlos ist, dass man es selbst tun muss, und dass man es ruhigen Herzens tun kann. Im Kindergarten sind diese Qualitäten von zu Hause noch sichtbar. In der 1. Klasse geht es jedoch auf einmal anders, geht es auf einmal alleine, zum Erstaunen und auch Verdruss der Kinder, die nicht mithalten können. Was Kinder zu Hause ebenfalls lernen, ist, dass ein Resultat, eine erworbene Fähigkeit, immer nur ein Sprungbrett für das Nächste ist. Immer wieder tauchen wir in den Prozess ein von Zuschauen, Zuhören, Versuchen und Irrtum und dasselbe immer wieder und Schauen, dass man weiterkommt. Kinder konzentrieren sich auf den *Prozess* der Entwicklung, auf den Fortschritt, auf das Ausprobieren, auf die Interaktion mit der Umgebung, in der sie sich immer fähiger fühlen können. Sie finden gerade das Lernen und Arbeiten wichtig, das Resultat ergibt sich von allein. Und sie regen sich überhaupt nicht über die Unterschiede zwischen allen Resultaten auf, auch nicht über den Vergleich mit anderen Kindern.

> Ich finde Arbeiten schön. Rechtschreiben. Und Rechnen. Und Schreiben. Buchstaben-Lernen ist am schönsten. Jeden Tag, äh … jede Woche oder so kommt wieder einer dazu. Dann sieht man, was wir schon können (Hameetman/Meerdink, 2000, S. 27).

In diesem Kontext von Verfügbarkeit anderer, von Vertrauen, festen und hohen Erwartungen gegenüber den Kindern, Entwicklung als Selbstverständlichkeit und einer gefahrlosen Atmosphäre kann ein Kind persönliche Flexibilität und Autonomie entwickeln. Wir weisen in diesem Zusammenhang gerne auf die Arbeit von Marianne Riksen-Walraven hin (1988, 1997, 2002), die für die Konzeptentwicklung in unserer Arbeit mit Schüler-Lehrer-Interaktion und Schulklima oder Schulethos sehr wichtig war. Es ist die dort genannte entwicklungsfreundliche Atmosphäre, die jüngere und ältere Kinder meinen, wenn sie nach ihren Wünschen in der Schule gefragt werden, und es sind die dort genannten bindungsrelevanten und pädagogischen Qualitäten der Erwachsenen, die sie brauchen und wollen. Entwicklung und Lernen finden nach ihrer Ansicht in erster Linie interaktiv statt. So haben sie es gelernt: Entwicklung und Lernen sind per Definition in Beziehung eingebettet. So hatten wir es übrigens auch gelernt. Interessanterweise beurteilen Schüler ihre Lehrer genauso. Genau wie wir werden sie sich später an ihre besten Lehrer nicht erinnern als an gute Diagnostiker, als gute Fachdidaktiker und kompetente Klassenmanager. Vielleicht das auch, aber in erster Linie waren sie als Menschen akzeptiert. Es sind die menschlichen Qualitäten der Lehrer, an die man sich später erinnert.

> Schüler an weiterführenden Schulen nennen »Zuhören-Können« und »Helfen« als wichtigste Kennzeichen eines Lehrers. Wenn ein Lehrer den eigenen Charakter des Schülers berücksichtigt und die Möglichkeiten des Schülers, dann wird das sehr geschätzt. Schüler entscheiden sich für Lehrer, die zuhören, die etwas zu bieten haben und die bereit sind, Lebensfragen zur Sprache zu bringen. Schüler haben ein ausgeprägtes Gerechtigkeitsgefühl. Sie verlangen von Lehrern, dass sie tun, was sie sagen und auch, was sie von ihren Schülern verlangen; kurzum, dass sie das sind, was sie zu sein behaupten (Plattform Pädagogischer Auftrag des Unterrichts, Abschlussbericht, 1995).

> Die Atmosphäre in der Klasse ist gemütlich. Manchmal merkt man gar nicht, dass man in der Schule ist (Schüler, Gymnasium).

Am schlechtesten fühlen Schüler sich, wenn die Lehrer nicht erreichbar sind.

> Lehrer wählen immer die Seite der anderen Lehrer oder der Schule.
> Der Lehrer redet immer weiter, während die Schüler nicht zuhören, als ob er in seiner eigenen Welt ist.
> Manchmal ist ein Lehrer streng und sagt gleich, dass man seinen Charakter ändern muss. Warum sagt er nicht einfach, dass wir uns mehr Mühe geben müssen (Schüler, 9. Klasse Gymnasium und 6. Klasse Realschule)?

Die Erkenntnisse in den Niederlanden sind nicht anders als in anderen Ländern. Hier folgen zwei Beispiele. Das erste stammt von dem bekannten englischen Unterrichtsforscher Rudduck (1994), der viele hundert Schüler an weiterführenden Schulen befragte und dabei sechs Prinzipien fand, die zusammen und in Interaktion den Unterschied zwischen gutem und nicht gutem Unterricht ausmachen. Diese lauten: Respekt, Fairness, Autonomie, intellektuelle Herausforderung, soziale Unterstützung (sowohl in Bezug auf Schularbeit als auch auf emotionale Angelegenheiten) und Sicherheit (S. 174). Das andere Beispiel, ebenfalls aus England, stammt aus einer Untersuchung von Schülern mit ernsten Verhaltensproblemen, aus der wir bereits zitierten. Sie ergab die folgenden fünf Lehrerkennzeichen: eine Hilfsquelle, Charisma (Humor ist ausgesprochen wichtig), Geduld, Motivierung und Disziplin (Garner, 1995, S. 23). Auch die Jungen erinnern sich später daran, wie wichtig die Verfügbarkeit der Lehrer für sie war, in ihrem Fall die Nicht-Verfügbarkeit.

Aber auch für jüngere Kinder ist ein interessierter Lehrer, sein gutes Einvernehmen und eine gute Atmosphäre wesentlich. Manchmal ringen sie damit.

> Wenn man etwas auf dem Schulhof vormacht, was man gut kann, dann reden sie nur miteinander. Dann sehen sie das gar nicht.
> Ich würde zaubern, dass der Lehrer und die Lehrerin, dass sie beide froh sind. Dass sie sich alle über mich freuen.
> Wenn ich gut zuhöre, dann ist die Lehrerin lieb zu mir. Zu uns. (Hameetman/Meerdink, 2000, S. 38, 40).

Der Lehrer als aufopfernder Erzieher

Lust auf Lernen – nicht ohne weiteres. Auf jeden Fall muss es einen anderen geben, der zuhört (oder schaut) und helfen will und das auch kann, in unserem Fall der Lehrer. Und der ist sehr aufopfernd, wenn man der Untersuchung nach ihren Idealen und Wünschen Glauben schenkt, wie sie von dem Leidener Forscher Hoogeveen (1999) durchgeführt wurde. Grundschullehrer meinen, dass … »ein Unterrichtender sich in erster Linie an das Kind richten muss, der Schüler steht im Zentrum des Unterrichts, nicht etwa der Stoff oder die Methode« (S. 276). Die befragten Lehrer nennen eine Reihe von typisch pädagogischen Qualitäten, welche Lehrer besitzen müssten, wie Empathie, Aufrichtigkeit, Engagement, Sicherheit und eine vertraute Umgebung bieten wollen, Aufmerksamkeit für das individuelle Kind und daneben natürlich Organisationstalent und gute Zusammenarbeit. Grundschullehrer fühlen sich sehr mit ihren Schülern verbunden. Für die Lehrer im weiterführenden Unterricht und im Berufsschulunterricht ist das insofern anders, als es da eine etwas lockerere Verbindung gibt und es mehr auf das ankommt, was die Schüler Respekt und Anerkennung nennen (Hargreaves, 2000).

Die widerspenstige Praxis

Wenn wir jedoch mit dem Lehrer in die Praxis der Klasse gehen (siehe auch die zitierten Aussagen der Schüler), dann scheint die erwünschte und auch als solche empfundene Anteilnahme zu schwinden. Dann ist das Bild sehr schwankend und man sieht auf einmal alle wohlbekannten Probleme, deren gemeinsamer Nenner eine unzureichende Lehrer-Schüler-Beziehung ist, mit einem fehlenden gegenseitigen Vertrauen als vorhersagbarem Teil des Problems. Dann erreichen Schüler und Lehrer einander schwerer, als beide gern möchten. Letzteres entnehmen wir den Interviews mit beiden Parteien im Schulethos-Projekt, in denen an erster Stelle das Bedürfnis nach einer gegenseitig wertschätzenden Beziehung geäußert wird, auch wenn es für die Lehrer immer sehr schwer ist, auf die Entwicklung ihrer Schüler zu vertrauen in dem Sinne, dass sie auch das leisten, was sie eigentlich können.

Anteilnahme der Lehrer, das Kind ist für sich selbst da

Was bedeutet dies für die große Anteilnahme, die Lehrer in ihren Selbstreflexionen zeigen? Handelt es sich um eine »offene« Anteilnahme, bedingungslos und großzügig, oder gibt es Bedingungen? Angesichts der Beobachtungen in der Klasse sieht es tatsächlich danach aus, dass die Bedingung lautet: Die Schüler folgen dem Lehrer. Sobald dies nicht der Fall ist – der Schüler leistet Widerstand –, kann es schnell mit der Sympathie vorbei sein. Dann wird der Schüler nur allzu leicht zur Bedrohung für den Status des Lehrers, bei den Schülern und bei den Kollegen. Ein erstes Kennzeichen der Professionalität ist Ordnung halten, so glaubt man. Aber es gibt mehr: Lehrer investieren affektiv in ihre Schüler und erwarten Affektivität zurück. Ein natürlicher auch integerer Wunsch, ein gerechtfertigtes Verlangen sogar, weil ein Mensch ohne Wertschätzung aus seiner sozialen Umgebung seine Elastizität nicht behalten kann. In der pädagogischen Beziehung, welche die Lehrer-Schüler-Beziehung ist, besteht jedoch die besondere Anforderung, dass Lehrer ihre Schüler als selbstständige Wesen sehen, nicht an den Lehrer gebunden. Natürlich hofft man, dass sie mit ihm verbunden sind, das heißt an ihm hängen, dann aber aufgrund der Initiative und unter der Regie des Schülers selbst, der dieser Beziehung auch eine selbst bestimmte Qualität verleiht. Eine pädagogische Beziehung umfaßt ja gerade dies: Kinder und Schüler sind keine Verlängerung des Erziehers oder Lehrers. Kinder sind für sich selbst da, und die Beziehung oder die Gelegenheit sich zu binden, die ein Erzieher anbietet, hat kein anderes Ziel, als das Kind zu befähigen, seine eigenen Entwicklungsaufgaben zu realisieren, mit der dazu gehörigen notwendigen Reflexions- und Wahlmöglichkeit. Das macht den »Respekt« vor Kindern aus: Es wird eine Beziehung angeboten, die das Kind autonom nutzen darf. Wenn Lehrer dies anbieten können, kommt der Respekt von selbst, ebenso wie Affekt oder Zuneigung als Teil des Ganzen. Es ist überraschend, dass Schüler oft besser erklären können als die Lehrer, wie das mit dem gegenseitigen Respekt ist. Was macht es also den Lehrern so schwer? Im Folgenden werden wir näher darauf eingehen. Es ist das (Unterrichts-)System, das niemandem, keinem Schüler und keinem Elternteil, erklärt werden kann als ein System, welches Entwicklung fördert. Es ist auch das System, das davon ausgeht, dass der Lehrer es vertritt und dass dieser allein die Leitung hat und die Verantwortung trägt, also davon ausgeht, dass die Schüler folgen. Aber die Schüler sind so nicht gebaut.

Verschwundene Lust – wunderliche Paradoxe und Entkopplungen

Die Schule rechnet nicht mit Unterschieden

In meinem Aufsatz »Überdenken und Tun« (»Denkpause« in der deutsche Ausgabe) habe ich bereits auf einige wunderliche Paradoxe hingewiesen, die dem Lernen in der Schule im Wege stehen (Stevens, 1997; deutsche Ausgabe 2001). Es handelt sich dabei um die Grundannahme, dass alle Schüler in derselben Zeit im selben Raum denselben Stoff durcharbeiten können und am Ende des Durchgangs alle dieselbe Mindestleistung erbringen. Das System negiert also das Prinzip der Diversität. Prinzipiell rechnet man nicht mit individuellen Unterschieden. Wer »unter« der Erwartung bleibt, hat hier die größten Schwierigkeiten, weil er in Konflikt gerät mit dem Bedürfnis zu zeigen, was er kann, er zeigt dann eher, was er nicht kann. Außerdem sind diese Schüler schnell verstärkt vom Lehrer abhängig, was der Entwicklung einer erfahrenen Autonomie nicht zugute kommt, und diese beiden Bedingungen werden in der Folge die Beziehung zwischen Lehrer und Schüler belasten.

Vor dem Hintergrund dieses wenig erbaulichen Zustands des Unterrichtssystems finden wir eine Reihe von cartesianischen Entkopplungen, für Schüler und für Lehrer. Wir besprechen hier drei, aber es gibt mehr.

Die Entkopplung von Beziehung und Leistung

Kennzeichnend für das Unterrichtssystem ist in erster Linie die Entkopplung von Beziehung und Leistung. Oben haben wir erläutert, wie Entwicklung und Lernen immer in eine Beziehung eingebettet sind. Aber in der Schule entwickelt man sich allein, man lernt als Schüler allein, und die Leistungen werden vergleichend beurteilt. Es ist die individuelle

Leistung, die zählt, alles wird unternommen, um diese so unabhängig und zuverlässig wie möglich zu messen, und der Platz in der Rangordnung bedeutet mehr oder weniger Prestige. Leistung ist an Prestige gekoppelt, Beziehung nicht. Mit diesem kompetitiven Ethos ist die Schule ein wenig gastfreundlicher Platz für Schüler und für Lehrer, ihre Motivation sinkt dadurch (Nicholls, 1989).

Die Entkopplung von Anstrengung und Resultat
Eine weitere Entkopplung ist die von Anstrengung und Resultat. In der Schule brauchen sich manche überhaupt nicht anzustrengen, um zu einem erwarteten oder über den Erwartungen liegendem Resultat zu gelangen, von den meisten wird eine mäßige bis redliche Anstrengung verlangt, und dem untersten Viertel der Schüler hilft Anstrengung überhaupt nicht. Für einen Großteil der Schüler stimmt Anstrengung demnach nicht mit dem Resultat überein, was zur Folge hat, dass Anstrengung leicht aufgegeben wird oder dass man sich einfach nicht anstrengt, sondern es berechnend und intelligent improvisierend bis zur erwarteten Leistung bringt. Wer die höchste Leistung mit der geringsten Anstrengung schafft, ist der Held.

Die Entkopplung von Prozess und Produkt
Eine dritte Entkopplung, auf die wir hinweisen wollen, ist die von Prozess und Produkt. In unserem Land, aber nicht nur dort, liegt eine ungewöhnlich starke Betonung auf den Unterrichtsergebnissen, vor allem erzwungen durch standardisierte und häufige Prüfungen. Sie fördern angeblich die Effektivität des Unterrichts. Infolgedessen ist die Aufmerksamkeit der Schüler und Lehrer immer mehr auf die Abrechnung gerichtet, wie sie das nennen, und abgelenkt vom Unterrichtsprozess. Die Qualität des Unterrichts*prozesses* scheint jedoch für einen, der etwas wirklich will, interessanter zu sein. Vermutlich sehen wir die Entkopplung von Prozess und Produkt am besten in der T-Ford-Schule (Spady, 2001), der Schule mit Standardisierungen und einfachen Interessen: Soviel Produkt wie möglich in der kürzest möglichen Zeit mit möglichst geringen Kosten.

Dekontextualisierung: Verfremdung und Entwertung

Verfremdung und fehlende Verantwortung

Wir gehen kurz auf die drei der von uns genannten Kopplungen ein: Beziehung – Leistung, Anstrengung – Resultat und Prozess – Produkt. Sie sind repräsentativ für den Prozess der Dekontextualisierung im Unterricht, mit dem Charakteristikum der einseitigen Betonung des Resultats, des Ertrags oder Produkts. Das Produkt, losgelöst von der notwendigen Vermittlung oder Interaktion (Beziehung), losgelöst von sinnvoller Anstrengung und losgelöst von der täglichen Sorge um einen guten Verlauf des Prozesses und vor allem dessen Kontinuität. Eine derartige Loslösung entfremdet Menschen von den Dingen, um die sie sich gewohntermaßen kümmern. Dies ruft bei den Menschen Entfremdung hervor, Entfremdung von sich selbst und von anderen. Von sich selbst: wenn es nur noch um das Resultat geht, braucht der Schüler seine Kräfte nicht mehr in einer aktiven und kritischen Interaktion mit seinem Lehrer und in einer kritischen Interaktion mit sich selbst zu messen, so wie er es tun muss, wenn er sich tatsächlich anstrengen, seine Zeit managen und Hilfsquellen organisieren muss. Dann ist alles nur eine Frage der täglich neuen Planung. Und was den Lehrer betrifft: dieser braucht eigentlich nur zu tun, was ihm in offiziell anerkannten Lehrwerken aufgetragen wird, welche darauf abzielen, ihn direkt zum Resultat zu führen und im Übrigen die Schüler auf das Resultat hin zu konditionieren. Das bedeutet vor allem: Ordnung halten und die Zeit nicht aus den Augen verlieren. Auch der Lehrer braucht sich selbst weder als Person noch als Fachmann mit aktiven und kritischen Schülern zu messen, die ihm etwas abverlangen. Auch der Lehrer entfremdet sich von seinem eigenen Potenzial.

Denkpause

Wir legen hier eine kurze Denkpause ein. Die Erfahrung lehrt, dass die Art der hier vorgeführten Analysen anstrengend sein kann. Es handelt sich um die Analyse eines Systems, das hinsichtlich seiner Voraussetzungen und seiner

Praxis in keinerlei Hinsicht an die Selbsterfahrung der heutigen Gesellschaft anschließt. Es ist die Analyse eines Systems, das jetzt seine eigentlichen Aufgaben nicht mehr verwirklichen kann. Aber wer in diesem System arbeitet, kann dies nicht immer akzeptieren, oder, vielleicht noch wichtiger: wer Lehrer ist, braucht es nicht so zu empfinden, jedenfalls nicht täglich. In seiner Schule stößt er wahrscheinlich genauso oft auf Freude, hohe Motivation, Kontaktfreudigkeit, gute Gespräche oder Bestätigung seiner Professionalität, wie er auf Enttäuschung trifft, Entmutigung, Streit, Kompetenzfragen und Unvernunft. Unter der Bedingung, dass die Schulleitung (persönliche) Führerschaft zeigt, wird der Lehrer versuchen, das Beste daraus zu machen und den Kopf oben zu behalten. Wenn die meisten seiner Kollegen genauso handeln, wird ein gutes Arbeitsklima entstehen und es kann eine Mehrheit der Schüler die Schule angenehm finden. Menschen machen miteinander das Beste daraus, auch wenn es schwierig ist. Lehrer also auch, und Schüler ebenso. Dies macht die Analyse jedoch nicht ungültig und die Notwendigkeit einer neuen Schule nicht weniger dringend.

Die neue Schule

Wie es damals mit der alten Schule war, so wird auch die neue Schule von breiten Teilen der Bevölkerung getragenen gesellschaftlichen Prinzipien legitimiert werden. Für die alte Schule war dies das Selektionsprinzip, für die neue Schule schlagen wir das Prinzip *des richtigen Menschen am richtigen Platz* vor, kein ökonomisches, sondern ein organisches Prinzip, das auf das Prinzip der Diversität des Lebens und auf das Prinzip der Responsivität oder der adäquaten Interaktion in einem lebendigen Kontext verweist (mit Dank an Elke Wielinga, 2001, für ihre Hinweise).

Ein neuer Ausgangspunkt

Es wurde inzwischen oft beschrieben: Das industrielle Zeitalter hat einer Zeit Platz gemacht, in der die Gesellschaft zersplittert, große repräsentative Organe und Strömungen verschwinden und das Individuum die Leitung übernimmt, gut informiert über seine Möglichkeiten und über mögliche Unterstützungen und Hilfsquellen in Netzwerken. Es ist inzwischen auch deutlich geworden, wie verwundbar moderne Gesellschaften für individuelle Kontra-Aktionen sind. Das Individuum zählt. Gleichzeitig ist deutlich, dass in manchen Gesellschaften, wie der unseren, jede Kraft wichtig ist. Wir können nicht jemanden unwichtig finden, einerseits weil jeder Verantwortung für das verletzliche Ganze tragen muss, aber andererseits auch, weil man auf niemanden verzichten kann angesichts der Arbeit, die verrichtet werden muss. Die Herausforderung liegt gerade darin, die vielen Fähigkeiten mit den vielen Bedürfnissen zusammenzubringen, oder Fähigkeiten und Bedürfnisse sich selbst so steuern zu lassen, dass sie zusammenfinden.

Kennzeichen einer neuen Schule

In Bezug auf Unterricht hat dieser Kontext, der den Menschen ein hoch entwickeltes kritisches Bewusstsein abverlangt, in unseren Augen zumindest vier wichtige Konsequenzen.

Erstens: dass ein Umschlag von Angebot zu Nachfrage eintritt, dass der Schüler, der seine Entwicklungsarbeit und seine Lernarbeit selbst durchführen muss, auch im Zentrum steht, das heißt: sich selbst kennen lernen, sich selbst regulieren lernen und die Verantwortung für die eigene Entwicklungs- und Lernarbeit, sowie für die Umgebung, in der dies stattfindet, übernehmen lernt.

Zweitens: dass sorgfältig mit dem individuellen Entwicklungspotenzial umgegangen wird, das heißt, dass eine passende Herausforderung und Unterstützung geboten wird, dass also keine Zeit und kein Talent verloren geht.

Drittens: dass ein Umschlag von »allein« zu »zusammen« eintritt, dass die authentischen Bedingungen für Lernen und Entwicklung wiederhergestellt werden und dass durch die Anteilnahme an anderen die Entwicklung von Moralität unterstützt wird.

Viertens und von vielen anderen öfter formuliert: dass Unterricht relevant wird, dass das Angebot sich der Welt öffnet, dass neben dem Prinzip der cartesianischen Vortrefflichkeit oder Superiorität des Fachs auch das Prinzip der Brauchbarkeit gelten kann.

Wenn diese Konsequenzen gezogen werden, werden unsere Kinder, besser als sie das in diesem Moment tun, die Plätze erkennen, auf die sie mit ihren Fähigkeiten und ihrem Temperament passen, und sie werden leichter anerkannt werden. Sie werden »Lernen« normal finden (es geht nicht so sehr um »Wissen«, sondern um Fertigkeiten) und sich in einer Zusammenarbeit ohne allzu viele Probleme positionieren.

Das primäre Niveau

Fragend, suchend, manchmal behauptend wurde im Vorhergehenden die Basis für die neue Schule gelegt, eine Metapher für die Unterrichtsumgebung der Zukunft. Gewiss, ich bin Sonderpädagoge und deswegen in meiner Wahrnehmung voreingenommen. Es sind vor allem die motivationalen und pädagogischen Fragen, die mich interessieren. Allerdings nicht ohne weiteres. Ich weiß: Schule ist mehr als Motivation oder Erziehung. Schule ist auch Instruktion, Automatisierung, Problemlösung, Evaluation. Schule bedeutet Inhalt, ein Curriculum, Fächer (noch) und Lehrer, die sich mit den Fächern verbunden fühlen. Schule ist auch Organisation und vor allem auch eine Organisation, die geführt und inspiriert werden muss. Aber wenn in den vergangenen Jahren, in denen ich an Grundschulen, Sonderschulen und weiterführenden Schulen gearbeitet habe, eine Grundannahme bestätigt wurde, dann ist es die Idee, dass es die Menschen sind, welche die Qualität der Schule bestimmen. Welche Kriterien hatte ich dabei? Die Prinzipien, die ich präsentierte: Diversität und Responsivität, pädagogisch übersetzt als Respekt und Verbundenheit, die Basiskriterien für die Beurteilung des Schulethos oder die sittliche Motivation in einer Unterrichtsorganisation.

Die Stimme der Lehrer und Schüler

In den letzten Jahren haben wir viele hundert Schüler und Lehrer interviewt auf der Suche nach der zentralen Bedeutungen ihres Schullebens und nach ihrer gegenseitigen Wahrnehmung befragt (Stevens et al., in Vorbereitung) Ich bespreche gern mit Ihnen zum Schluss ein paar auffällige Ergebnisse, die teilweise oben schon nebenbei erwähnt wurden. Sie sind in meinen Augen repräsentativ, angesichts der großen Anzahl von Schülern und Lehrern, mit denen wir in sehr unterschiedlichen Schulen in sehr verschiedenen Orten in den Niederlanden gesprochen haben. Für mich ist das auffälligste Ergebnis bei den Lehrern, ob sie nun an Grund- oder Sekundarschulen arbeiten, das große Potenzial an Intellekt und Kreativität. Zugleich besteht großes Zögern, die Schüler aktiv an der Gestaltung des Unterrichts zu beteiligen. Weiterhin haben wir ein starkes Bedürfnis festgestellt, mit Kollegen über die Arbeit zu sprechen, was aber nicht geschieht. Bei den Schülern ist für mich am auffälligsten: das große Potenzial an Motivation und kritischen Fähigkeiten, die erfahrene relative Unerreichbarkeit oder Unverfügbarkeit der Lehrer und das Bedürfnis nach Autonomie oder Selbstregulierung (Schüler sind schon längst bereit, den Unterricht mitzugestalten).

Wenn wir dem roten Faden durch unsere Ergebnisse folgen, dann können wir feststellen, dass ein allgemeines Problem in der Beziehung liegt: in der Beziehung zwischen Schülern und Lehrern und zwischen Lehrern untereinander. Dies beschäftigt beide Seiten täglich. Mit Absicht verwende ich nicht das Wort Kommunikation. Die ist nämlich im Allgemeinen in Ordnung. Was man wissen muss, weiß man meistens auch. Nein, es sind die typisch menschlichen Beziehungen, die Lehrern und Schülern Sorge bereiten. Man ist im Allgemeinen recht allein. Die Richtung einer wahrscheinlichen Interpretation ist nicht schwer zu erkennen: es ist ein Artefakt des Systems, das den (menschlichen) Kontext unberücksichtigt lässt. Wir haben dies weiter oben explizit behandelt. Das Fehlen des Kontextes fördert kaum die Selbstachtung und die Achtung vor Anderen. Schüler können das erklären. Ihr Anteil an einer neuen Schule ist denn auch substanziell. Sie können Lehrern aufs Neue erklären, worum es geht: Entwicklung und vor allem Freude an der Entwicklung. Sie sind die einzigen, die die Schule entscheidend von Schulen mit Benotung und Bewertung in Schulen des Lernens und Verstehens umwandeln können. Was dann entstehen kann, ist eine Schule als Entwicklungsweg.

Jesper Juul

Stärkung der Beziehungskompetenz von Eltern und Erziehern

Dänisch in der 1. Klasse im August 2003: 24 erwartungsvolle, energische, herausfordernde und unruhige Kinder, Spielkinder, Kinder, die bereit sind, etwas zu lernen. Da ist z. B. Amalie, ein Einzelkind, mit der viel geredet worden ist, die man verhätschelt hat, und Alexander, der sich dann am wohlsten fühlt, wenn er erzählen kann, wie gut und tüchtig er ist. Daniel trägt im Innern einen großen Schmerz, er hat in seinem Leben schon für so viele gesorgt, nur nicht für sich selbst, sodass er jetzt nur noch kaspern und unruhig sein kann. Claudia ist aus einem ähnlichen Grund in sich gekehrt, sie erscheint langsam und abwesend. Mathilde ruht in sich selbst und ist bereit, etwas zu lernen; sie hat auch noch Energie, sich fürsorglich um andere zu kümmern. Magnus hat noch immer am meisten Lust zum Spielen, und Mathias kann schon Pixi-Bücher lesen. Dazu kommen die 17 anderen, von denen jeder seine eigene Ausgangsposition hat, die das Lernen und die Interaktion in der Klasse bestimmt – eine Ausgangsposition, die sicherlich einen Kern Stabilität in sich birgt, aber gleichzeitig auch veränderlich ist und sich in ständiger Entwicklung befindet, abhängig u. a. von den aktuellen und neueren Beziehungen.

Die Lehrerin kommt mit einem Beutel voll Gegenstände in die Klasse. Die Gegenstände beginnen alle mit einem »I«. Fünf Kinder dürfen nach vorne kommen und die fünf Teile im Beutel ertasten – nicht sehen – und sie den anderen Kindern beschreiben. Sie sollen dann diejenigen sich meldenden Klassenkameraden auswählen, die die Antwort erraten dürfen. Wenn ein Gegenstand erraten worden ist, schreibt die Lehrerin das Wort, jedes Mal mit einem großen und deutlichen »I« als Anfangsbuchstaben, an die Tafel. Diese Phase dauert vielleicht eine Viertelstunde, aber sie enthält erstaunlich viele Elemente, die die Lehrerin beachten muss, wenn sie die 15 Minuten für möglichst viele Kinder lehrreich und sinnvoll gestalten will.

Wir beschäftigen uns hier erst einmal mit denjenigen Aspekten in dieser Viertelstunde, die mit der Beziehungskompetenz der Lehrerin* zu tun haben. Damit ist die Fähigkeit der Lehrerin gemeint, das einzelne Kind im Rahmen seiner Voraussetzungen zu »sehen« und ihr Verhalten darauf abzustimmen, ohne die Leitungsverantwortung abzugeben. Zu dieser Kompetenz gehört es vor allem, im Kontakt mit den Kindern authentisch zu sein und die volle Verantwortung für die Qualität der Beziehung zu übernehmen.

Es ist notwendig, sich damit auseinander zu setzen, was Beziehungskompetenz ist, denn auch wenn Generationen von Lehrerinnen und Lehrern diese entweder als selbstverständlich oder nicht sehr bedeutsam angesehen haben, haben wir doch verhältnismäßig neue Kenntnisse über die Entwicklung und die Kompetenzen der Kinder gewonnen, ebenso über die Bedeutung der Beziehung für die Entwicklung und das gute Klima im gemeinsamen Zusammensein. Wir müssen uns daran gewöhnen, auf drei Aspekte zu achten, wenn wir uns mit der Lehrerin-Kind-Beziehung beschäftigen: mit der Lehrerin, mit dem Kind und mit dem, was sich zwischen beiden abspielt.

Wir haben uns bisher immer nur mit den Beteiligten beschäftigt – mit der Lehrerin und mit dem Kind – und uns dafür interessiert, was jeweils für beide gut und notwendig ist. Sowohl in der privaten Kindererziehung als auch in der professionellen Pädagogik gibt es eine Tradition, in der man das Verhältnis zwischen den beiden Parteien für gegensätzlich hält: Ist etwas gut für das Kind, dann ist es vielleicht schlecht für den Erwachsenen und umgekehrt.

Nach dem, was wir bisher aus interpersonellen Beziehungen wissen, deutet alles darauf hin, dass diese Polarisierung irrelevant ist. Wenn wir uns die Qualitäten anschauen, die gesunde, gleichwertige und dynamische Beziehungen ausmachen, dann sind sie sowohl für Kinder als auch für Erwachsene förderlich. Darum reicht es nicht, wenn Lehrerinnen lediglich Fachwissen über Unterricht und Kinder haben. Sie müssen auch etwas über Beziehungen wissen und ihre Kompetenzen in Bezug auf deren Etablierung und Entwicklung

* Im Text erscheint sowohl die weibliche als auch die männliche Schreibweise, gemeint ist immer die verantwortliche Lehrkraft.

erweitern. Es geht um die Reflexion ihrer in der Praxis wirksam werdenden Beziehungskompetenz.

Die Fähigkeit der Lehrerin, das Kind zu »sehen«

Viele Kinder der 1. Klasse möchten gern neben der Lehrerin stehen und in den Beutel greifen und die Gegenstände abtasten. Daher melden sich viele, und man hört mehrfach ein »Ich möchte! – Ich möchte!«. Die Lehrerin sieht die erwartungsvollen Augen und erhobenen Arme und wählt als ersten Magnus. Die Enttäuschung darüber, nicht ausgewählt worden zu sein, ist für Daniel zu groß, als dass er sie unterdrücken könnte, und er ruft: »Warum komme ich nie dran?« Claudia hatte ganz zaghaft einen Finger hochgestreckt, sie seufzt resigniert, und der kleine Funke Hoffnung in ihren Augen erlischt wieder. Alexander schreit: »Ich weiß es, ich weiß es!« und Amalie sagt zu ihm: »Kannst du doch gar nicht wissen, du hast es ja noch gar nicht probiert!« Die meisten anderen haben ihre Aufmerksamkeit auf die Lehrerin und auf Magnus gerichtet, der gerade nach vorne geht, um in den Beutel zu greifen. All dies geschieht innerhalb einer Minute, und alle Elemente der Beziehungskompetenz der Lehrerin kommen ins Spiel. Wenn wir das Element »das Sehen des einzelnen Kindes« herausgreifen, ist sehr unterschiedlich, wen und was die Lehrerin in dieser Minute sieht. Nehmen wir einmal an, die Lehrerin hätte die Möglichkeit gehabt, die Klasse im letzten Jahr zwei Stunden pro Woche zu unterrichten. Dann wüsste sie jetzt, dass einige Kinder ein starkes Bedürfnis haben, von ihr gesehen zu werden. Heute haben Claudia, Daniel und Alexander ihr dieses Bedürfnis signalisiert.

Kinder »sehen« heißt in erster Linie, dem Kind ein Empfinden des »Gesehen-Werdens« – so, wie es ist – zu verschaffen, und das ist etwas ganz anderes, als angeschaut, beobachtet oder entlarvend betrachtet zu werden. Das Erlebnis, »gesehen« zu werden, kann entweder das bestätigen, was man über sich selbst weiß, oder es führt zu einer neuen (befreienden oder erschütternden) Erkenntnis, wer man selbst ist. Das allein bewirkt schon eine Stärkung des Selbstwertgefühls des Kindes und damit seiner Möglichkeiten, an einem wirklich gleichwertigen, respektvollen und empathischen Kontakt mit der Lehrerin und den anderen Kindern teilzunehmen.

Kinder »sehen« heißt also, mehr und anderes zu sehen, als deren unmittelbar auffälliges Verhalten. Im Falle Claudias würde das bedeuten, dass die Lehrerin den zaghaft erhobenen Finger bemerkt und auch, wie das Funkeln in ihren Augen erlischt, als sie nicht drangenommen wird. Bei Daniel und Alexander bedeutet es, dass die Lehrerin deren Bedürfnis nach Bestätigung versteht und sieht und ihnen vielleicht dabei hilft, bei Bedarf eine akzeptablere Ausdrucksform dafür zu finden.

Dies mag einfach klingen, ist aber häufig recht schwierig, zum einen aufgrund der vielen erzieherischen Aufgaben, mit denen man gleichzeitig jonglieren muss, zum anderen, weil das »Sehen«-Können große persönliche Ansprüche an den Lehrer stellt. Zunächst erfordert es den guten Willen des Lehrers, jedes einzelne Kind »sehen« zu wollen. Das hängt unter anderem von seinen früheren Erfahrungen mit Kindern und von seinem Menschenbild ab. Vertritt er z. B. die Auffassung, dass Kinder a priori egozentrisch und asozial sind, wird er etwas anderes sehen, als die Lehrerin im obigen Beispiel, deren Menschenbild beinhaltet, dass Kinder sozial sind und den angeborenen Drang und die angeborene Fähigkeit haben, interpersonale Beziehung herzustellen, und dass sie dazu im Stande sind, persönliche Verantwortung zu übernehmen.

Die Fähigkeit zu »sehen« hängt auch von den Erfahrungen der Lehrerin ab, ob und wie sie selbst »gesehen« oder nicht »gesehen« worden ist. Menschen, die sich in ihrer Jugendlichenzeit und manchmal auch als Erwachsene in ihren Beziehungen »gesehen« gefühlt haben, haben meist auch die Fähigkeit, andere »sehen« zu können und in ihre Sinneswahrnehmungen zu integrieren. Dies gilt auch für einige Menschen, die erlebt haben, nicht »gesehen« worden zu sein, und die dennoch ihr Inneres intakt und zugänglich bewahrt haben. Wir werden später darauf zurückkommen, wie diese Fähigkeit gefördert werden kann.

Kinder »sehen« und angemessen reagieren

Wenn wir uns anschauen, wie die Lehrerin ihr Verhalten danach abstimmt, was sie bei Claudia, Alexander und Daniel sieht, dann ergeben sich, je nach den unterschiedlichen Faktoren, verschiedene Möglichkeiten zu reagieren. Zunächst muss die Lehrerin annehmen, was die Kinder durch ihr jeweiliges Verhalten zum Ausdruck bringen. Auf diese Weise ist es ihr möglich, ihr Bild von jedem Kind so zu nuancieren, dass sie jedem Kind Rückmeldungen geben kann, die so präzise wie möglich dessen Selbstgefühl und damit die Fähigkeit, persönliche Verantwortung zu übernehmen, stärken können. Diese Rückmeldungen sind so wichtig, weil es nicht ausreicht, wenn die Lehrerin nur innerlich Verständnis für das Kind hat, sondern das Kind muss dies auch direkt erleben können. Das gelingt am leichtesten dann, wenn die Lehrerin ihre Anerkennung darüber, was sie sieht, ausdrückt. Eine solche Anerkennung ist dann auch eine gute Voraussetzung für eine gelungene fachliche Interaktion, weil sie umgekehrt das Kind in die Lage versetzt, der Lehrerin mit mehr Respekt und Empathie zu begegnen. Wenn also die Lehrerin das Kind ernst nimmt, besteht eine gute Chance, dass das Kind auch hier dem guten Beispiel folgt und seine Lehrerin ernst nimmt.

Wie aber gibt man dem Kind diese anerkennenden Rückmeldungen? Wir können hier nur ein paar Vorschläge machen. Jede Lehrerin muss ihre eigene Ausdrucksform dafür entdecken und entwickeln, weil die Authentizität im Ausdruck ebenso wichtig ist wie die darin enthaltene Anerkennung. Eine Anerkennung von Claudia, Daniel und Alexander könnte in diesem Beispiel lauten: »Claudia, ich sehe, dass du traurig bist, du wolltest auch so gerne mal, und ihr auch, Daniel und Alexander. Es ist nicht einfach, wenn man nicht drankommt, obwohl ihr doch so gerne wolltet.« Mithilfe der empathischen Sprache bestätigt die Lehrerin, was das Kind gerade empfindet, und zwar so, wie es das Kind selbst mit eigenen Worten auch ausdrücken könnte. Gleichzeitig legt sie eine Hand auf die Schulter von Magnus, der neben ihr steht und darauf wartet, dass er anfangen kann. Die Lehrerin kann an dieser Stelle verschiedene Entscheidungen treffen:

Sie kann nach einer kurzen Bestätigung »ich habe euch gesehen« zügig mit dem Unterricht anfangen, oder sie kann mit der ganzen Klasse kurz darüber sprechen, wie schwer es manchmal ist, wenn man etwas so gern lernen möchte und dann manchmal doch darauf warten muss, weil alle anderen auch drankommen möchten. So wird auch den anderen Kindern die Möglichkeit geboten, sich zu äußern, wie es ihnen geht, und eventuell, wie sie mit ihrer Frustration fertig werden. Die Formulierungen der Lehrerin sind ausschließlich anerkennend, beinhalten also weder Lösungsvorschläge noch Erklärungen, was in diesem Zusammenhang auch nicht notwendig ist, weil die Wirkung auf die Kinder, ernst genommen zu werden, »gesehen« zu werden, erstaunlich ist. Der Effekt ist, dass jegliche Tendenzen zu rechthaberischem Verhalten wie »Das ist gemein, gestern durfte ich auch nicht!« deutlich minimiert werden. Ein solcher Kommentar kommt meist nur dann, wenn sich die Lehrerin bewertend statt anerkennend an die Kinder wendet, zum Beispiel: »Daniel, hör bitte sofort damit auf, du weißt ganz genau, dass alle einmal dürfen, du musst lernen, dich zu melden und abzuwarten, bist du drankommst!« Diese Aussage ist für Daniel eine Kränkung. Er könnte auf seine Art und Weise versuchen, die Frustration darüber abzuschütteln, indem er eine halbe Minute später sagt: »Ist doch alles blöd!« Er könnte auch seinen Mitschüler schubsen oder aufstehen und den Stuhl umwerfen.

Leitungsverantwortung übernehmen

Die Lehrerin muss während der gesamten Unterrichtsstunde ihre Leitungsverantwortung wahrnehmen und beibehalten. Das heißt, sie muss die pädagogischen Prozesse so planen und durchführen, dass sie zu den vorgegebenen Zielen führen, und sie muss die Fähigkeit besitzen, in diesen Prozessen mit ihrer persönlichen Autorität anwesend zu sein. Es hängt von der Art und Weise ihrer Leitungsverantwortung ab, ob sie auf das, was sie bei den Kindern »gesehen« hat, mit mehr als nur einem kurzen Kommentar reagiert. Weder für die Kinder, noch für deren Lust und Bereitschaft zu lernen ist es von entscheidender Bedeutung, ob sie das eine oder das andere wählt. Das Wesentliche ist, dass sie ihre Leitungsverantwortung so gestaltet, dass die persönliche Integrität der Kinder nicht verletzt wird. Wir haben bereits darauf hingewiesen, wie wichtig es in diesem Zusammenhang ist, anerkennend zu agieren.

Interesse am Kind

Darüber hinaus sind folgende Elemente auch wichtig: das Interesse der Lehrerin am Kind, ihre Fähigkeit, das Kind mit einzubeziehen, Entscheidungen zu treffen und die Konflikte anzunehmen, die hieraus von Zeit zu Zeit entstehen.

Mit Interesse meinen wir hier das Interesse der Lehrerin daran, *wer* das Kind *ist* – es ist eine Entsprechung zum »Sehen« des Kindes und seiner mitgebrachten Voraussetzungen. Eltern und Fachleute sind erklärtermaßen sowohl an den eigenen Kindern interessiert, als auch an den ihnen anvertrauten. Es ist ein Paradox unserer Kultur, dass nur wenige Erwachsene dieses Interesse so ausdrücken können, dass dies vom Kind nicht als bloße Routine erlebt wird (»Wie war's denn heute in der Schule?«), als Interview (in dem der Erwachsene nichts über sich selbst sagt), als Verhör (das immer Misstrauen zum Ausdruck bringt) oder als Belehrung (die sich häufig direkt an die Fragen anschließt).

Es fehlen sowohl Rollenmodelle als auch Sprachtraditionen dafür, wie Erwachsene mit Kindern Gespräche führen können, die auf echtem Interesse am Wohlergehen des Kindes beruhen und nicht nur auf Interesse für sein momentanes Verhalten oder seine jeweiligen Leistungen. Die einzige Ausdrucksform eines Kindes, die fast automatisch das Interesse der meisten Erwachsenen weckt, ist seine sichtliche Traurigkeit. Fast alle anderen Gefühlsregungen rufen bei Fachleuten jedoch nur bewertende und definierende Aussagen hervor. Mit der Einführung von Schüler-Lehrer-Gesprächen in der Grundschule kann ein struktureller Rahmen geschaffen werden, in dem Lehrer ihre Fähigkeit stärker entwickeln können, dem jeweiligen Kind individuell zu begegnen.

Wenn der Erwachsene die Gefühlsregungen, Bedürfnisse, Lust- und Unlustäußerungen, Ziele und Träume usw. des Kindes gehört und verstanden hat, liegt es in seiner Verantwortung, diese in das Zusammensein einzubeziehen, soweit dies möglich und vertretbar ist. Nur so fühlt sich das Kind ernst genommen. Wenn der Erwachsene nicht erkennen kann, wie das Kind mit seinen Wünschen und Bedürfnissen einzubeziehen ist, kann er es entweder fragen oder offen aussprechen, dass ihm dies leider nicht möglich ist. Auch in einer solchen Situation wird sich das Kind ernst genommen fühlen.

Fruchtbare Konflikte in Beziehungen

Entscheidungen zu treffen liegt in der Verantwortung der Erwachsenen, es sei denn, die Entscheidungsgewalt ist im Rahmen eines demokratischen Prozesses klar und deutlich an die Kindergruppe oder ein Kind delegiert worden. Im professionellen Umfeld heißt dies, dass die Erwachsenen auf Grund ihrer Erfahrung, ihres Überblicks und ihrer fachlichen Verantwortung Entscheidungen treffen und zwar auch dann, wenn sich nicht alle ausreichend einbezogen fühlen, was zu unterschiedlich schweren Konflikten führt. Diese Konflikte sind für die Qualität der weiteren Interaktion absolut notwendig, sowohl inhaltlich als auch prozessual. Der Ablauf des Konflikts ändert sich normalerweise mit zunehmendem Alter und sprachlicher Entwicklung des Kindes, besteht aber immer aus den gleichen Elementen Bedürfnis/Lust – »Nein« – Kampf/Verhandlung – Verlust/Frustration – Ruhe.

Diese Art von Konflikten »brechen« Kinder nicht »vom Zaun«, um Entscheidungen zu sabotieren oder die Autorität der Erwachsenen zu untergraben, wie häufig in der autoritären und patriarchalen Gehorsamkeitskultur verbreitet wird. Früher konnte man zu Kindern sagen: »Nein heißt nein, und dabei bleibt es! Ich will nichts mehr davon hören!« – und dann gehorchten sie. Doch Konflikte sind für das innere Gleichgewicht der Kinder notwendig und die Voraussetzung dafür, dass sie zu weiterer Zusammenarbeit Lust haben.

Der Prozess beginnt damit, dass das Kind ein Bedürfnis oder eine Lust auf etwas zum Ausdruck bringt. Wenn der Erwachsene »Nein« sagt, fängt es an, aktiv für die Durchsetzung seines Bedürfnisses zu kämpfen. Dies ist ein Zeichen von Gesundheit und absolut notwendig für alle gegenwärtigen und zukünftigen Beziehungen. Auf der psychologischen Ebene erleidet das Kind einen Verlust, wenn es seine Bedürfnisse nicht durchsetzen kann. Kinder reagieren auf solche Verluste unterschiedlich, je nach Temperament und vorherrschendem Familienstil. Unabhängig von seiner jeweiligen Ausprägung geht der Gefühlsausdruck immer auf das Bedürfnis zurück, den Verlust emotional zu verarbeiten. Es gibt Kinder, die weinen, andere jammern oder murren, wieder andere werden wütend, frustriert oder sind entrüstet. Diese Gefühle richten sich eigentlich nicht direkt gegen jemanden, sondern gehören zur Homöostase des Organismus dazu, d. h. sie sind Teil des Prozesses, der den Organismus wieder ins Gleichgewicht bringt, sodass das Kind wieder an der Gemeinschaft teilnehmen kann.

Wenn dieser Prozess unterdrückt, lächerlich gemacht oder verboten wird, stauen sich die Frustrationen im Kind und kommen später unweigerlich zum Ausdruck. Zudem rauben sie dem Kind Energie und Aufmerksamkeit. Aus diesem Grund ist es wichtig, dass Kinder die Zeit bekommen, die sie benötigen, um mit ihren Frustrationen fertig zu werden. Manche Kinder brauchen dazu mehr Zeit als andere. Diese individuelle Zeit muss nicht unbedingt von der gemeinsamen Zeit abgehen, denn sie beugt einer späteren Zeitverschwendung vor. Bekommen Kinder die Zeit, die sie für diesen Prozess brauchen, dann können sie ihre persönliche Würde bewahren und »Ja« zu den Entscheidungen der Erwachsenen sagen. Bekommen sie sie nicht, müssen sie »Jawohl« antworten, was zunächst der Autorität der Erwachsenen zu dienen scheint, sie aber im Nachhinein zerstört.

Gerade dieser Aspekt der Beziehungskompetenz bereitet vielen Lehrern täglich Kopfzerbrechen. Es ist oft schwierig, den Kindern die Zeit zu lassen, die sie zur Bewältigung eines »Nein« brauchen – vielleicht weil der Lehrer sich auf das Erfüllen des Unterrichtspensums konzentriert, weil er mit seinen eigenen Reaktionen selbst nie ernst genommen worden ist oder weil er einen so schlechten Kontakt zu sich selbst hat, dass er unbewusst bedrückt ist, wenn er andere leiden sieht. Jedenfalls haben alle Versuche, diese Prozesse abzukürzen, häufig die umgekehrte Wirkung. Es dauert alles viel länger und ist für alle weniger fruchtbar, als wenn die Kinder die notwendige Zeit bekommen, in Ruhe damit fertig zu werden.

Daniel ist ein Kind, dem das Recht, seine Verluste zu betrauern, so oft und so gründlich genommen wurde, dass er oft gar nicht mehr weiß, was denn das für eine Unruhe ist, die er in sich hat. Darum drückt sich seine Trauer oft irrational aus. Er benötigt in hohem Maße Hilfe, um mit Worten auszudrücken, was er empfindet. Das gleiche Bedürfnis hat auch Claudia, nur hat sie schon resigniert. Aber ihr Bedürfnis, etwas anderes tun zu können, ist ebenso stark wie das von Daniel. Bei den übrigen Kindern geht es eher darum, dass sie etwas Zeit benötigen, um die Enttäuschung zu bewältigen, danach werden sie von selbst in der Lage sein, »Ja« zur Klassengemeinschaft zu sagen und die gemeinsamen Aktivitäten fortzusetzen. Die Klassenlehrerin weiß, dass gerade Daniel und Claudia, anders als viele andere Kinder, die etwas über sich selbst aussagen können, besonders darauf angewiesen sind, dass sie ihre Probleme erkennt und auch benennt, was in ihnen vorgeht. Um die persönliche Entwicklung des einzelnen Kindes – u. a. sein Selbstgefühl und seine Empathiefähigkeit – zu stärken (wie es das dänische Volksschulgesetz vorschreibt), gibt die Lehrerin den Kindern manchmal Zeit, über sich selbst zu sprechen. Dies dient dem Kind, das sich mitteilt, ist aber ebenso hilfreich für alle anderen Kinder, die auf diese Weise lernen, wie man etwas in Worte fassen kann, und die gleichzeitig etwas Wichtiges über ihren Klassenkameraden erfahren.

Die Fähigkeit, authentisch im Kontakt zu sein

Authentisch im Kontakt zu sein meint die Fähigkeit und den Wille der Lehrerin, eigene Gedanken, Gefühle, Werte, Ziele und Grenzen mit ihrer ganzen Person zu repräsentieren – also sich fachpersönlich* ganz in die Beziehung hineinzu-

* Unsere Wortschöpfungen »Fachperson« und »fachpersönlich« sollen ein gutes Gleichgewicht zwischen Persönlichem und Fachlichem zum Ausdruck bringen, wobei die zur Arbeit gehörenden, professionellen Funktionen der Ausgangspunkt des Prozesses sind. Der Entwicklungsprozess ist insofern dialektisch, als sich beide menschliche Aspekte – der fachliche und der persönliche – immer gegenseitig beeinflussen.

geben. Der Ruf nach Authentizität wurde im Grunde erst mit dem Ende der Epoche laut, in der die Lehrerin noch qua Rolle Autorität besaß. Die rollenabhängige Autorität musste dann von einer persönlichen Autorität abgelöst und ersetzt werden. Diese basiert in hohem Maße auf der Fähigkeit und dem Willen, mit größtmöglicher Authentizität in der professionellen Beziehung zu handeln. Voraussetzung hierfür ist, dass die Lehrkraft in gutem Kontakt mit ihren fachlichen und persönlichen Wertvorstellungen ist, ebenso mit ihrem fachpersönlichen Engagement, Selbstgefühl und ihrer inneren Selbstverantwortung (der Verantwortung eines jeden Menschen den eigenen Grenzen, Bedürfnissen, Gefühlen und Zielen gegenüber). Die Authentizität der Lehrerin in der Beziehung ist auch die Voraussetzung dafür, dass die Kinder ihre eigene Authentizität finden und ausdrücken und somit eigene Selbstverantwortung, soziales Verständnis und Kompetenz entwickeln können.

Man kann jedoch nicht immer in seinem Beruf authentisch sein, und man kann auch nicht festlegen, wie viel Zeit die Lehrerin authentisch sein muss, um optimalen Unterricht und bestmögliches Zusammensein zu gewährleisten. Persönliche Autorität und die Fähigkeit zum authentischen Kontakt entwickeln sich erst im Laufe der Zeit; die Lehrerin verfügt darüber noch nicht sofort nach abgeschlossener Ausbildung. Der Zusammenhang von Autorität und Authentizität hängt davon ab, wie stark der Einzelne sich selbst in einem bestimmten Moment als authentisch empfindet.

Persönliche Unsicherheit der Fachkraft

Im Leben jeder Lehrkraft gibt es Phasen des Zweifels und der Unsicherheit, in denen das Bedürfnis nach Introspektion und Reflexion stärker ist als Verantwortung und Vermittlung und in denen ein sicheres Selbstwertgefühl abhanden gekommen ist. Die bloße Existenz solcher Phasen stellt an sich kein Problem dar (auch wenn sie als schwierig empfunden werden). Ein Problem kann jedoch aus der Art und Weise erwachsen, wie wir mit diesen Phasen umgehen. In der Schule wird Unsicherheit als ein Zeichen der Schwäche der einzelnen Lehrerin angesehen, als etwas, das man verheimlichen muss, damit die eigene Autorität nicht untergraben wird. In der Vergangenheit hat man vor allem versucht, jedes Gefühl von Unsicherheit zu vertuschen – die fachliche, aber vor allem auch die persönliche Unsicherheit. Interessant ist, dass gerade die Versuche, Unsicherheit zu vertuschen oder zu kompensieren, zu einer Schwächung der Autorität führen. Die Unmittelbarkeit verschwindet, wenn man versucht, persönliche Aspekte aus der Beziehung herauszuhalten. So kommt man natürlich leicht zu der Annahme, es sei die Unsicherheit selbst, die eine Beziehung schwächt, und nicht die Art und Weise, wie man sich ihr gegenüber verhält.

Es ist jedoch ein Unterschied, ob man sich unsicher *fühlt* oder ob man *weiß*, dass man unsicher ist. Das Gefühl kommt natürlich zuerst, aber verschiedene Menschen nehmen es unterschiedlich wahr. Einige werden von ihm überwältigt und lassen es ihr gesamtes Bewusstsein dominieren. Sie werden motorisch unruhig, verwirrt und können nicht mehr zusammenhängend denken. Einige werden völlig passiv in der Beziehungsgestaltung, andere ziehen sich ganz zurück. Die jeweilige Reaktion ist abhängig davon, was sich in früheren Beziehungen, in denen sich diese Reaktionsmuster etablierten, am sichersten anfühlte. Diese Art und Weise, *nicht* zu seiner Unsicherheit zu stehen und stattdessen ihr Opfer zu werden, führt oft zu Verwirrung und Unsicherheit in der Erwachsenen-Kind-Beziehung.

Anstatt Opfer seiner eigenen Unsicherheit zu werden, kann man lernen, sich der Situation entsprechend zu verhalten, z. B. wenn man eine Frage gestellt bekommt, auf die man keine Antwort weiß und man mit der eigenen fachlichen Unsicherheit konfrontiert wird. Auch hier kann man sein eigenes Opfer werden und »sich dumm vorkommen«, man könnte aber auch sagen: »Ich kann die Frage nicht beantworten, aber ich werde die richtige Antwort herausfinden« oder auch: »Was die Antwort betrifft, bin ich unsicher, aber ich bin mir sicher, was ich mit meiner Unsicherheit anfangen will.« Eine solche Verhaltensweise der eigenen Unsicherheit gegenüber ist authentisch, d. h. sie stimmt überein mit der inneren Stimme, die sagt: »Ich fühle mich unsicher, und ich möchte, dass dies aufhört.« Ein lähmendes Gefühl von Unsicherheit ist nicht authentisch, sondern Ausdruck eines angelernten Verteidigungsmechanismus'. Es ist nicht die Unsicherheit selbst, die untätig macht, sondern es ist die angelernte Verhaltensweise, mit Passivität auf Unsicherheit zu reagieren. Die Anerkennung der eigenen Unsicherheit erhöht dagegen das Selbstgefühl, weil sie authentisch ist, weil man einen neuen Bereich der Unsicherheit entdeckt hat und weil es gelungen ist, sich ihm gegenüber akzeptierend und dynamisch zu verhalten, statt sich selbst nur zu kritisieren.

Persönliche Verletzbarkeit der Fachkraft

Erwachsene haben oft das Gefühl, eigene Schwächen würden sie verletzlich machen. Das ist aber nur dann der Fall, wenn sie ihre Unsicherheit nicht akzeptieren oder wenn die Art, sich von der Unsicherheit zu distanzieren, nicht der eigenen Persönlichkeit entspricht. Das bedeutet jedoch nicht, dass man unverletzbar sein könnte oder dass Kinder, Eltern, Schulleiter und Kollegen nicht absichtlich oder zufällig verletzen könnten. Je häufiger es der Lehrkraft gelingt zu zeigen, dass sie – z. B. im Zusammensein mit Kindern – verunsichert worden ist, desto größer ist die Wirkung auf die Erwachsenen-Kind-Beziehung. Die Kinder werden ruhig und vertrauensvoll, weil sie einen Erwachsenen erleben, dem es nicht nur genauso ergeht, wie ihnen manchmal selbst, sondern der obendrein auch noch weiß, wie er mit dieser Situation umgehen kann. Dies kann die Qualität der zwischenmenschlichen Beziehung und des gesamten Gruppenklimas verbessern, weil zugleich die klare Botschaft vermittelt wird, dass es vollkommen in Ordnung ist, in Bezug auf eine Sache oder sich selbst unsicher zu sein. Und durch dieses Verhalten wird die Lehrerin für die Kinder zu einem Menschen, mit dem sie sich identifizieren können. So verbessert sich die Qualität der persönlichen Beziehung und das Selbstgefühl der Kinder.

Einfluss der emotionalen Reaktion auf die Beziehung

Authentizität wird häufig damit verwechselt, »den eigenen Gefühlen treu zu bleiben«, doch dies ist eine etwas problematische Vereinfachung. Es ist zwar richtig, auf der Suche nach Authentizität seine Gefühle als Ausgangspunkt ernst zu nehmen, aber bisweilen sind nicht alle Gefühle authentisch. Einige von ihnen sind Repräsentationen (Stern, 1997), andere werden von der Einstellung bedingt, und wieder andere sind kulturelle und erziehungsbedingte Spiegelungen der eigentlichen Grundgefühle. Wahrscheinlich lernen die wenigsten Menschen im Laufe ihres Lebens, zwischen diesen verschiedenen Ursachen zu unterscheiden, aber prinzipiell sollten Fachleute sich nicht davon abhalten lassen, spontan emotional in ihren professionellen Beziehungen zu reagieren. Wenn man wütend, traurig oder ängstlich ist, herrscht dieses Gefühl im Moment auch in der Beziehung vor. Selbst wenn es nicht sehr authentisch ist, bestimmt es den Charakter dieser Beziehung und gehört zu ihr – eben so, wie man es am besten ausdrücken kann.

Wenn dieser Gefühlsausbruch einen destruktiven Einfluss auf die Beziehung hat oder aus anderen Gründen näher untersucht werden sollte, kann dies in der Beziehung selbst oder in einer Supervision nachträglich bearbeitet werden. Es ist hier wichtig, zwischen *destruktivem* und *negativem* Einfluss zu unterscheiden. Destruktiver Einfluss bedeutet, dass die Integrität eines anderen Menschen verletzt wird und/oder dass der pädagogische Prozess nicht länger einem pädagogischen Ziel dient. Negativer Einfluss heißt, dass man wütend, traurig oder nur irritiert und abweisend wird, und das ist ein unumgänglicher und oftmals konstruktiver Aspekt jeder Beziehung. Die Gefühle, die wir ab einem bestimmten Zeitpunkt in unserer gemeinsamen Geschichte als »negativ« bezeichnet haben, sind dadurch gekennzeichnet, dass sie für einen kurzen Moment mit dem Erleben von Ungleichgewicht, Disharmonie und Angst vor den Folgen verbunden sind. Sie sind nicht negativ im Sinne von schlecht, weder für den Einzelnen noch für die Gruppe. Sie sind eine Art Rauchsignal, das die Aufmerksamkeit auf etwas hinlenkt, was der Identifizierung und Handhabung bedarf.

Gewöhnlich betrachten wir diese Gefühle als misslich und im fachlichen Zusammenhang als unprofessionell, weil sie Erwachsenen nur in dem Maße zugestanden werden, wie sie im Hinblick auf das Verhalten der Kinder als »objektiv« gerechtfertigt gelten können. Dieses selektive Kontrollieren der Gefühle der einen Partei verstärkt deren Widerstand und Angst, trägt jedoch nicht zur verstärkten Autorität der Lehrkraft bei.

Schauen wir uns noch einmal den Dänischunterricht in der 1. Klasse an: Für die Lehrerin ist es häufig so, dass ihre Unsicherheit dann auftaucht, wenn sie ihre Unterrichtspläne nicht durchführen kann. Das ist vor allem dann der Fall, wenn die Kinder sich als eigenständige Persönlichkeiten und nicht nur lernwillige Schüler einbringen, wenn sie so sind, wie Kinder eben sind, und sofort am Konzept der Lehrerin, was wann gelernt werden soll, mitarbeiten. Viele Gedanken und Gefühle gehen ihr dann durch den Kopf, während sie gleichzeitig versucht, mit dem Tagespensum, dem großen »I«, anzufangen: Ist das etwa zuviel verlangt, sich jetzt darauf zu konzentrieren? Es ist einfach unglaublich, dass sie nicht ruhiger sind, können die Eltern nicht dafür sorgen, dass sie motiviert in die Schule kommen und lernen wollen? Und Daniel hat wohl schon wieder kein Frühstück bekommen? Das kann doch wohl nicht angehen, dass Alexander sich immer so in den Mittelpunkt stellen muss ...

Häufig muss der Lehrerin geholfen werden, ihre Gedanken von dem, was bei den Kindern los ist, weg- und auf sich selbst hinzulenken: Was passiert mit mir? Wie gelingt es mir, meine persönliche Autorität authentisch auszudrücken und die Leitungsverantwortung weiter zu übernehmen, und wie verhalte ich mich zu der Unsicherheit, die ich bei mir selbst bemerke?

Der anerkennende und authentische Ausdruck

Sich in der Beziehung zu einem Kind anerkennend und authentisch ausdrücken zu können hängt in hohem Maße davon ab, wie weit die Lehrerin im oben erwähnten Prozess gekommen ist. Unsicherheit drückt sich oft in Unzufriedenheit mit anderen und deren Reaktionen aus. Wenn dieser wenig hilfreiche Fokus geändert werden soll, muss die Aufmerksamkeit auch darauf gerichtet werden, wie die Lehrerin sich fühlt, was sie tut, und wie dies die Beziehung und damit das Kind beeinflusst. Konzentriert sich die Lehrerin ausschließlich darauf, wie die Kinder sind, dann sollte diese Problematik in einer Supervision oder kollegialen Reflexion bearbeitet werden. Ist sich die Lehrerin hingegen bewusst, welche Bedeutung die eigenen Verhaltensweisen haben, und kennt sich selbst gut genug, sodass sie sich in der authentischen Beziehung ausdrücken kann, dann kann sie mit den Kindern über die Beziehung und ihre Unsicherheiten sprechen: »Ich weiß, dass ihr noch mehr über den Buchstaben ›I‹ lernen solltet, aber ich weiß nicht, ob dies hier der beste Weg dazu ist. Könntet ihr mir vielleicht dabei helfen?« Häufig sind Kinder erstaunlich kreativ, wenn sie merken, dass Erwachsene wirklich ihre Hilfe brauchen und es sich nicht nur um einen »pädagogischen Trick« handelt. Bei älteren Kindern kann sich das Gespräch sehr differenziert entwickeln und hilfreich für die Lehrerin und ihr Selbstverständnis als Lehrkraft sein. Aber sogar mit Erstklässlern ist es möglich, ein inspirierendes Gespräch zu führen.

Diese Art, sich an die Kinder zu wenden, hat auch den Vorteil, dass sie sehr respektvoll ist und nicht den Kindern die Schuld an den Schwierigkeiten der Lehrerin gibt. Es ist positiv, wenn Kinder etwas über Respekt lernen, indem sie von der Lehrerin respektvoll behandelt werden, und wenn sie nicht nur wie früher Respekt vor Erwachsenen haben, weil die Erwachsenen dies einfordern. Das schafft Raum für wirklichen, gegenseitigen Respekt, d. h. Respekt beider Parteien vor der jeweiligen persönlichen Integrität des anderen. Die Authentizität der Lehrerin, die in persönlicher Sprache zum Ausdruck gebracht wird, ist dabei ein Schlüsselelement, gegenseitige Missachtung und Respektlosigkeit zu ersetzen und überflüssig zu machen.

Die persönliche Sprache

Persönliche Sprache in professionellen Beziehungen definieren wir hier als die Sprache, mit der die fachpersönlichen Gedanken, Werte und Gefühle der jeweiligen Lehrerin in einem Gesamtausdruck vermittelt werden, wobei eine maximale Übereinstimmung zwischen dem persönlich Erlebten, der fachlichen Perspektive und dem äußerlichen Ausdruck angestrebt wird und sich gleichzeitig für die Sprechende ein Erkenntnisprozess vollzieht. Persönliche Sprache ist somit der zu jeder Zeit authentischste Ausdruck der fachpersönlichen Integrität.

In Bezug auf das Bedürfnis nach gegenseitigem Respekt geht es Kindern ebenso wie Erwachsenen: Sie möchten am liebsten mit solchen Menschen zusammen sein, die sie respektieren können und von denen sie selbst respektiert werden, denn dann haben sie die Möglichkeit, Respekt vor der Person des anderen zu erlernen und nicht vor der Macht, die durch sie repräsentiert wird. In der Machtkonstellation wird die direkte, persönliche Kommunikation durch eine indirekte und unpersönliche ersetzt. Hier geht es nicht um gegenseitigen Respekt, sondern der Erwachsene nutzt Konsequenzandrohungen und Strafen, in der Erwartung, das Kind werde diese respektieren. Die Botschaft lautet: *Ich gebe es auf, dir Respekt für mich als Fachperson abzuverlangen, und baue stattdessen etwas zwischen uns auf, vor dem du hoffentlich größeren Respekt hast.*

Diese Botschaft ist letztlich selbstdestruktiv, weil sie beim Kind keinen Respekt hervorruft, sondern Unbehagen, Angst, strategisches Verhalten oder Apathie. Hinter den beiden oben genannten Vorgehensweisen liegen zwei sehr unterschiedliche und grundsätzlich miteinander unvereinbare Wertvorstellungen. Im ersten Beispiel zeigt und erwartet die Lehrerin Verantwortung, im anderen übt sie Macht aus und erwartet Gehorsam. Die Unvereinbarkeit liegt darin, dass unterschiedliche Grade von Gehorsam eingefordert werden können – er kann abgemildert, verschärft, demokratisiert werden –, was bei Verantwortung und Integrität nicht geht. Man kann teilweise gehorsam oder ungehorsam gegenüber Autoritäten sein, aber nicht teilweise oder zeitweise verantwortlich für sich selbst.

Nach unseren Erfahrungen lehnen die meisten skandinavischen Lehrkräfte Machtmissbrauch z. B. durch Anwendung von Strafen ab. Wenn sie sich in die Enge getrieben oder hilflos fühlen und nicht weiter wissen, neigen sie dann aber doch oft dazu, in die alte Gehorsamkeitskultur zu flüchten und sich deren Werte anzueignen. Ähnliches gilt für viele Eltern. Die Folge ist, dass Kinder mit zwei unvereinbaren Formen von Erwachsenenverhalten konfrontiert werden, die die meisten Kinder unter zwölf Jahren nicht überschauen und intellektuell bewältigen können, auch wenn sie die Unstimmigkeit deutlich erleben. Dies ist destruktiv, sowohl für die Selbsterfahrung des Kindes, als auch für das Erleben der Erwachsenen.

Das Schlimmste ist jedoch die Unsicherheit und Verwirrung in Bezug auf die Verantwortlichkeit, die das Verhalten der Erwachsenen hervorruft. So ist es möglich, dass bei Schwierigkeiten ein Erwachsener sein inneres Erleben mit den Worten zum Ausdruck bringt: »Du machst es schwer für mich, meine Arbeit zu tun, also trägst du die Verantwortung für mein Verhalten.« Wenn der Umgang mit dem Kind für die Lehrerin einfach ist, dann könnte sie folgendes Muster aktivieren: »Ich mache das schon gut so, wie ich es mache.« Im ersten Fall wird das Kind für das Erwachsenverhalten verantwortlich gemacht, und dies ist in jedem Fall für alle Beteiligten destruktiv. Auf diese Weise verlieren Kinder ihr Vertrauen in die Werte der Erwachsenen und den Glauben an ihren eigenen Wert. Es ist dieses unstimmige Verhalten der Erwachsenen, das sie dazu verleitet zu glauben, die Kinder bekämen jetzt die Konsequenzen für ihr Verhalten zu fühlen. Das Ergebnis ähnelt oberflächlich einem Kinderregime, in Wahrheit zeugt es aber von mangelnder erwachsener Integrität und Autorität, was gleichermaßen destruktiv für alle Beteiligten und deren gegenseitige Beziehung ist.

Die persönliche Sprache der Lehrerin und die Einladung an die Kinder, ihre eigene Sprache zu entwickeln, beugt am effektivsten diesem Verhalten in der pädagogischen Erwachsenen-Kind-Beziehung vor. Der Effekt der Vorbeugung ist sowohl in Bezug auf die existenzielle als auch auf die soziale Dimension gleich – und damit auch wichtig für die fachliche Dimension.

Lehrer müssen die volle Verantwortung für die Qualität der Beziehung übernehmen

Was die Interaktion zwischen Erwachsenen und Kindern betrifft, liegt die Verantwortung für die Qualität der Beziehung und deren Folgen ausschließlich bei den Erwachsenen.

Das bedeutet für die 1. Klasse, dass ausschließlich die Lehrerin die Verantwortung dafür trägt, einen Lern- und Entwicklungsprozess im Klassenraum zu ermöglichen. Dies schließt nicht aus, dass die Lehrerin die Kinder mit einbezieht, was für ihre umfassende persönliche Entwicklung notwendig ist. Aber es ist dennoch die Lehrerin, die im Rahmen ihrer Leitungsrolle Lösungen auswählt und dafür verantwortlich ist.

Es gibt zwei Gründe dafür, dass der Erwachsene die alleinige Verantwortung für die Qualität der Interaktion trägt. Zum einen sind Kinder nicht dazu in der Lage, Verantwortung für ihre Beziehungen zu Erwachsenen zu übernehmen. Sie können zwar Meinungen, Vorschläge und Änderungswünsche haben, aber die Verantwortung dafür können sie nicht übernehmen. Aus diesem Grund können die demokratischen Werte keine ausreichende Grundlage für eine Erwachsenen-Kind-Beziehung darstellen. Jedes Mal, wenn Kindern, direkt oder indirekt, Verantwortung für ihre Beziehung zu Erwachsenen auferlegt wird, beeinträchtigt dies ihre Entwicklung und führt zu einer schlechteren Beziehungsqualität. Dies geschieht in Familien, in denen die Erwachsenen unfähig zur Leitung sind, ebenso wie in Lehrer-Schüler-Beziehungen, in denen die Erwachsenen sich abwehrend gegenüber den Kindern verhalten oder mit ihnen in destruktive Konflikte verwickelt sind. Es ist dann ein Nachteil für die Kinder, dass sie kooperieren und automatisch versuchen, das Vakuum auszufüllen, das die Erwachsenen hinterlassen.

Auf ein solches Verhältnis wird häufig verwiesen, wenn man von Schulklassen oder Familien spricht, wo die Kinder »die Macht ergriffen« haben. Man hält dies berechtigter Weise für schädlich. Kinder ergreifen jedoch nie »die Macht«, und wenn es so aussieht, dann nur, weil die Erwachsenen die Verantwortung für den Beziehungsprozess nicht annehmen wollen oder können. Kinder sind natürlich im Rahmen eines demokratischen Prozesses daran interessiert, auf die *inhalt-*

liche Dimension Einfluss zu nehmen, aber wenn sie »alles beherrschen«, ist eine destruktive Erwachsenen-Kind-Dynamik Schuld daran. Und dies können die Kinder ebenso wenig wie viele Erwachsene sprachlich ausdrücken, weshalb sie es indirekt mit Hilfe ihres sonstigen Verhaltens tun. Hinzu kommt, dass die Summe aus faktischer Macht, mehr Erfahrung und daraus resultierendem größeren Überblick über Lebenszusammenhänge (in Familien kommt noch die gefühlsmäßige Abhängigkeit hinzu) die asymmetrische Beziehung konstituiert.

Über viele Generationen hinweg ist es so gewesen, dass die Erwachsenen die Verantwortung für die Qualität ihrer Beziehung zu Kindern dann ganz ablehnten, wenn sie von Konflikten geprägt war, und so ist es auch heute noch oft in den Schulen. In beinahe allen öffentlichen Verlautbarungen werden Kinder (und ihre Eltern) als die Ursache unbefriedigender professioneller Beziehungen bezeichnet. Wo dies nicht auf allgemeiner Unkenntnis beruht, ist dies unserer Meinung nach ein ethischer Schandfleck der Pädagogik, den zu entfernen sich Aus- und Fortbildungsinstitutionen zum Ziel setzen sollten.

Ob und wie die Lehrkräfte diese entscheidende Verantwortungsübernahme in die Praxis umsetzen, lässt sich oft aus ihren persönlichen Aussagen ableiten. Wenn sie z. B. traditionellerweise gelernt haben, es sei professionell korrekt, dem Kind die Verantwortung in Form von Belehrungen, Kritik und Schuldgefühlen aufzuladen, könnte die Lehrerin Folgendes über die 1. Klasse sagen:

> Claudia wirkt schwach im Kontakt und ist abwesend.

> Eine mögliche Alternative dazu wäre:

> Im Zusammensein wirkt Claudia nicht am Kontakt mit mir interessiert, und es fällt mir schwer, mit ihr in Kontakt zu treten. Wir müssen sie uns in verschiedenen anderen Beziehungen vorstellen.

> Oder es heißt:

Die 1. Klasse ist ein verwöhnter Haufen. Die meisten von ihnen sind gewöhnt, für alles einen Diener zu haben, und sie sind so anspruchsvoll, dass es unmöglich ist, mit dem Unterricht zu beginnen.

Die Alternative:

Es fällt mir schwer, ein gutes Lernklima in der 1. Klasse herzustellen. Ich muss jedes einzelne Kind besser kennen lernen, damit ich meine Bemühungen so auf ihre Bedürfnisse ausrichten kann, dass es mir selbst damit gut geht und ich das Pensum einhalten kann.

Die traditionellen Aussagen bürden die gesamte Verantwortung dem Kind auf und schließen gleichzeitig seine Sicht aus. Die alternativen Aussagen haben den doppelten Vorteil, dass sie die Verantwortung beim Erwachsenen belassen und die Sicht des Kindes mit einschließen. Pädagogische Interventionen mit diesem Vorteil bestätigen oder verbessern die Qualität der Beziehung und helfen meist auch, das auffällige Verhalten des Kindes zu dämpfen oder zu eliminieren. In diesem Zusammenhang ist es von geringer Bedeutung, dass die Lehrerin-Kind-Beziehung hier die Hauptursache für das Verhalten des Kindes bzw. nur ein weiteres destruktives Element in der kindlichen Lebenswelt ist. Kinder und Erwachsene, die sich nicht entwickeln, benötigen genau das Gleiche in ihren wichtigen Beziehungen: gesehen, gehört und ernst genommen zu werden. Es gibt nichts Hinderliches am strukturellen Rahmen, an den Zielsetzungen oder Ressourcen der Schule, das erschweren könnte, diese Qualitäten in das professionelle Verhalten der Erwachsenen zu integrieren.

Das Verhalten der Kinder beeinflusst die Qualität der zwischenmenschlichen Beziehung zu den Erwachsenen und wird umgekehrt von ihnen beeinflusst. Doch auch dann, wenn der Einfluss der Kinder sehr groß zu sein scheint, tragen die Erwachsenen die volle Verantwortung für die Qualität der Beziehung. Kinder sind mitgestaltend, aber nicht mitverantwortlich. Erwachsene haben die gleichen Bedürfnisse, gesehen, gehört und ernst genommen zu werden. Doch dies gelingt nur in dem Maße, wie sie an der Verantwortung für die Beziehung festhalten und verantwortlich handeln – inhaltlich und prozessual.

Die persönliche Entwicklung der Fachkraft

Bisher haben wir beschrieben, aus welchen Elementen Beziehungskompetenz besteht. Nun wollen wir betrachten, was sie aufrechterhält und welche Möglichkeiten es im Schulalltag gibt, sie weiterzuentwickeln. Es ist verhältnismäßig neu, sich als Lehrkraft mit dieser Frage zu beschäftigen. Bis vor kurzem wurde das persönliche, äußere Verhalten einer Lehrerin in professionellen Beziehungen, solange es nicht kriminell war, als ihre Privatangelegenheit betrachtet. Die vollständige Trennung von Persönlichkeit und professioneller Rolle stellte das fachliche Ideal dar. Ein solches Verständnis von Professionalität wird heute immer weniger akzeptiert; vielmehr wird immer stärker die Auffassung vertreten, dass es nicht nur unmöglich, sondern aus verschiedenen Gründen gar nicht wünschenswert ist, die angestrebte Objektivität zu verwirklichen. Persönliches und fachliches Verhalten sind so eng miteinander verknüpft, dass ihre Trennung widersinnig erscheint.

In jeder professionellen Arbeit mit Menschen haben die Ausstrahlung, das Wesen und die Durchsetzungskraft der Fachkraft große Bedeutung für die Qualität der professionellen Beziehung. Belegt wird dies u. a. durch Untersuchungen in anderen, verwandten Bereichen (Sozialpädagogik und Psychotherapie, siehe z. B. Spinelli, 1998). Hier haben die Betroffenen (Klienten, Schüler) hervorgehoben, dass das *persönliche* Da-Sein und das Engagement der Fachperson sowie der sinnvolle, *persönliche* Kontakt für sie das Hilfreichste an der professionellen Beziehung war. In anderen Untersuchungen (Kildedal, 1995) bezeichneten sie das Fehlen solcher Qualitäten als das, was sie in ihrem selbstdestruktiven Verhalten festhielt. Durchgängig wurde festgestellt, dass die Schüler und Klienten der Ausbildung und dem Status der Fachpersonen nur sehr geringe Bedeutung beimessen. Wenn wir unsere eigenen Erfahrungen berücksichtigen, deutet alles darauf hin, dass es sinnvoll wäre, eine *strukturierte, persönliche Entwicklung der Fachkraft* als dasjenige Moment anzusehen und zu fördern, das die pädagogischen Werte sichert und die Beziehungskompetenz der Mitarbeiter stärkt. Als Folge dieser Erkenntnis muss es die Aufgabe von Ausbildungs- und Fortbildungseinrichtungen sein, darauf zu achten, dass jede einzelne Lehrkraft optimal an ihren persönlichen Qualitäten, ihren Stärken und Schwächen, arbeitet kann, sodass sie Zugang zu den Ressourcen bekommt, die die persönlichen Qualitäten für das Unterrichten ausmachen.

Obwohl man heutzutage die Persönlichkeit in ihrer Bedeutung für das Wirken einer jeden Lehrerin anerkennt, bedeutet dies noch lange nicht, dass im Job oder in der Ausbildung Möglichkeiten geschaffen werden, an der persönlichen Entwicklung zu arbeiten. Dies ist zum Teil durch hinderliche Einstellungen bedingt, zum Teil durch finanzielle und strukturelle Hindernisse. Die im Schuldienst hoch gepriesene Methodenfreiheit hat wie eine Schutzmauer gegen jede Möglichkeit gewirkt, auf die jeweilige Unterrichtspraxis direkt zu reagieren. Seitdem es in Dänemark Pflicht wurde, in den einzelnen Klassen in Teams zusammenzuarbeiten, kommt man immer weniger darum herum, den anderen gegenüber direkter als Lehrkraft aufzutreten. Hier herrschen noch recht große Berührungsängste, vielleicht gerade weil das Fachliche und das Persönliche so eng verschmolzen sind und man nicht auf das Fachliche reagieren kann, ohne nicht auch das Persönliche zu berühren. Es fällt dann schwer, die beliebte Redensart »Das ist doch nicht persönlich gemeint ...« weiter zu benutzen.

Wenn man davon ausgeht, welche Eigenschaften früher einer guten Lehrerin zugeschrieben wurden, kann man leicht nachvollziehen, wie folgenschwer Äußerungen über die Persönlichkeit des anderen sind. Die Aspekte, die für Beziehungskompetenz und fachpersönliche Entwicklung wesentlich sind, wurden früher als weitgehend angeboren betrachtet. Wenn man z. B. als frisch ausgebildete Lehrerin keine persönliche Autorität besaß, erhielt man sie nie. Heute wissen wir, dass die meisten von uns sie erlernen können und dass wir uns das ganze Leben lang fachlich und persönlich weiterentwickeln können. Das macht es weniger schwierig, die Gedanken- und Handlungsmuster zu verändern, die uns das Auftreten als Lehrkraft erschweren. Es ist absolut entscheidend für die Arbeit an der fachpersönlichen Entwicklung, dass jeder Beteiligte auch dazu bereit ist. Um »Ja« sagen zu können, muss man zunächst auch »Nein« sagen können, um dann zu wissen, wozu man im gegebenen Fall »Ja« sagt. Wenn man sich dazu entschließt, strukturiert an seiner fachpersönlichen Entwicklung zu arbeiten, ist es wesentlich, dass sich alle darüber im Klaren sind, welche Prozesse in Gang gesetzt und/oder gefördert werden. Dies erfordert Überlegungen zur *Struktur*, zum *Inhalt* und zum *Prozess* in der Zusammenarbeit.

Man kann z. B. einen pädagogischen Wochenendkurs machen, in dem zum einen Wissen vermittelt wird, was Beziehungskompetenz ist und warum man in diesem Zusammenhang an der fachpersönlichen Entwicklung arbeiten muss. Zum anderen kann man beobachten, wie ein solcher Prozess abläuft. Wir haben gute Erfahrungen gemacht, wie man hier vorgehen kann: Eine Mitarbeitergruppe, die Lust und Mut dazu hat, den ersten Schritt zu tun, fängt mit dem Prozess an, ohne dass das gesamte Kollegium ebenfalls dazu angehalten wird. Eine weitere Differenzierung kann darin bestehen, dass die Teams oder Mitarbeitergruppen, die zur kollegialen Reflexion oder Supervision entschlossen sind, von vornherein abgrenzen, womit sie sich beschäftigen wollen, so dass die Gruppe fortlaufend den Inhalt der Arbeit auf die Bedürfnisse und Wünsche jedes Einzelnen abstimmt.

Struktur

Die aktuelle Struktur von Teams, die um die jeweiligen Klassen herum aufgebaut werden, gewährleistet bereits die Einbeziehung bestimmter Aspekte fachpersönlicher Entwicklung. Darüber hinaus wäre eine Struktur hilfreich, die die Bildung kollegialer Reflexionsgruppen oder Supervisionsgruppen ermöglicht. In den jetzt schon stattfindenden Mitarbeitergesprächen kann eine Lehrkraft mit der Leitung besprechen, was ihre *fachpersönlichen* Ziele und Entwicklungswünsche sind und wie diese finanziell und strukturell realisiert werden können. Auch im Klassenzimmer, in der Begegnung mit den Kindern und Eltern, kann man an der fachpersönlichen Entwicklung arbeiten. Es steht also schon heute ein großzügiger struktureller Raum zur Verfügung. Eine mögliche Ergänzung wäre Supervision und die Bildung von kollegialen Reflexionsgruppen.

Inhalt

In persönlichen wie auch fachpersönlichen Kontexten ist es oft sehr schwierig, ein Feedback zu geben, das sowohl unterstützend als auch herausfordernd ist. Genauso schwierig ist es, das richtige Gleichgewicht zwischen übertriebener Selbstkritik und unreflektierter Selbstgefälligkeit zu finden. Eines der häufigsten Probleme scheint unsere Angewohnheit zu sein, Psychologie mit Moral zu vermischen – eine Tradition, in der die teilweise inkompetente Lehrkraft gleich als schlechter Mensch hingestellt wird. Um zu einer sachlicheren Betrachtung beizutragen, arbeiten wir mit dem Begriff »Ich-Differenzierung« des amerikanischen Psychiaters Murray Bowen. Dieser Terminus beschreibt zum einen die Fähigkeit eines Individuums, innerhalb enger Beziehungen im Kontakt mit eigenen Bedürfnissen, Grenzen, Gefühlen und Werten zu sein, zum anderen, zwischen Gefühlen und Werten zu unterscheiden.

Bowen hat eine so genannte Differenzierungsskala entwickelt, die Stufen oder Phasen auf dem Weg zur vollständigen Differenzierung darstellt.

0 25 50 75 100

Die Differenzierung umfasst zunehmende emotionale Toleranz, d. h. die Fähigkeit, emotionale Spannung auszuhalten sowie Konflikt und Intensität; sie führt weg von der Reaktivität, also von der Haltung, sich selbst nur als völlig von der Umgebung bestimmt zu erleben (was mit Selbstaufgabe, Opfermentalität, Unterwerfung verbunden ist) und gelangt über Konsenssuche zur Selbstbehauptung und schließlich zur Fähigkeit, zu differenzieren und Eigenverantwortung zu übernehmen. Die entsprechende Regressionslinie beinhaltet die Rückkehr zu unreiferem, abhängigem Verhalten.

0–25:
Geringste Differenzierung, hoher Grad an Verschmelzung (Konfluenz); gefühlsgesteuert, umweltgesteuert, oft ohne Kontakt zu eigenen Gefühlen; Lebensziel ist die Vermeidung von Unbehagen und Konflikt; häufig von Abhängigkeit geprägte Beziehungen zu anderen.

25–50:
Schwach differenziertes Ich, vorwiegend gefühlsgesteuert, abhängig von Harmonie; fehlende oder niedriges Maß an Selbststeuerung und Zielstrebigkeit; Tendenz zur Unterwerfung gegenüber äußeren Autoritäten und Systemen mit simpler, überschaubarer Weltauffassung; autoritär oder unterwerfend.

50–75:
Verhältnismäßig hoher Grad an Differenzierung; niedriger Grad an Verschmelzung; angemessen präzise definierte und differenzierte Meinungen und Werte; geringere Basis für Projektionen; weiterhin Tendenz zu Konformität und Bedürfnis nach Akzeptanz von außen; weiterhin gewisse Angst bei Konfliktsituationen, in denen Stellungnahme abverlangt wird.

75–100:
Vom Inneren gesteuert, in sich selbst ruhend, undogmatisch; differenziertes Gefühlsleben, klare Werte, hohe Toleranz; gemeinwesenorientiert und verantwortlich; Fähigkeit, sich intensiv auf andere einzulassen.

Je länger man im unteren Bereich der Skala verortet ist, desto stärker angstauslösend ist es, einen persönlichen Entwicklungsprozess zu beginnen. Das Grundgefühl ist Angst, und das Ich, das nach Entwicklung sucht, ist sehr abhängig von der Umwelt. Weiter oben auf der Skala ist es dagegen von Vertrauen und Selbstbestimmung geprägt. Mit anderen Worten: Je unsicherer man sich seiner selbst ist, desto schwerer ist es, sich selbst und sein eigenes Verhalten in Frage zu stellen, ohne dabei das Gefühl zu haben, sich zu verlieren. Diese mit geringer Selbst-Differenzierung einhergehende Angst drückt sich sehr unterschiedlich aus. Das Spektrum reicht von übertriebenem Selbstvertrauen und Selbstüberschätzung, die die Beschäftigung mit Beziehungskompetenz und der fachpersönlichen Praxis überflüssig erscheinen lassen, bis hin zu völliger Unsicherheit in Bezug auf nahezu alles, was mit der Lehrtätigkeit zu tun hat.

Welchen Ausgangspunkt auch immer der Einzelne auf der Skala hat, bei jeder Entwicklung ist es ein Schritt ins Ungewisse. Dass dies entweder erschreckend oder verlockend oder beides zugleich scheint, ändert nichts an der Tatsache, dass immer auch das Risiko des Rückschritts, der Regression und der unreiferen Verhaltensweisen besteht. Es scheint jedoch, dass selbst gewählte Entwicklungsprozesse harmonischer verlaufen als erzwungene oder provozierte und dass sie eher kürzere als längere Regressionsphasen mit sich bringen.

Sich mit der eigenen Beziehungskompetenz zu beschäftigen erfordert auch, sich schwierigen Arbeitssituationen zu stellen. Steht man Personen gegenüber, die einen höheren Grad an Selbst-Differenzierung besitzen als man selbst, reagiert man typischerweise mit Faszination, Angst oder Distanzierung. In Situationen, in denen man in seiner Funktion als Fachperson auf Kinder oder Eltern stößt, die in gewissen Bereichen differenzierter oder persönlich besser integriert sind, besteht das Risiko, dass man seine eigene, fehlende persönliche Integrität und Autorität mit formeller Autorität und Machtanwendung abzusichern sucht.

Prozess

Gerade die Tatsache, dass es abschreckend sein kann, bewusst in einen Entwicklungsprozess einzutreten, macht es notwendig, sehr sorgfältig sowohl mit den Rahmenbedingungen dieser Arbeit als auch mit ihrer Durchführung umzugehen. Es ist hilfreich, wenn sich die einzelnen Teams Zeit dafür nehmen, sich mit Beziehungskompetenz und fachpersönlicher Entwicklung zu beschäftigen. Am Anfang einer Team-Zusammenarbeit könnte z. B. stehen, sich Zeit für folgende Fragen zu nehmen:

Worauf freue ich mich in der Zusammenarbeit?
Welche möglichen Fallgruben sehe ich/sehen wir gleich am Anfang?
Wenn ich eine Gebrauchsanweisung für mich als Fach-

person und Arbeitskollegin schreiben müsste, wie würde sie lauten?
Welche Fähigkeiten und Fertigkeiten besitze ich, die für meine Arbeit förderlich sind? Welche Schwächen und Schwierigkeiten habe ich, die meine Arbeit behindern können?

Falls sich die Kollegen schon gut kennen, könnte jeder eine Liste von den Fähigkeiten und Schwierigkeiten anfertigen, die die anderen Teammitglieder ihrer Meinung nach haben. Diese Liste könnte man anschließend miteinander diskutieren. Das erhaltene Wissen lässt sich dann für die fachpersönliche Entwicklung nutzen. Hierbei ist es absolut notwendig, dass der Prozess der Zusammenarbeit als unterstützend und motivierend empfunden wird, so dass eine Atmosphäre entsteht, in der man auch seine Schwächen zeigen kann, ohne dass dies gegen einen verwendet wird.

Ein Beispiel:

Stellen wir uns das Team der 8. Klasse vor. Karen ist eine der Lehrerinnen im Team und eine fähige Sprachlehrerin, aber ohne große Durchsetzungsfähigkeit, insbesondere außerhalb des Klassenraums. In der Schule gilt die Regel, dass man auf den Fluren nur gehen und nicht rennen, toben oder sich prügeln darf, und man darf nur miteinander reden, nicht schreien. Karen ist sich darüber im Klaren, dass sie sich bei den Schülern nicht richtig durchsetzen kann. Wenn sich die Kinder auf dem Gang prügeln, geht sie meistens einfach daran vorbei, ohne etwas zu sagen oder zu tun, zur großen Verärgerung einiger ihrer Team-Kollegen, die der Meinung sind, dass es allein an ihnen hängen bleibt, die Einhaltung der Regeln durchzusetzen. Typischerweise würde ein solches Problem so besprochen werden (wenn überhaupt und dann nur als Klatsch), dass man die »Einhaltung der Ordnungsregeln« erörtert und diskutiert, ob und inwieweit man mit diesen Regeln einverstanden ist oder nicht. Wenn man in diesem Team jedoch ein einleitendes Gespräch geführt und eine Kultur entwickelt hätte, in der man über die Beziehungskompetenz des Einzelnen reden und an ihr arbeiten kann, dann wäre es Karen möglich gewesen, von ihren Schwierigkeiten zu berichten und um Hilfe zu bitten, oder ein anderer hätte sich an sie wenden und ihr Hilfe anbieten können.

Ein Teil der Entwicklung von Beziehungskompetenz kann somit im Team erfolgen, dem die jeweilige Lehrerin sowieso schon angehört, und zwar sowohl in den Team-Gesprächen, als auch in der täglichen pädagogischen Zusammenarbeit, bei der Kinder und Eltern inspirierende Impulse für die fachpersönliche Entwicklung liefern können. Es gibt immer Kinder und Eltern einer Klasse, die eine besondere Herausforderung für die einzelne Lehrerin darstellen können. Glücklicherweise sind es nicht immer dieselben Kinder, die für alle Lehrer einer Klasse herausfordernd sind. Auf diese Weise ist es möglich, dass Kollegen, die sich nicht provoziert fühlen oder Schwierigkeiten mit dem Kind haben, Hilfestellungen geben können. Dies kann im Rahmen von kollegialer Reflexion innerhalb eines Teams geschehen oder von kollegialen Reflexionsgruppen, die quer zu den verschiedenen Teams eingerichtet werden. Letzteres hat den Vorteil, dass nicht alle Lehrerinnen in der Gruppe täglich in die Problematik verwickelt sind, was es leichter macht, sich auf die Perspektive der Hilfesuchenden zu konzentrieren.

Kollegiale Reflexion und Supervision

Sowohl kollegiale Reflexion als auch Supervision sind erst seit kurzer Zeit dabei, sich in der Volksschule zu etablieren. In anderen Einrichtungen, in denen man mit Kindern und Jugendlichen arbeitet, ist es schon länger Tradition, diese Instrumente zur Sicherung der fachpersönlichen Entwicklung und der Förderung des Einzelnen anzuwenden (s. auch Lund, 2000; Juul/Jensen, 2002). Die Supervision hat per definitionem reale Kompetenz- und Rollenunterschiede zum Ausgangspunkt, anders als die kollegiale Reflexion, bei der Fachleute mit gleicher Ausbildung, Erfahrung und Kompetenz zusammenkommen, d. h. im Prinzip Gleichgestellte einander beraten. Ziel der kollegialen Reflexion ist, die Kollegialität auszubauen, das Niveau der Fachkompetenz der Teilnehmer anzuheben und das fachliche Selbstgefühl und die persönliche Weiterentwicklung innerhalb der Arbeit zu verbessern. Dies lässt sich dadurch erreichen, dass Kollegen mit Aufmerksamkeit, kritischem Bewusstsein und Hilfsbereitschaft die Reflexion einer Kollegin über ihre aktuellen Arbeitsaufgaben unterstützen (Juul/Jensen, 2002).

Die größte Schwierigkeit, kollegiale Reflexion oder Supervision einzurichten, besteht darin, ihren Wert hoch genug einzuschätzen und entsprechend genügend Zeit für sie einzuplanen, damit sie kontinuierlich stattfinden kann. Vor allem die Arbeit in kollegialen Reflexionsgruppen erfordert viel Zeit, weil man zunächst viel üben muss, um die Methode zu erfassen. Man braucht Unterstützung, um den Anfang zu bewältigen, und auch später, um die Methode in den ersten Jahren zu verfeinern. Auch Supervision erfordert Zeit und Lust, weil es, wie schon erwähnt, nicht Teil unserer Kultur ist, fachliche und fachpersönliche Unsicherheiten offen zu legen.

Von entscheidender Bedeutung ist hier die Einstellung der Leitung zu fachpersönlicher Entwicklung und Entwicklung von Beziehungskompetenz. Die Leitung hat eine große Verantwortung dafür, eine Kultur zu entwickeln und eine Atmosphäre zu schaffen, in der es möglich ist, an beidem zu arbeiten. Gerade dieser Bereich wird häufig zu niedrig eingestuft, und Stress und Erschöpfung sind die Folge. Wenn wir die Notwendigkeit einsehen, die Beziehungskompetenz der Lehrer und Lehrerinnen zu entwickeln, dann müssen auch die erforderliche Zeit und die entsprechenden Ressourcen dafür vorhanden sein.

Auf Grund dieser neuesten Kenntnisse über die Bedeutung der Beziehung für die kindliche Entwicklung und für die menschliche Entwicklung allgemein ist ihr Stellenwert für die Schaffung einer guten und kreativen Lernumgebung in der Schule gar nicht hoch genug einzuschätzen.

Christoph Huber

Stärkung psychosozialer Kompetenz im Rahmen von Theaterprojekten in Schulen

Vorbemerkungen

In dieser Publikation bin ich eigentlich der Exot unter den Autoren, weil ich vom Theater komme und in dieser Eigenschaft eher gewohnt bin, den Narren zu spielen oder als Pausenclown aufzutreten. Auch bin ich bestrebt, die Kinder und Jugendlichen aus der Schule weg ins Theater zu holen oder wenn ich in die Schule komme, alles durcheinander zu bringen.

Es geht in meinem Beitrag um »gefühlte Werte«, also um Beobachtungen, Einschätzungen und Interpretationen meinerseits. Sie basieren auf meiner 15-jährigen Erfahrung als Schauspieler, aber auch auf meiner Arbeit als Lehrer, Regisseur und Theaterpädagoge. Meine Ausführungen lassen sich kaum mit objektiven Maßstäben bewerten, sodass mein Beitrag eher den Charakter eines Beispiels hat.

Wie wenig objektivierbar die Resultate von Theaterarbeit sind, möchte ich Ihnen kurz an folgendem Beispiel erläutern: Vor fünf Jahren gefiel meine Darstellung des Soljoni in *Drei Schwestern* von Anton Tschechow am Deutschen Theater in Göttingen dem Übersetzer außerordentlich. Für einen Zuschauer, der sich in einem Nachgespräch sehr echauffiert hat, war ich dagegen überhaupt nicht vorhanden. Manche lobten meine Sprache (vielleicht weil ihnen meine leicht schweizerische Einfärbung sympathisch ist oder sie sogar sexy erschien) und andere wiederum meinten, mehr Sprechtechnik würde mir gut tun. Es gibt also im Theater nur schwer messbare Ergebnisse und so will ich mich darauf beschränken, Ihnen Beispiele aus meiner Arbeit der letzten Jahre vor allem mit Jugendlichen darzustellen, welche aber exemplarisch zeigen werden, wie sehr Theaterarbeit zur Entwicklung psychosozialer Kompetenz von Kindern und Jugendlichen beitragen kann.

Im Folgenden werde ich Ihnen Beispiele aus meiner Arbeit mit dem DreiGenerationenProjekt, der Inszenierung *Winner & Loser* von Lutz Hübner (2002) und der Vorstellung *Klamms Krieg* von Kai Hensel (2000) erläutern, und Ihnen daran aufzeigen, dass durch Projekte mit dem Medium Theater das Selbstwertgefühl und die Beziehungsfähigkeit Jugendlicher gestärkt wird.

Das DreiGenerationenProjekt

Dieses Projekt, das ich seit vier Jahren leite, besteht aus bis zu 24 Personen der Altersspanne von 13 bis 82 Jahren. Die Gruppe hat einen festen Kern, aber es gibt auch eine natürliche Fluktuation durch Schulwechsel, Studiumsbeginn, berufliche Veränderung, Überlastung, andere Aktivitäten, etc.

Als ich vor drei Jahren mit 27 Beteiligten angefangen habe, dachte ich: »Toll, bis in zwei Monaten sind's noch 16.« Aber die drei sind nur aus Berufsgründen weggegangen. Zu meinem Erstaunen bleiben die meisten, trotz manchmal großer Anstrengungen und Strapazen.

Die TeilnehmerInnen stammen aus allen Alterstufen, ein leichter Überhang an Frauen ist allerdings zu verzeichnen. Das »Mittelalter« zwischen 25 und 45 Jahren ist eher schwach vertreten. Bei den Jugendlichen ist es so, dass sie aus allen möglichen Schultypen kommen: Realschule, Gymnasium, Gesamtschulen und Waldorfschule. Bei den Erwachsenen ist auch ein breites Spektrum an Berufen zu erkennen: Hausfrau, Logopädin, Feuerwehrmann, Psychologe, Arbeitslose, etc. Auch bei den RentnerInnen: Töpferin, Oberstudienrat, Grundschullehrerin, etc.

Wir treffen uns einmal in der Woche für zwei Stunden, vor Premieren oder Events auch öfter. Wir arbeiten an verschiedenen Projekten und so haben wir in den letzten vier Jahren zwei Aufführungen am Deutschen Theater in Göttingen gezeigt, zwei Projekte in den Stadtbibliotheken Südniedersachsens gemacht. In einer Buchhandlung haben wir eine Lindgren-Nacht durchgeführt, bei der wir 17 Stunden gelesen und gespielt haben. Die Nacht war einmalig und für die Beteiligten und die ZuschauerInnen ein Erlebnis.

Das Mitmachen in dieser Gruppe wird nicht durch schauspielerische Begabung begründet, sondern durch Einsatz und Disziplin. Wiederkehrende Übungen sind eine wichtige Grundlage der Arbeit. Übungen zu Körper, Stimme und Sprache, zum Beispiel das Räkeln, ein »M« kauen, eine Stimmsitzübung, eine Explosivlautübung sind fester Bestandteil in meinen Projekten. Diese und andere Übungen mache ich immer wieder und bei häufigem Wiederholen entwickeln meine TeilnehmerInnen eine hohe Fertigkeit. Dadurch entstehen Rituale, die für die Projektarbeit enorm wichtig sind.

Die erarbeiteten Stücke sind meist so aufgebaut, dass jeder auch kurzfristig eine andere Rolle übernehmen kann – es weiß also jede/r, was die/der andere tut. Gerade bei den Jugendlichen ist der Einsatz besonders groß, was eigentlich erstaunlich ist, weil diese durch Schule und auch ihre vielen Freizeitaktivitäten häufig über wenig Zeit verfügen. Trotzdem scheint sich ein Engagement gerade in diesem generationsübergreifenden Projekt für sie zu »lohnen«. Dies lässt sich u. a. darin begründen, dass sie ernst genommen werden und den Erwachsenen gegenüber gleichberechtigt sind, eine Erfahrung, die sie im schulischen und familiären Umfeld häufig nicht machen. Gegenseitige Akzeptanz und Vertrauen sind grundlegende Merkmale der Zusammenarbeit. Es ist offensichtlich so, dass sie hier eine Heimat gefunden haben, wo sie sich auszuprobieren können.

Die Toleranz über die Generationengrenzen hinaus ist sehr hoch. Man arbeitet ohne Vorurteile miteinander und Konflikte entstehen eigentlich nur unter Gleichaltrigen, da diese denselben Erfahrungsstand haben. Nie habe ich abfällige Sätze über das Alter des jeweils anderen gehört.

Es entstehen natürlich auch komische Situationen, wenn z. B. die 13-Jährige der 82-Jährigen in einer Übung begegnet, wo es darum geht zu erzählen, was jeder heute getan hat, und die Jugendliche dann sagt: »Heute habe ich eine alte Freundin besucht« und die 82-Jährige fragt: »Eine alte?«

Kürzlich, bei einem Gespräch darüber, was zu einem neuen Thema erarbeitet werden soll, haben sich nach einer dreiviertelstündigen, intensiven, aber dennoch ohne erkennbaren Erfolg geführten Diskussion die beiden Jüngsten total echauffiert und gesagt: »Bei uns kommt immer die Lehrerin zur Theatergruppe und schlägt ein paar Sachen vor und wir wählen dann aus. Das geht dann viel schneller.« Die andere meinte: »Willst du das nicht alles aufschreiben, weil wir das bis zum nächsten Mal alles wieder vergessen haben?«

Beide haben eigentlich Recht, aber die Projektarbeit verläuft bewusst etwas anders, nämlich so, dass über einen längeren Zeitraum Ideen gesucht und verworfen werden, bis sich etwas Geeignetes herauskristallisiert. Ich erzeuge manchmal auch ganz bewusst eine Unsicherheit, weil die bei der Projektarbeit zu mehr Eigeninitiative führt, sodass nicht der Leiter für die Ideen und ihre Umsetzung verantwortlich ist, sondern alle ProjektteilnehmerInnen. Ich bin zwar derjenige, der wenn es sein muss, die Entscheidungen trifft und die auch aushalten muss, aber erst dann, wenn es in der Gruppe zu keiner eigenen Entscheidung kommt.

So gehört es auch zu meiner Arbeitsweise, dass ich nicht schon von vornherein weiß, wo alles hingeht und dann immer klüger als alle andern bin, sondern ich bin im Arbeitsprozess der Wegweiser und beschreibe, was ich gesehen habe.

Die Mitmachenden bekommen so ein großes Mitbestimmungsrecht, und zwar durch Beteiligung und Engagement. Die Identifikation mit der Gruppe und dem Ergebnis wird dadurch auch größer. So steigt auch das Selbstwertgefühl der Beteiligten, denn sie haben nicht nur ausgeführt, sondern selbst etwas erschaffen.

Was ganz entscheidend für diese Art der Arbeit ist, ist die Tatsache, dass es keine dummen oder blöden Einfälle oder Anregungen gibt. Oft zeigt sich in der Theaterarbeit sogar, dass gerade die einfachste und/oder vermeintlich dümmste Idee zur theatralen Lösung eines Problems beiträgt.

Im DreiGenerationenProjekt sind positive Veränderungen an der Leistungsfähigkeit der Beteiligten zu beobachten, z. B. in Stimme, Sprache und Körperlichkeit. Jeder hat sich in der Zeit verändert, weiterentwickelt. Die eigenen Grenzen zu erfahren und sie auch weiter zu stecken ist das Ziel. Grenzüberschreitungen und Überforderungen gehören dazu. Denn Grenzen kann man erst kennen, wenn man sie auch mal übertreten hat!

Und gemeinsam haben wir eine Sprache gefunden, miteinander umzugehen. Dies tritt vor allem zu Tage, wenn

Neue dazukommen. Doch eine Gruppe ist immer nur so gut, wie ihre Fähigkeit ist, sich Neuem zu öffnen. Und folglich gibt es da eigentlich kaum nennenswerte Schwierigkeiten.

Mit jeder neuen Arbeit beginnen alle wieder von vorn. Im Theater muss jedes neue Projekt, jeder Abend neu erfunden und durchlebt werden. Es gibt natürlich eine Routine, aber ich kann mich nie darauf verlassen, dass das, was gestern funktioniert hat, auch heute wieder funktioniert.

Im Verlaufe der Arbeit am DreiGenerationenProjekt haben sich für die menschliche Entwicklung der TeilnehmerInnen folgende Sozialkompetenzen herauskristallisiert:

- Abbau von Vorurteilen
- Gegenseitige Rücksichtnahme
- Zunahme der Kooperationsbereitschaft
- Verlegung der Toleranzgrenze
- Förderung der Bereitschaft, Verantwortung für sich und andere zu übernehmen
- Stärkung des Selbstbewusstseins durch Präsentation vor einer größeren Öffentlichkeit
- Feedback des Geschaffenen durch Applaus = Anerkennung

Arbeit am Stück »Winner & Loser«

»Meine Eltern sind ganz stolz auf mich. Sie hätten mir das nicht zugetraut. Ich bin auch froh, denn jetzt loben sie mich mal und sehen, dass ich vielleicht doch nicht so ein Loser bin, für den sie mich immer halten.« Das waren kürzlich die ersten Sätze eines 17-Jährigen, ich nenne ihn mal Robert, nach der Premiere des Stückes *Winner & Loser*, das ich am Deutschen Theater in Göttingen mit Jugendlichen in der Zeit von Sommer bis Herbst 2003 inszenierte.

Die Mutter von Robert sagte mir unmittelbar nach dem Stück, dass sie ganz begeistert von ihrem Sohn und der Aufführung sei, denn Robert habe ihr nichts Genaues über seine Rolle erzählt, außer, dass er einen langweiligen Typen spiele.

Das Stück *Winner & Loser* von Lutz Hübner (2002) spiegelt das Lebensgefühl von 15- bis 19-Jährigen wider. Unsere Idee war es, das Stück mit Jugendlichen zu besetzen, die genau das Alter haben wie die Jugendlichen, die im Stück beschrieben werden. Außerdem haben wir mit einer Doppelbesetzung gearbeitet, die gewährleistet, dass wir immer spielen können (es finden auch vormittags Vorstellungen statt), damit die Einzelnen nicht überbelastet werden (manche machen in diesem Jahr Abitur) und diese nicht das Gefühl bekommen, alleine zu sein (was auch zu einer Überheblichkeit führen kann, weil sie denken, nur sie seien in der Lage diese Rolle zu spielen).

Anders als bei theaterpädagogischen Projekten haben wir die Jugendlichen angesprochen und eine Auslese vorgenommen, um sicher zu sein, dass am Schluss der äußerst knappen Probenzeit eine Inszenierung zu sehen ist, die dem Publikum als Theaterabend angeboten werden kann. Von den Jugendlichen wurde alsodasselbe verlangt wie von professionellen SchauspielerInnen, was eigentlich an Überforderung grenzt. Da aber die Jugendlichen zum Teil schon viel Erfahrung mit dem Spielen mitgebracht haben und ich viele aus anderen Projekten kenne, war diese Überforderung kalkulierbar.

Insgesamt ist der Zusammenhalt in dieser Gruppe sehr groß und das Besetzen jeder Rolle mit zwei SchauspielerInnen war ein guter Griff. In diesem Stück spielen sechs Figuren, drei weibliche, drei männliche. Durch die Doppelbesetzung ist eine Gruppe von 12 Jugendlichen im Alter zwischen 15 und 20 Jahren entstanden, die als Team wunderbar zusammenarbeiten, jede/r mit jedem/r, weil sie alle voneinander auf der Bühne abhängig und aufeinander angewiesen sind. Es ist ein Gruppengefühl entstanden, an dem Außenstehende teilhaben dürfen, denn jeder bringt mal Freunde mit, die zuschauen oder einfach dabei sind. Also kein elitärer Club, der aus lauter »Auserwählten« besteht und jetzt schließlich am Deutschen Theater spielen darf, die Provinz-Superstars.

Auch auf und hinter der Bühne hilft man sich gegenseitig und zwar nicht, weil ich das verordnet hätte, sondern weil alle die Notwendigkeit des Zusammenarbeitens gespürt haben. Das beginnt beim gemeinsamen Anfangen – wenn dann jemand zu spät kommt, muss eben gewartet werden – und hört beim Textlernen auf; denn wenn ich den Text nicht kann, kann auch mein Partner, der ihn gelernt hat, nicht vernünftig proben.

Jede/r hat gemerkt, dass es auf sie/ihn ankommt, dass nur sie/er ihre/seine Rolle so spielen kann, dass sie/er wichtig und verantwortlich ist für die Produktion und das Gelingen der ganzen Arbeit und der ganzen Gruppe.

Die Arbeit mit Robert nun war in der Tat nicht einfach. Er kam dauernd zu spät, konnte seinen Text nicht, und wenn er keine Lust hatte, probte er nicht ernsthaft. Als Regisseur war ich manchmal kurz davor, ihn »rauszuschmeißen«, habe aber immer wieder mit Zureden und Geduld versucht, ihn bei der Stange zu halten. Ihm ist sein Verhalten bewusst und er macht es nicht absichtlich. »Es passiert einfach«, beschreibt er es. Doch während des Spiels ist er ganz toll: Er spielt Vorgänge sehr genau, kann für seine Figur volle Verantwortung übernehmen. In die Gruppe hat er sich gut eingefügt, gilt als ein bisschen sonderbar, hat aber seinen Platz wie die anderen auch. Alle wissen, was sie an ihm als Partner auf der Bühne haben, und somit ist er voll akzeptiert. Inzwischen brennt er für seine Rolle und das Stück. Auch sein »Zu-spät-Kommen« hat sich, bis auf wenige Rückfälle, gelegt.

Robert kämpft natürlich auch in der Schule durch seine Art mit den LehrernInnen. Da ihm aber im Gegensatz zum Theater ein Erfolgserlebnis versagt bleibt, könnte er in den Kreislauf eines »Schulversagers« geraten.

Durch die Doppelbesetzung der Rollen ist noch etwas Entscheidendes passiert: Da jede/r mit jedem/r spielen kann und muss, muss sich jede/r Einzelne immer wieder beim Spiel auf neue PartnerInnen einstellen. Das schult die Fähigkeit, die anderen beim Spielen tatsächlich wahrzunehmen, und hält das Spiel »frisch und lebendig«.

Bei den Proben waren immer beide Rollentragenden dabei. Das positive Mitleiden, Mitfiebern und Sehen-Können, wie sich die eigene Figur, die ich ja auch spiele, im Kontext zu den anderen verhält, war für alle Beteiligten eine gute Erfahrung, die auch von allen als solche benannt wurde. Nie ging es darum herauszufinden, wer nun besser sei. Schnell wurde von allen akzeptiert, dass die eine Figur mehr so ist und die vom anderen halt mehr anders.

Bei einer der letzten Vorstellungen hatte eine Darstellerin durch eine Unachtsamkeit einen ziemlich großen Sprung im Text gemacht, sodass zwei ganze Szenen weggefallen sind. Die betroffenen Jungen haben gut reagiert und das Stück lief weiter. Das Publikum hat es gar nicht so bemerkt, für die Geschichte war es ein bisschen schwierig, aber man hat sie trotzdem verstanden. Nach der Vorstellung hat sich das Mädchen große Vorwürfe gemacht und einer der betroffenen Jungen kam dann zu mir und meinte: »Meckere bitte nicht mit ihr, sie ist schon so total fertig.« Das war nicht nur eine schöne Geste, sondern zeigt auch, dass die Jugendlichen tolerant und fair miteinander umgehen, empathiefähig sind. Es ist ihr gemeinsames Ergebnis, das sie nur mit Hilfe der/s anderen erschaffen haben.

Diese Erfahrungen am Theater mit *Winner & Loser*, einer unter professionellen Bedingungen möglich gewordenen Produktion mit Jugendlichen, kann durchaus exemplarisch auf die Schule übertragen werden. Dort ist oft noch mehr Idealismus von Seiten der Jugendlichen nötig, da Kostüme, Requisiten, Bühnenbild usw. selbst hergestellt werden müssen. Aber diese Hürden schmieden eine Gruppe noch mehr zusammen. Wichtig ist allerdings, dass die Jugendlichen so richtig »anbeißen«, dass sie immer wieder motiviert sind, an diesem Projekt mitarbeiten zu dürfen. Ich sage explizit: motiviert sind und nicht motiviert werden. Es soll nicht so sein, dass eine/r (die Lehrperson) den Zampano spielt und immer wieder versucht, die Leute bei der Stange zu behalten.

»Dabei sein« ist ganz wichtig. Die Bedeutung des Projekts und die Mitarbeit jedes Einzelnen muss »hoch gehängt« werden. Erfolg hat man nicht einfach nur, den muss man sich erarbeiten. Da habe ich es am Theater natürlich leichter, weil alle zu uns kommen und von uns gerne etwas hätten. Es dann also eine Ehre ist, mitmachen zu dürfen. Dies geht auch in der Schule. Die Lehrerin einer Schule sagte mir kürzlich, dass das Arbeiten an den jährlichen Projekten mittlerweile ganz toll sei, denn durch die Erfolge, die sie gehabt hätten, sei das Engagement derjenigen, die neu dazu kommen sehr groß, da es eine Ehre sei, mitmachen zu dürfen. Diese Aspekte sind bei der Theaterarbeit mit Jugendlichen ganz wichtig.

Was am Beispiel von *Winner & Loser* zusammenfassend für Projektarbeit wichtig ist:

- Teamfähigkeit
- Mitfiebern und »Mitleiden« beim Zuschauen der eigenen Rolle
- Verantwortung für sich und die Gruppenmitglieder übernehmen
- Sensibel und aufmerksam auf die immer wieder wechselnden Spielpartner reagieren und sich auf diese einstellen
- Das Selbstwertgefühl der Beteiligten wird gesteigert (Robert, ein schlechter Schüler, hat ein Erfolgserlebnis bei dem, was er gemacht hat)
- Jede/r Einzelne ist für das Gelingen der Arbeit im Team wichtig
- Es soll etwas Besonderes sein, am Projekt mitarbeiten zu dürfen, das Mitmachen ganz »hoch hängen«

Förderung der Empathiefähigkeit durch das Theater

Neben der Erarbeitung von Stücken ist ein weiterer Aspekt der Theaterarbeit mit Kindern und Jugendlichen die Reflexion von Gesehenem. Besonders nah gehen da natürlich die Stoffe, die mit der eigenen Erlebniswelt zu tun haben.

Wie in dem Stück *Klamms Krieg* von Kai Hensel (2002), das ich in bis jetzt 80 Vorstellungen seit letztem Jahr vornehmlich in Schulen – im Klassenzimmer – aber auch als Abendvorstellung im Deutschen Theater in Göttingen spiele. Die Situation ist ganz vertraut. Ich bin im Klassenraum, also einem realen Ort, der den Jugendlichen ganz bekannt ist, und spiele ein Stück über die Schule, die ihren Alltag ausmacht. Diese Ausgangssituation für das Stück, das für Jugendliche ab der 10. Klasse gedacht ist, birgt auch für die Nachgespräche viel Nähe, wie die Jugendlichen immer wieder beschreiben: »Ich wusste manchmal gar nicht mehr, ist das real oder ein Theaterstück?« Dieses Nahegehen, Theater als authentisch erleben, ist für ein Gespräch über Schule, LehrerInnen, eigene Wahrnehmung, Wahrnehmung anderer und deren Motivation ein absoluter Glücksfall.

Es geht um einen Deutschlehrer, er heißt Klamm, der von seinem Leistungskurs für den Selbstmord eines Schülers verantwortlich gemacht wird. Die Schüler verweigern den Unterricht und erklären dem Lehrer den Krieg. Er soll sich bei der gesamten Schülerschaft für den Selbstmord entschuldigen. Der Lehrer versucht mit der ganzen Palette seiner Möglichkeiten, die SchülerInnen wieder für den Unterricht zu gewinnen. Er droht, greift an, versucht zu verführen, setzt Noten als Lockmittel ein. Er merkt schnell, dass es den SchülerInnen um mehr geht. Also nimmt er den Krieg auf, indem er das System Schule, die Machenschaften an seiner Schule, seine Kolleginnen und Kollegen anprangert und versucht klar zu machen, dass auch er nur ein Teil dieses Schulsystems ist, dass er aber wenigstens versucht, seine Ideale von Wissen und Lernen den SchülernInnen zu vermitteln.

Das Publikum sitzt in der Vorstellung wie eine normale Klasse in den Bänken. Die ZuschauerInnen werden als Klasse angesprochen, sollen aber nicht reagieren. Sie können für sich also immer entscheiden, ob sie jetzt Klasse sind oder Bühnenbild, also Publikum.

Die Nachgespräche sind immer sehr ergiebig, weil die SchülerInnen als Publikum, aber auch als Angesprochene der Klasse mitleben können. Oft ist ihnen dieser Lehrer, der eigentlich ein harter Hund ist, gar nicht unangenehm. Sie verspüren eher Mitleid mit ihm und können nachvollziehen, was diesen Menschen umtreibt. In einem Nachgespräch meinte sogar ein Schüler: »Ich habe plötzlich gemerkt, dass Lehrer ja auch Menschen sind und ein Leben außerhalb der Schule haben, privat sind.«

Durch das Stück stellen die SchülerInnen zudem manchmal fest, welche Macht sie als Klasse einem/r Lehrer/in gegenüber eigentlich haben und wie sehr ein/e Lehrer/in von ihnen abhängig ist und wie sie durch ihre Mitarbeit über das Gelingen und die Art des Unterrichts mitentscheiden.

Auch was die Notengebung betrifft, wird den SchülerInnen durch das Stück vieles bewusster: Sie zeigen sich in den Nachgesprächen oft überrascht, wie viele Gedanken ihre LehrerInnen sich über eine gerechte Notengebung und deren Konsequenzen für die weitere Laufbahn ihrer SchülerInnen machen. Denn diese gehen häufig davon aus, dass die Noten »willkürlich« bzw. ohne langes Überlegen vergeben werden.

Ich habe das Stück in ganz Südniedersachsen gespielt, ob in der Stadt oder in Schulen in eher ländlichen Gebieten, auch in allen Schultypen. In den Nachgesprächen kann ich keinen großen Unterschied in der Betrachtung und der Beurteilung des Gesehenen feststellen. Überall fand eine intensive Auseinandersetzung über das Stück, die Geschichte, über die Lehrerfigur, aber auch über eigene Erlebnisse und die eigene Schule statt. Oft wird weit über den vorgesehenen Zeitrahmen diskutiert – abends bei den öffentlichen Vorstellung sind die Nachgespräche oft länger als das Stück selbst.

Die SchülerInnen nehmen den Lehrer oft in Schutz, können zwar die Motivation der Klasse verstehen, würden aber selber anders reagieren. Im Stück ist es nicht geplant, dass das Publikum ins Geschehen auf der Bühne eingreift; es ist kein Mitspieltheater, doch oft haben Schüler erzählt, dass sie kurz davor waren, zu reagieren oder etwas zu sagen, weil ihnen diese Schulsituation nur allzu bekannt ist.

Diese Reaktionen und Nachgespräche sind wunderbar und geben den Jugendlichen auch die Möglichkeit, über sich und ihre Situation zu reflektieren, ohne aber gleich am eigenen Beispiel agieren zu müssen. Die theatrale Geschichte überspitzt und komprimiert in unzähligen Facetten ein Thema, das sie tagtäglich beschäftigt.

Auch vielen LehrerInnen geht das Stück sehr nahe. Die Reaktionen sind sehr unterschiedlich. Manche fühlen sich angegriffen, obwohl der Inhalt und die Präsentation kein Angriff gegen LehrerInnen ist – wohl eher ein Plädoyer für diese – und lassen auch in der Diskussion nicht viel an sich rankommen. Mehrheitlich ist es aber so, dass sich die LehrerInnen rege an der Diskussion beteiligen und von ihren SchülerInnen direkt auf ihre Nähe zu dieser Kunstfigur des Lehrers Klamm angesprochen werden. Viele beschreiben dabei auch ihre Kämpfe und Versagensängste, was dem Vertrauen der SchülerInnen in sie sicher keinen Abbruch tut. Die SchülerInnen merken dabei, dass sich ihre LehrerInnen viel mehr Gedanken über die Schule und den Unterricht machen, als sie ihnen zutrauen. Sie haben ja auch ein Leben außerhalb des Unterrichts.

Beispiele aus der Arbeit mit Grundschülern

Da ich bisher Beispiele mit Jugendlichen vorgestellt habe, möchte ich zwei Beispiele vorstellen, die ich in Grundschulen erlebt habe. Das eine macht deutlich, wie Theaterarbeit das Selbstwertgefühl fördern kann.

In 3. und 4. Klassen habe ich über den Zeitraum von zwei Wochen einen Workshop zum Thema Witz gemacht. Neben Theaterübungen zur Sensibilisierung, Wahrnehmung und Artikulation wurden Witze erzählt und auch nachgespielt. Am Ende der zwei Wochen gab es eine kleine Aufführung, zu der die Eltern eingeladen wurden. In einer 3. Klasse war ein ganz starker Stotterer dabei. Er hat trotz seiner Hemmungen wegen dieses Sprachfehlers sehr eifrig mitgemacht und wollte vor Publikum unbedingt drei Witze vom Elefanten und der Ameise erzählen. Am Ende des Workshops hat er dies wirklich getan und sich bei der Präsentation mächtig ins Zeug gelegt: Er hat gut verständlich artikuliert, die Pointen saßen, die Witze kamen toll an und er hat kaum gestottert.

Wichtig bei der Projektarbeit ist, dass den Beteiligten Zeit gegeben wird, die Übungen zu erfassen und zu begreifen. Erst wenn Vertrauen in den Anleitenden und die Übungen gewonnen ist, können sie auch gelingen. Und dann sind es nicht die Beteiligten, die komisch sind, wenn sie misslingen.

So habe ich während desselben Workshops verschiedene Entspannungsübungen gemacht. Eine Klasse war beim ersten Mal extrem hibbelig und unruhig, dauernd haben sie sich gegenseitig gestört. Ich habe die Übung ruhig zu Ende gebracht, mir war aber klar, mit dieser Klasse geht so etwas einfach nicht.

Zwei Tage später, beim nächsten Termin, kamen die Kinder wieder, haben sich gleich auf den Boden gelegt und mich gebeten, doch noch einmal solche Übungen zu machen. Obwohl ich es nicht vorhatte, habe ich mit ihnen eine Entspannungsübung gemacht, ohne auf die Unruhe vom letzten Mal einzugehen. Die Klasse war plötzlich ruhig, die Übung hat wunderbar geklappt. Im Nachhinein glaube ich, dass die Kinder beim ersten Mal aus Unsicherheit so reagiert haben. Als sie wussten, was mit ihnen passiert, als sie Vertrauen zu mir bekommen haben, konnten sie sich auf die Übung einlassen.

Was geht mit Theater, was sonst nicht geht?

Das Charakteristikum von Theater ist das Lebendigwerden oder das Lebendigsein von Figuren. Auch beim eigenen Spiel muss ein Agierender sich mit der Rolle, dem Denken und Handeln dieser Figur auseinandersetzen. Ich muss Gedankengänge nachvollziehen, die ich vielleicht so noch nie verfolgt habe, die mir fremd sind. Ich muss jemanden verkörpern, der nicht so ist wie ich. Aber über diese Umwege, über das Fremde, ist es vielfach so, dass man einen neuen Zugang zum eigenen »Ich« entwickelt.

- Im Spiel kann ich ausprobieren, meinen Horizont und meine Gedankenwelt erweitern – also lernen.
- Ich muss mir aber auch Gedanken machen, wie ich in einer von einem Stück vorgegebenen Situation reagieren würde, um einen Abgleich zu der darzustellenden Figur zu machen.
- In Übungen, zum Beispiel »guten Morgen« zu sagen in verschiedenen Emotionen (freundlich, zerknirscht, wütend, enthusiastisch, etc.), kann ich Gefühle kennen lernen, die ich im Alltag so nicht kenne, oder nicht wage, sie auszuleben. Im Spiel geht das. Ich erinnere mich gerne an die Spielphase meiner Tochter, als alle immer gleich tot waren und im nächsten Moment wieder lebendig wurden. Im Theater geht das. In alle Extreme kann ich mich hineinversetzen und sie beim Verlassen des Terrains Theater dort zurücklassen.
- Die Theaterarbeit braucht den ganzen Menschen, alle Sinne, die ganze Körperlichkeit. Auf der Bühne hat alles seine Bedeutung und das umfasst auch ein bewusstes Einsetzen von Stimme, Sprache und Körper.
- Theaterarbeit ist kreativ. Ich will mit dem Gespielten eine Geschichte erzählen. Wie erzähle ich diese nun, dass sie verstanden wird? Und so beginnt der schöpferische, gestalterische Teil.

- Ich kann im Theater mit Imaginärem oder Fiktivem spielen und rege so nicht nur die Fantasie der Beteiligten, sondern auch die der Zuschauer an.

Schlussbemerkung

Zum Schluss möchte ich noch ein paar Ideen und Anregungen formulieren, die meines Erachtens für die Theaterarbeit an der Schule wesentlich sind:

- Projekte an Schulen sollten für die SchülerInnen da sein.
- Kleine Schritte wagen und Projekte auf den Weg bringen, die eine anhaltende Wirkung hinterlassen.
- Die SchülerInnen sollten die Möglichkeit bekommen, eigene Interessen bei der Auswahl von Themen und Stücken usw. einzubringen, denn Theater hat nicht in erster Linie mit einer Aufführung und Textlernen zu tun. Die Motivation der SchülerInnen steigt beträchtlich, wenn ihre eigene Erfahrungswelt für ein Stück eine Rolle spielt.
- Projekte wagen, bei denen auch einmal die sonst »Leistungsschwachen« zu Leistungsträgern werden, indem sie große Rollen spielen. Die dadurch gewonnene Stärkung ihres Selbstwertgefühls kann auch positiven Einfluss auf ihre weitere Schullaufbahn ausüben.
- Auch dürfen Projekte einmal scheitern, wenn trotz großer Anstrengung das Resultat vielleicht nicht vorzeigbar zu sein scheint – auch das kann ein guter Prozess sein. Nicht jede Theaterarbeit muss immer ein Publikum haben. Allerdings sollte eine länger dauernde Konzentration auf ein Thema schon gezeigt werden, weil sich durch die Vorstellung das Gefühl, »es geschafft zu haben«, einstellt, was das Selbstwertgefühl aller Beteiligten enorm hebt.
- Projekte an Schulen erweitern Erlebnisräume, die zunächst nicht messbar sind.
- Projekte an Schulen müssen einfach gut tun:
  - den SchülerInnen, weil sie sich anders in der Schule ausprobieren können, als sie es sonst gewohnt sind.
  - den LehrerInnen, weil sie mit dem Projekt für sich neue

Wege gehen können, und sich und die SchülerInnen anders erleben.
  - den Eltern, weil sie ihre Kinder anders erleben als sonst und sich freuen, dass die Kinder etwas Kreatives geschaffen haben.
- Und zu guter Letzt noch etwas: Krisen meistern!
  In jedem Projekt gibt es irgendwann eine Krise. Im Theater werden sie manchmal sogar künstlich provoziert, wenn sie nicht von selbst kommen. Diese Krisen aushalten, Wege suchen, gelassen bleiben und sicher sein, dass bei Theaterprojekten am Ende sich vieles zusammenschiebt. Mut gehört zu Projekten dazu und ein wenig Verrücktheit.

Eiko Jürgens/Jutta Standop

Psychosoziale Kompetenz aus der Perspektive der Schulentwicklungsforschung

Der Prozess der Entwicklung von psychosozialer Kompetenz hängt damit zusammen, wie die Interaktions- und Arbeitskultur wahrgenommen wird. Betrachtet man die Voraussetzungen für den Aufbau von psychosozialer Kompetenz näher, dann kann man zwischen personalen und situativ-kontextuellen Voraussetzungen eine Unterscheidung treffen, was aber nicht heißt, dass diese voneinander unabhängig sind. Vielmehr beeinflussen institutionelle Bedingungen und Strukturen ebenso wie inhaltliche Programme die personalen Voraussetzungen, psychosoziale Kompetenz positiv oder negativ zu entwickeln. Eines dieser Programme, mit denen unterstützende Voraussetzungen geschaffen werden sollen, verbindet sich mit der Schule als »Haus des Lernens«.

Mit der Bezugnahme auf das Konzept Schule als Lern- und Lebensraum wird eine notwendige normative Vorentscheidung getroffen, die selbstverständlich Konsequenzen für die Begründung, Einordnung und Bewertung beabsichtigter Schulentwicklungsmaßnahmen nach sich zieht. Den Begründungshorizont für die Festlegung auf diese Position bilden insbesondere die veränderten Bedingungen, unter denen Kinder und Jugendliche aufwachsen. Ein »Überdenken des Bildungsauftrags der Schule und eine Erweiterung ihrer Aufgaben in Bereiche hinein, die bisher als außerschulisch galten«, wird erforderlich. Schule ist nicht nur ein Aufenthaltsort, an dem die Schüler ungeachtet ihrer eigenen (außerschulischen) Erfahrungswelt und persönlicher Bedürfnisse (Lern-)Zeit verbringen, weil dieses von ihnen verlangt wird, sondern einerseits unumgänglich eine Schnittstelle zwischen schulorganisatorischer und -didaktischer Künstlichkeit und andererseits biographischen Denkmustern, lebensweltgeprägten (Sub-)Kultur- und Sozialstilen wie gegenwartsbezogenen Lebensproblemen, die die Schüler in die Schule und den Unterricht mitbringen.

Schule als »Haus des Lernens«

- ist ein Ort, an dem alle willkommen sind und die Lehrenden ebenso wie die Lernenden in ihrer Individualität angenommen werden, die persönliche Eigenart in der Gestaltung von Schule ihren Platz findet,
- ist ein Ort, an dem Zeit zum Wachsen gegeben wird und gegenseitige Rücksichtnahme und Respekt voreinander gepflegt werden,
- ist ein Ort, dessen Räume einladen zum Verweilen, dessen Angebote und Herausforderungen zum Lernen und zur selbsttätigen Auseinandersetzung locken,
- ist ein Ort, an dem Umwege und Fehler erlaubt sind und Bewertungen als Feedback hilfreiche Orientierung geben,
- ist ein Ort, wo intensiv gearbeitet wird und die Freude am eigenen Lernen wachsen kann,
- ist ein Ort, an dem Lernen ansteckend wirkt (Bildungskommission NRW, 1995, S. 86).

Aber ein weiterer entscheidender Grund, auf das Konzept von einer Schule als Haus des Lernens und Lebens zu bauen, liegt in der Negativfolie der heutigen Schule. Im Jahr 2002 veröffentlichte das amerikanische Gallup-Institut eine in 47 Ländern durchgeführte Befragung. Aufgabe war es, aus einer Liste mit 17 gesellschaftlichen Instituten diejenigen zu benennen, die das größte Vertrauen genießen. Das Ergebnis von insgesamt 36000 weltweit durchgeführten Interviews fiel eindeutig aus: An der Spitze steht das Bildungssystem: Schulen, Kindergärten und Universitäten. Ganz anders in Deutschland. Das größte Vertrauen genießt hierzulande die Polizei, gefolgt von den Streitkräften und der UNO. Schulen landen abgeschlagen auf einem Rangplatz im unteren Tabellendrittel. Das Ergebnis ist vielleicht ein Abbild einer sich generell misstrauenden Gesellschaft, sicher ist es aber Ausdruck selbsterfahrener Skepsis und emotionaler Kälte. Nicht umsonst ist längst die pädagogische Forderung, die derzeitige schulische Lern- und Unterrichtskultur müsse schnellstens von einer Misstrauens- zu einer Vertrauenskultur werden, zu einer allgegenwärtig scheinenden Redewendung geworden. Soll es allerdings nicht bei einer wohlfeilen Sonntagsbotschaft bleiben, die ebenso flott wie konsequenzlos dahingesprochen wird, muss sich die gesamte Lernkultur in deutschen Schulen ändern, und zwar grundlegend. Das heißt, wir müssen eine für uns neue, vollkommen andere Sicht auf das Interaktionsgeschehen bekommen, was gemeinhin als Unterricht bezeichnet wird. Misstrauen wächst immer da, wo Menschen sich nicht ernst genommen und angenommen fühlen können, sie in ihrem Gefühl der Geborgenheit und des Dazugehörens enttäuscht werden (vgl. Faust-Siehl et al., 1996, S. 32f.) und sie sich in ihrer Würde verletzt sehen, ihnen ihre Achtung genommen und sie sich als unwürdig etikettiert empfinden. »Demütigung, Geringschätzung und Feindlichkeit, wenn es hoch kommt, cooles Desinteresse, das ist der Normalfall an deutschen Schulen«, sagt der für seine Scharfzüngigkeit bekannte Journalist Reinhard Kahl (2003, S. 25). Normal ist es deshalb auch, die Zuversicht von Schülern auf Schutz vor Ausschluss aus der Gemeinschaft, ein um das andere Mal zu enttäuschen. Während im PISA-Siegerland Finnland die oberste pädagogische Maxime lautet: »Jeder gehört dazu. Wir können es uns nicht leisten, auch nur auf einen zu verzichten. Jeder wird gebraucht«, bekommt ein deutscher Schüler oft genug das Gegenteil zu hören und vor allem zu spüren. »Du bist an dieser Schule nicht richtig. Hier gehörst du nicht hin!« Das genau macht den Unterschied zwischen einer Misstrauens- und einer Vertrauenskultur aus. In der einen besteht die permanente Gefahr, ausgeschlossen zu werden, in der anderen wird keiner verloren gehen.

Mit dem Bild der Schule als »Haus des Lernens und Lebens« verbindet sich die Überzeugung, dass alle Schülerinnen und Schüler lernen können. Diese Schule soll ein Stück Leben sein, das es zu gestalten gilt; u.a. dadurch, dass eine Vertrauenskultur wachsen kann. Neben der bemerkenswerten Akzentuierung des Zusammenhangs zwischen Wissensvermittlung und Persönlichkeitsbildung wird dem Finden der eigenen Identität, dem Gemeinschaftserleben von Lehrenden und Lernenden, *den emotionalen Faktoren des Lernens* und der Beachtung anthropologischer Bedürfnisse in dieser Schule große Wertschätzung entgegengebracht. Diese Aspekte sollen in allen schulischen Erziehungs- und Bildungsprozessen eine tragende Rolle spielen. Von daher ist es geradezu zwingend, die Schulentwicklungsforschung darauf abzuklopfen, welche Ergebnisse und Erkenntnisse sie in diesen Zusammenhängen bisher hervorgebracht hat, also im einzelnen geht es um Fragen des Schul- bzw. Klassenklimas, der Klassenführung und Schulkultur bzw. der klasseninternen Lern- und Arbeitskultur.

Psychosoziale Kompetenz im interaktionalen Wirkungszusammenhang

Es wird untersucht, welche Merkmale und Einstellungen das Lehrerverhalten prägen und für den Aufbau von förderlichen Unterrichtskontexten ausschlaggebend sind, die mit der Entwicklung von psychosozialer Kompetenz von Schülerinnen und Schüler in Zusammenhang stehen.

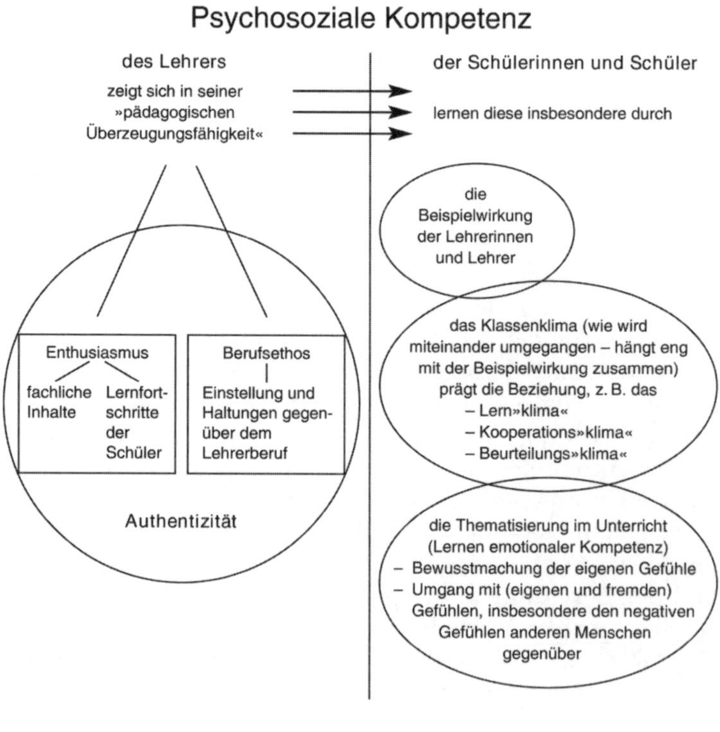

Wie der Abbildung zu entnehmen ist, wird innerhalb der personalen Voraussetzung auf Seiten der Lehrkraft dem Konstrukt der pädagogischen Überzeugungsfähigkeit große Bedeutung beigemessen, während im Zentrum kontextualer Bedingungen das Klassenklima steht, von dessen Qualität, d. h. des Zusammenwirkens bestimmter Merkmale, die Entwicklung der psychosozialen Schülerkompetenz maßgeblich abhängt.

Die psychosoziale Kompetenz von Lehrern

Die Frage nach der Entfaltung oder Förderung der psychosozialen Kompetenz von Schülerinnen und Schülern ist eng gekoppelt an das Vorhandensein bzw. die Ausprägung der psychosozialen Kompetenz von Lehrern. Diese Aussage, die zunächst als »Binsenweisheit« erscheint, bedarf gegenwärtig dennoch einer gründlichen und argumentativ starken wissenschaftlichen Untermauerung, um auf Seiten der Politik als der gestaltenden Kraft unserer Gesellschaft und vielfach auch noch auf Seiten der Schule in seiner ganzen Konsequenz wahrgenommen zu werden.

Ein Lehrer, der über psychosoziale Kompetenz verfügt, ist bereit, dem Lernenden sowohl in fachlicher Hinsicht als auch bei persönlichen Angelegenheiten kompetent zur Seite zu stehen. Er blamiert Lernende nicht vor anderen, nützt ihre Schwächen nicht aus, hält gegebene Versprechen ein, wirkt nicht arrogant, interessiert sich für die Belange der Lernenden, ist an ihrem Lernerfolg wirklich interessiert, nimmt sich Zeit für sie, kann auch Unwissenheit zugeben, ermutigt zu freier Meinungsäußerung, ist bei fachlichen Problemen ansprechbar u.v.m. (vgl. Breinbauer, 1997).

Klassenführungskompetenz

Eine Lern- und Unterrichtskultur entsteht aus dem Zusammenspiel der beteiligten Akteure. Sie muss immer wieder neu erschaffen werden. Dabei kommt der pädagogischen Führung des Lernens eine besondere Rolle zu. Wie die Lehrkraft auf die individuellen und sozialen Unterrichtsprozesse einwirkt, hängt entscheidend davon ab, ob sie gelernt hat, »Führung« zu beweisen.

In der Vergangenheit wurde Klassenführung vor allem unter »technischen« Aspekten betrachtet. Führungstechniken ermöglichen es dem Lehrer, möglichst reibungslosen Unterricht durchzuführen. Hierzu gehören (nach Helmke/Renkl, 1993) ein effizientes Regelsystem, eine wirksame Unterrichtsorganisation (kurze und reibungslose Übergänge, Bereitstellung von Material, Vermeidung unnötiger Pausen), eine effektive Störungskontrolle (Störungen werden, wenn sie vorkommen, mit minimalem Aufwand und unverzüglich unterbunden), sowie eine optimale Zeitnutzung (intensive Nutzung der Unterrichtszeit für fachliche Zwecke, keine Exkurse, Auslagerung administrativer und prozeduraler Aktivitäten).

Führen ist von Leiten zu unterscheiden. Es dient dem Motivieren zum Handeln. Wer sich motivieren lässt, muss die Bedeutsamkeit seines Handelns erkennen und erfahren können. Allein die Bedeutung, der unmittelbare Sinn, den eine Handlung für den Betroffenen hat, ist entscheidendes Movens. Führen heißt demnach genauer, eine Person zum Handeln durch Sinnvermittlung motivieren zu können. Klassenführung zeigt sich als allgemein- und fachdidaktisches Können. Pädagogischer Führungsanspruch hat den Unterricht zum Gegenstand und realisiert sich in der Gestaltung optimaler, an die individuellen Lern- und Bildungsvoraussetzungen der Schülerinnen und Schüler angepassten Lehr- und Lernsituationen. Durch die umfangreiche Analyse der empirischen Unterrichtsforschung zur Klassenführung haben wir festgestellt, dass zur erfolgreichen Klassenführung eine weitere unentbehrliche Kompetenz gehört, die »pädagogische Überzeugungsfähigkeit« (Standop, 2002). Eine wesentliche Aufgabe des Lehrers besteht darin, Schülerinnen und Schüler vom Nutzen und Sinn ihres Lernens zu überzeugen.

Wie wichtig dies ist und wie sehr andererseits bisher die Wahrnehmung dieser Aufgabe in unseren Schulen vernachlässigt wurde, zeigt eine vor einiger Zeit erschienene Jugendstudie (vgl. Zinnecker et al., 2003). Über drei Viertel der befragten Kinder und Jugendlichen können sich nicht zu der Antwort entschließen, dass das Lernen zu den positiven Erfahrungsmöglichkeiten in der Schule gehören könnte. Nur ganze 23 Prozent schätzen an der Schule, dass es dort etwas zu lernen gibt. Von daher können damit im Zusammenhang stehende weitere Ergebnisse im Grund gar nicht überraschen. Auf die Frage, »was dir am Schulleben besonders gefällt«, nennt ein knappes Drittel die »gute Klassengemeinschaft« (30 Prozent) ein Fünftel »das gute Verhältnis zu Lehrern« (22 Prozent) und abgeschlagen, lediglich jeder Sechste (17 Prozent), einen »interessanten Unterricht«.

Klassenführungskompetenz kann man sich in ein Konzept Führen des Lernens eingebettet denken, wie es beispielsweise Bessoth (2003) vorschlägt. In dessen Zentrum steht die verbesserte Lernleistung der Schülerinnen und Schüler. Verallgemeinert gesprochen geht es um mehr Lernqualität. Als die wichtigsten, ineinander greifenden Fakten werden »die gemeinsamen Lernziele, die einem effektiven Unterricht vorausgehen, und schließlich die zielgerichtete Leistungsüberprüfung« sowie die Lernkultur, in die alles integriert ist, erkannt (vgl. ebenda, S. 4). Als besondere Voraussetzung für die Entstehung eines Klimas der Anstrengung und der Zuversicht werden Bereitschaft und Befähigung der Lehrenden zur distributiven Führung angesehen. Das Teilen von Macht und Verantwortung sorgt dafür, jedem Einzelnen in der Klassengemeinschaft unmissverständlich klar zu machen, dass er sowohl dazugehört und gebraucht wird als auch, dass er seinen Anteil zum Gelingen qualitätsvollen Unterrichts beizutragen hat. Führungskompetenz konkretisiert sich demnach in einer sozial integrativen Grundhaltung, die darauf angelegt ist, Vertrauen durch Partizipation zu schaffen.

Wie der Aspekt von Kooperation und Partizipation konzeptionell in einem gemeinsamen Kontext mit dem Postulat nach der subjektiven Bedeutsamkeit des Lernanlasses einerseits und der Erzeugung von Motivationsimpulsen durch Führung andererseits eingebunden werden kann, hat Böckmann (1987) in überzeugender Manier herausgearbeitet (siehe nachfolgende Liste).

Führen: Strukturieren von sozialem Handeln – sinn-orientiert

»Führung fragt nach
- dem Subjekt
  (Wer soll handeln?)
- dem psychologisch-motivationalen Aspekt
  (wie wird Motivation mobilisiert?)
- dem Sinn
  (welche individuelle Bedeutung hat das Handeln für den einzelnen Beteiligten?)

Führung begründet Kooperation
- Kriterium: Sinn – (Bedeutungs-)Analyse
- Die Akzeptanz der Zielsetzung der Führung wie der Person des Führenden muss freiwillig erfolgen

Führen heißt:
individuelle Motivationsbedingungen schaffen

Führen wie
- erklären
- begeistern, überzeugen
- helfen
- ermöglichen
- vorleben
- vordenken

Motiviertes Handeln heißt:
Handeln unter individuellen Leistungsbedingungen«

Wer Lernen und Leisten fordert, muss Sinn bieten. Die Sinnhaftigkeit der Lernproblematik ist Dreh- und Angelpunkt der Erzeugung individueller Motivation. Hierin liegt ein wichtiger Ansatzpunkt für gelingende Führung, wenn die Schüler fragen, wofür das zu Lernende gelernt werden soll, und darauf eine für sie überzeugende Antwort erhalten. Übrigens eine völlig berechtigte Frage, insbesondere in einer Pflichtschule. Klassenführungskompetenz als Teil der psychosozialen Kompetenz zielt darauf ab, anspruchsvolle und individuell lohnenswerte Lernsituationen zu schaffen und hilft dem Führenden, ein positives Klima durch das Anerkennen von gemeinsamen Normen und Werten herzustellen.

Pädagogische Überzeugungskraft

Ein wesentliches pädagogisches Können von Lehrerinnen und Lehrern besteht darin, die Schülerinnen und Schüler vom persönlichen Nutzen und Sinn des Lernens zu überzeugen (gemeint ist der Verzicht auf Druck- und Strafmittel wie Noten, Zusatzarbeiten etc. und die Auseinandersetzung der Schüler mit den Unterrichtsinhalten aus der Überzeugung eines subjektiven Gewinns bzw. Nutzens). Die pädagogische Überzeugungskraft eines Lehrers wird durch zwei unentbehrliche Eckpfeiler, den Enthusiasmus und das Berufsethos, getragen. Bereits in den achtziger Jahren haben Untersuchungen (vgl. Good/Brophy, 1989) in den Vereinigten Staaten gezeigt, dass der Lernerfolg eines Schülers in hohem Maße einerseits von der Begeisterung abhängt, mit der ein Lehrer die zu lernenden Inhalte im Unterricht darstellt (und hierbei geht es um »echte« Begeisterung, die sich aus dem eigenen Interesse des Lehrers für sein Fach und damit zusammenhängend sein Fachwissen speist). Andererseits bedeutet Enthusiasmus aber auch die Begeisterung, das »ehrliche« Interesse des Lehrers an den Lernfortschritten seiner Schülerinnen und Schüler (vgl. Brophy/Good, 1986; Jones/Jones, 2000; Mortimore et al., 1989; Wang et al., 1993). Das heißt, der Lehrer vermittelt seinen Schülerinnen und Schülern, dass er ein persönliches und nicht nur ein berufliches Interesse an ihrem individuellen Lernzuwachs hat. Mit dieser hohen Unterstützungsbereitschaft verbinden sich zur gleichen Zeit hohe Erwartungen des Lehrers an den Lernerfolg seiner Schülerinnen und Schülern. Mit anderen Worten, der Lehrer vermittelt den Schülern aufgrund seiner Erwartungen das Gefühl, diesen auch gerecht werden zu *können*.

Jones und Jones (2000, S. 78) berichten von Untersuchungsergebnissen, nach denen die Leistungsentwicklung und auch das Lernverhalten von Schülerinnen und Schülern durch die Qualität der Lehrer-Schüler-Beziehung beeinflusst werden. Danach bevorzugen Schüler Lehrer, die warmherzig und freundlich sind. Noch wichtiger scheint aber das Ergebnis, dass positive Lehrer-Schüler-Beziehungen verbunden sind mit einer positiveren Einstellung der Schüler zur Schule und größeren schulischen Erfolgen. Auch für Rogers und Web (1991) und Noguera (1995) drückt sich die Zuwendung eines Lehrers seinen Schülern gegenüber nicht nur durch eine warmherzige zwischenmenschliche Beziehung aus. Bedeutsam ist gleichermaßen der ermutigende Dialog in Bezug auf curriculare und Instruktionsentscheidungen, die Aufmerksamkeit gegenüber den Bedürfnissen der Schülerinnen und Schüler, die Vorsorge dafür, allen Schülern die Erfahrung von Erfolg zu ermöglichen und nicht zuletzt die Vermittlung, dass Lernen bzw. Lerngewinn Freude macht und interessant ist.

Der Arbeitskreis um Tausch und Tausch (1991) hat die Bedeutung eines unterstützenden, akzeptierenden Lehrerverhaltens gegenüber den Schülerinnen und Schülern thematisiert und empirisch belegen können. Daraufhin wurden von anderen Wissenschaftlern Trainingsprogramme zur Ausbildung akzeptierender und förderlicher Lehrerhaltungen entwickelt und in der Lehrerausbildung eingesetzt. Allerdings konnten diese Programme die in sie gesetzten Hoffnungen nicht erfüllen. Der Misserfolg rührte daher, dass die (angehenden) Lehrerinnen und Lehrer zwar lernen konnten, »mit dem Mund zu lächeln, nicht aber gleichzeitig mit den Augen, wenn ihnen die entsprechende motivationale Einstellung und Gestimmtheit fehlte« (Weinert, 1996, S. 144). Die Diskrepanz erlebten die Schülerinnen und Schüler als irritierend und reagierten deshalb negativ. Daraus leitete sich die Erkenntnis ab, dass man nicht dadurch ein guter Lehrer werden kann, wenn man oberflächlich lernt, »wie man Schülern akzeptierend und unterstützend begegnet, wenn nicht zugleich auch spontane (»echte«) Gefühle der persönlichen Zuwendung, der Sympathie, der Unterstützung und der Zufriedenheit mit den Kindern zum Ausdruck kommen« (ebenda). Eine positive Lehr- und Lernkultur sowie das Engagement für Schülerinnen und Schüler ist (nach Jones/Jones, 2000) verbunden mit folgenden grundsätzlichen Einstellungen:

- Lehrerinnen und Lehrer akzeptieren sich als persönlich verantwortlich für den Lernerfolg ihrer Schülerinnen und Schüler,

- Lehrerinnen und Lehrer praktizieren eine erweiterte Lehrerrolle,
- Lehrerinnen und Lehrer sind ausdauernd und beharrlich im Umgang mit ihren Schülern,
- Lehrerinnen und Lehrer vermitteln ihren Schülern gegenüber den Optimismus, dass alle Schüler die vermittelten Inhalte lernen können.

Gleichzeitig stellt das Berufsethos ein notwendiges Fundament der pädagogischen Überzeugungsfähigkeit eines Lehrers dar. Die Haltungen und Einstellungen eines Lehrers seinem Beruf gegenüber sind maßgeblich dafür, ob dieser authentisch gegenüber seinen Schülerinnen und Schülern wirkt und somit Glaubwürdigkeit bei ihnen besitzt.

Beispiel:

Ein Biologielehrer führt mit seinen Schülerinnen und Schülern eine Unterrichtsreihe über die schädlichen Konsequenzen des Rauchens durch, wird aber nachmittags von einigen in der Stadt beim Rauchen beobachtet.

Anmaßend und unzumutbar ist heute dennoch für eine Reihe von Studentinnen und Studenten die Aussage: »Der Lehrerberuf ist *kein* Job, den man ablegt, sobald man das Schulgebäude verlässt.« Sie sind der Ansicht, dass ihr Privatleben mit ihrem Beruf als Lehrerin oder Lehrer wenig bzw. gar nichts zu tun hat, und empfinden diese Behauptung als eine Einschränkung ihrer persönlichen Freiheit.

Die Arbeit mit Menschen und vor allem mit jungen Menschen verlangt eine dauerhafte Reflexion der eigenen Haltungen und Einstellungen hinsichtlich der in der Schule vertretenen Erziehungsziele, die sich durchaus in der gesamten eigenen Lebensführung widerspiegeln. Sowohl Enthusiasmus als auch Berufsethos des Lehrers wirken nur dann nachhaltig, wenn sie von den Schülerinnen und Schülern als authentisch und ehrlich empfunden werden. Und nur wenn eine weitgehende Übereinstimmung zwischen den beruflichen und privaten Werteinstellungen besteht, kann eine Authentizität erlangt werden, die auf Schülerinnen und Schüler überzeugend wirkt. Möglicherweise wäre es in diesem Zusammenhang daher auch richtiger, tatsächlich von Berufung zu sprechen.

Allerdings umfasst das Berufsethos noch mehr und verlangt letztendlich nach verantwortlicher Vermittlung von Humanität und Funktion. Für den »psycho-sozialen« Umgang miteinander heißt das u. a., dass sich der Lehrer als Mensch zu erkennen gibt und in dem Schüler den Menschen sieht, den es nicht zu bilden gibt, sondern der sich bilden will. Nicht den Menschen in sich zu verleugnen heißt, sich verantwortlich zu zeigen. »Würde der Lehrer Verantwortung für sein Tun übernehmen, müsste er entweder ›richtiger‹ Lehrer werden oder aber die Schule verlassen«, sagt Mönninghoff (1992, S. 48), der übrigens ein in der Fachwelt viel zu wenig beachtetes Buch über das Bewusstsein des Lehrers geschrieben hat. Dieses Problem ist existenziell und in allem Interaktionsgeschehen zwischen Lehrern und Schülern virulent. Es trifft die psychosoziale Kompetenz von Lehrkräften im Kern. Dazu noch einmal eine Aussage von Mönninghoff: »Der Lehrer betont immer gern sein ›Ich bin doch auch nur Mensch‹ und weist mit klagendem Unterton darauf hin, dass er eine Funktion zu erfüllen habe« (ebenda). Allerdings tut er dies überwiegend in Situationen, in denen »menschliches« Handeln gefordert oder gewünscht wird und er sich aber außerstande sieht, diesem nachzukommen. Auf sein Menschsein beruft sich dieser Lehrer, wenn er als »Funktionär« handelt. Das Niemandsland der funktionalen Hilflosigkeit kann von jedem besetzt werden, der sich seiner persönlichen Verantwortung entzieht. Als verlängerter Arm einer Funktion kann man Chancen verhindern, traumatische Verletzungen zufügen und vieles mehr, als Mensch nicht. Das Fazit, das Mönninghoff zieht, liest sich so:

> Rückzug auf die Funktion und Vermeiden der Funktion sind zwei Seiten einer Münze. In beiden Fällen wird Verantwortung vermieden, in beiden Fällen entsteht ein diffuses Niemandsland, in dessen Nebel die Persönlichkeit, der selbstbewusste Mensch, nicht sichtbar werden kann (ebenda, S. 49).

Die Fähigkeit, für sich und für andere Verantwortung zu übernehmen, ist ein wichtiges Element der Persönlichkeitsentwicklung und der psychosozialen Kompetenz eines Menschen. »Sich für jemanden ›verantwortlich‹ fühlen, heißt fähig und bereit sein, antworten zu können« (Fromm, 1998, S. 49). Von den Lehrerinnen und Lehrern in der Schule als »Haus des Lernens und Lebens« wird dies erwartet.

Die psychosoziale Kompetenz der Schülerinnen und Schüler

Die Beispielwirkung von Lehrerinnen und Lehrern

Die psychosoziale Kompetenz eines Lehrers wird also insbesondere durch seine pädagogische Überzeugungsfähigkeit deutlich. Will ein Lehrer die psychosoziale Kompetenz seiner Schülerinnen und Schüler anbahnen, erweitern oder stabilisieren, stellt seine eigene pädagogische Überzeugungsfähigkeit daher zugleich einen wichtigen Aspekt dieser Förderung dar. Das heißt, für die Lehrerinnen und Lehrer gilt zuallererst, »in ihrem Verhalten den Heranwachsenden gegenüber diese nicht in ihrer personalen Würde zu verletzen« (Standop, 2003, S. 56). Schülerinnen und Schüler lernen vielfach indirekt und unintentional aufgrund der Beispielwirkung von Lehrern im Unterricht (Wie verhält sich der Lehrer mir, wie meinen Mitschülern gegenüber? Wie verhält sich der Lehrer in Konfliktsituationen? »Nutzt« der Lehrer seine überlegene Position [zu seinen Gunsten] aus? ...)

Das Klassenklima

Da im Unterricht im Grunde alles mit allem zusammenhängt, wirkt sich die pädagogische Überzeugungsfähigkeit ebenfalls entscheidend auf das Klassenklima und – damit zusammenhängend – auf die Beziehungskultur einer Klasse aus. Lernumwelten sind Ergebnis unterrichtlicher Interaktionsprozesse. Diese werden wesentlich geprägt von den subjektiven Vorstellungen über das, was eine »gute Schule« bzw. ein »guter Unterricht« ist, und den dazu kompatiblen alltagsdidaktischen Unterrichtskonzepten und Handlungsroutinen. Klimaforschung versucht festzustellen, »wie diese Konzepte und Praktiken von den Betroffenen wahrgenommen und bewertet werden und welche Reaktionen sie damit verbinden« (Eder,

2002, S. 214). Als ein wichtiges Ergebnis seiner Schulklima-Studien hat Helmut Fend (1998) u. a. Folgendes festgehalten:

> Besonders vielfältig waren die Ergebnisse zu den Folgen des Schul- und Klassenklimas in der Sichtweise der Schüler für ihre *Haltungen* zur Schule und ihre psychosoziale Entwicklung generell. Die *Beziehungskultur* in der Gestalt des empfundenen Einbezugs in den schulischen Lebens- und Lernprozess und des Vertrauens und der Fürsorglichkeit wirkte sich nachweislich positiv auf die Haltungen zur Schule aus. Die damit gleichzeitig indizierte *Gesprächskultur* stand in deutlichem Zusammenhang mit der Schulfreude bzw. Schulverdrossenheit der Schüler. Hier wurde für mich erstmals überdeutlich sichtbar, welche Bedeutung der *Beziehungspflege* im ›pädagogischen Geschäft‹ zukommt. Das Gefühl, in den schulischen Lebens- und Lernprozess positiv eingebunden zu sein, die Wahrnehmung von Wohlwollen und Fürsorge (Amerikaner nennen dies ›caring‹) korrelierte mit Haltungen des Vertrauens den Lehrern gegenüber und einer Zuwendung zur Schule (S. 82).

Wang et al. (1993) heben als Beobachtung in ihren Untersuchungen hervor, dass positive soziale Interaktionen zwischen Lehrern und Schülern sowohl zur Selbstachtung des Schülers beitragen als auch das Zugehörigkeitsgefühl zur Klasse und zur Schule begünstigen. Ein positives Zugehörigkeitsgefühl umfasst beispielsweise die Möglichkeit, sich mit anderen zur Klasse gehörenden Schülerinnen und Schülern zu identifizieren und die gemeinsame Arbeit in der Klasse zu unterstützen. Die eigene Selbstachtung wiederum signalisiert dem Schüler, dass er sich selbst etwas »zutraut«, sich als »kompetentes« Mitglied einer Gemeinschaft empfindet und hierdurch bestärkt wird, sich auch weiterhin oder in zunehmendem Maße der Lösung von Aufgaben und Problemen zu stellen. Die Qualität eines Klassenklimas wird sich daran messen lassen,

> inwieweit die Prozesse in der Lernumwelt so ablaufen, dass Bedürfnisse und Erwartungen der Lernenden erfüllt bzw. nicht frustriert werden, sodass ihnen die Konzentration auf die Lernaufgaben möglich wird. Effizienz (im Sinne professioneller Praktiken und Standards) und Klima (im

Sinne einer förderlich erlebten Umwelt) bilden daher zwei Aspekte von Unterrichtsqualität, die grundsätzlich in einem Ursache-Wirkungs-Verhältnis zueinander stehen (Eder, 2002, S. 226).

In der Forschung zum Schul- und Unterrichtsklima findet deshalb auch die Frage nach dem Zusammenhang zwischen dem Lernerfolg der Schüler und den Unterrichtsleistungen durch die Lehrkräfte besondere Beachtung. Empirische Studien haben gezeigt, dass Schüler höhere Leistungen erbringen, wenn die Lehrer ein persönliches Interesse an deren Lernfortschritten zeigen und sie dabei unterstützen, die Erwartungen zu erfüllen. Die internationale Kompetenzvergleichsstudie PISA kann diesen direkten, eindimensionalen Zusammenhang zwar nicht in ausgeprägter Zusammenhangsstärke, jedoch grundsätzlich tendenziell bestätigen. In den meisten Ländern mit intensiver Unterstützung durch die Lehrer kann ein geringfügig positiver Zusammenhang mit den Schülerleistungen konstatiert werden (vgl. OECD, 2001, S. 190). Deutschland hingegen gehört zu den Ländern, in denen die Unterstützung nach Einschätzung der Schülerinnen und Schüler unter dem Durchschnitt liegt. In diesen Ländern gibt etwas mehr als die Hälfte der Befragten an, dass sich ihre Lehrer niemals für den Lernfortschritt der einzelnen Schüler interessieren oder dies lediglich in einigen Stunden tun und 58 Prozent oder mehr der Schüler geben an, dass ihre Lehrer ihnen nie oder nur in einigen Stunden beim Lernen helfen (ebenda, S. 190/191).

Als mögliche Erklärung für die Länder wie Deutschland wird in Betracht gezogen, dass die Unterstützungsbereitschaft in geringerem Maße als in anderen Ländern in der Berufskultur verankert ist und die »Lehrkräfte dazu tendieren, ihre Anstrengungen auf Klassen bzw. einzelne Schülerinnen und Schüler mit besonders großen Schwierigkeiten zu beschränken« (ebenda, S. 191). Unabhängig davon, ob angehende Lehrer während der Ausbildung mit dem Förderprinzip als Idee konfrontiert werden und darüber hinaus Gelegenheit erhalten, Handlungskompetenzen für die Implementierung von differenzierenden Unterrichtsverfahren und -methoden zu entwickeln, dürfte vielmehr das systembedingte Richtig/falsch-Paradigma ausschlaggebend für das konkrete Unterstützungsverhalten der Lehrer unseren Schulen sein. Die Anstrengungen, jemanden nicht aufzugeben und ihm den Anschluss an die Klasse zu ermöglichen, dürfte sich schon deshalb in Grenzen halten, weil nolens volens selbst mitunter gutmütige und kritische Lehrer zu Opfern des vorteilhaften Gedankens werden, den Schüler »falsch« wahrzunehmen. Der Schüler hat das Falsche gelernt, weil die Grundschule nicht aufgepasst hat, oder er hat die falschen Eltern bzw. den falschen Umgang, vielleicht hat er ganz einfach die falsche Schullaufbahn gewählt und befindet sich in der falschen Schule. Das Falschsein eines Schülers wird wenigstens als derart beeinträchtigend erfahren, dass der Lehrer zu der Auffassung gelangt, ihm selbst nicht richtig helfen zu können. Dazu bedarf es dann anderer Personen oder Institutionen, die dafür viel besser geeignet und vor allem ausgebildet seien. Obwohl das oft ebenfalls lediglich eine Schutzbehauptung ist, weil dem »falschen« Schüler als Ausweg in der deutschen Schule besonders gern die Wiederholung einer Klasse (in keinem anderen Land müssen so viele Schüler dieses Schicksal erleiden wie in Deutschland) zugemutet oder gar zu einem Abstieg zwischen den Schulformen geraten wird.

Eng mit dem systemabhängigen Richtig/Falsch-Paradigma verknüpft ist die Art, wie mit dem Fehler beim Lernen der Schülerinnen und Schüler umgegangen wird. Obwohl der Fehler zum Lernen wie der Fisch zum Wasser gehört, wird immer wieder der untaugliche Versuch gemacht, »fehlerfreies« Lernen dadurch zu erreichen, dass der Fehler negativ sanktioniert wird und sich unberechtigter Weise in der Leistungsbeurteilung niederschlägt. Aber nicht genug damit, dass gegen das oberste pädagogische Prinzip verstoßen wird, Lernsituationen von Arbeitszusammenhängen zum Zwecke der Leistungsbeurteilung kategorisch zu trennen, sondern noch viel gravierender wirkt es sich aus, wenn der Fehler in seiner lernpsychologischen Bedeutung falsch wahrgenommen und »verarbeitet« wird. Deshalb ist pädagogisch gewendet der Grundgedanke der »Fehlerfreundlichkeit« Ausdruck für eine ermutigende, selbstkritische Erziehungsverantwortung. Das eigene Lernen verstehen lernen, ist der tiefere und letztlich wichtigste Sinn einer Fehleranalyse. Psychosoziale Kompetenz erlaubt, nicht nur hinter dem Fehler den Menschen zu sehen, sondern ebenso den Fehler als Element einer reflexiven Rückmelde- und Vertrauenskultur aufzufassen und zu nutzen.

Vermutlich deckt sich dieser Zusammenhang mit einem weiteren Erklärungsansatz, der in der PISA-Studie Erwähnung findet. Dort heißt es nämlich:

> Vielleicht verhält es sich auch so, dass im Hinblick auf die in einer Schule gebotene Unterstützung durch die Lehrkräfte erst ein bestimmtes Niveau erreicht werden muss, bevor Auswirkungen auf die Schülerleistungen groß genug sind, um diese positiv zu beeinflussen (ebenda).

Danach wäre die Unterstützungsbereitschaft tatsächlich in Deutschland zwar insgesamt schwach ausgeprägt. Aber nicht, weil die Lehrerinnen und Lehrer nicht wüssten, wie wichtig der Zusammenhang von Fördern und Fordern für den Lernerfolg ist, sondern der Verpflichtung danach zu handeln, nur auf einem relativ niedrigen Anstrengungsniveau nachgekommen wird. Die Möglichkeit, sich selbst aus der Verantwortung entlassen zu können, indem beispielsweise die Annahme vom Schüler in der falschen Schule zur selbsterfüllenden Prophezeiung wird, lässt wahrscheinlich ein berufsbedingtes Bewusstsein entstehen, das der »förderlichen« Auslese den absoluten Vorrang vor dem pädagogisch motivierten Unterstützungsethos einräumt. Mag der direkte positive Zusammenhang zwischen starker Unterstützung durch die Lehrer und den erreichten Schülerleistungen gemäß PISA auch gering sein, dürfte hingegen der mittelbare, insbesondere in einem hochselektiven Schulsystem wie dem unseren, gravierend sein, vor allem für das Unterrichts- und Klassenklima. Im Gegensatz zu integrativen Schulsystemen, in denen die geringe Unterstützungsbereitschaft nämlich nicht mit einer institutionell legitimierten Abschiebepraxis verkoppelt werden kann, die Lehrer trotz allem die Schüler behalten, kann das Unterrichtsklima in allen Schulklassen in Deutschland jederzeit durch heranziehendes Unwetter des Drop-Outs in psycho-soziale Turbulenzen versetzt werden.

Demnach ist das Berufsethos nicht zu trennen von der Selbstverpflichtung, um das Vertrauen der Schüler zu werben, indem sie sicher sein können, dass niemand aufgegeben wird. Jede Vertrauensbeziehung hat nämlich eine eigene Geschichte. Bei der Vertrauensentwicklung zwischen zwei Personen, in unserem Fall also zwischen Schüler und Lehrer, wirken beide wechselseitig aufeinander ein. Das jeweilige Verhalten der Interaktionspartner ist abhängig von der Wahrnehmung des (früheren) Verhaltens des jeweils anderen. Als Dimensionen vertrauenswürdigen Lehrerverhaltens haben Schweer und Padberg (2003) diese fünf beschrieben:

1. Persönliche Zuwendung: Wie intensiv widmet sich der Lehrende den privaten Anliegen der Lernenden und hilft ihnen hierbei?
2. Fachliche Kompetenz und Hilfe: In welchem Maße ist der Lehrende bei fachlichen Problemen ansprechbar? Bewertet er gerecht und ermutigt zur Offenheit in Diskussionen?
3. Respekt: Inwieweit achtet der Lehrende den Lernenden als Person und nimmt ihn als Interaktionspartner ernst?
4. Zugänglichkeit: Inwieweit ist der Lehrende offen für die Belange des Lernenden und nimmt sich dafür Zeit?
5. Aufrichtigkeit: ist der Lehrende wirklich so, wie er sich gibt (S. 40)?

Im schulischen Bereich ist für die Lernenden ein wichtiger Prüfstein, ob die Lehrkraft auch bei privaten Schwierigkeiten ansprechbar ist. Werden derartige Vertrauenserwartungen erfüllt, kommt es zu Vertrauenskonkordanz, wenn nicht, führt dies hingegen zu Vertrauensdiskordanz. Damit wird sich vermutlich zwischen Schüler und Lehrer keine positive Vertrauensbeziehung entwickeln (können).

Ein positives Klassenklima begünstigt die Entstehung von gegenseitigem Vertrauen wie umgekehrt vertrauensvolle Interaktionen dem Klassenklima gut tun. Eine große Rolle spielen dabei wiederum die Möglichkeiten zur Partizipation, worauf schon im Zusammenhang der Ausführungen zur Führung des Lernens hingewiesen wurde.

Schüler wollen sich an unterrichtlichen Entwicklungsprozessen beteiligen, sie wollen Verantwortlichkeit zeigen und sich eingebunden fühlen. Lernschwierigkeiten und Verhaltensauffälligkeiten haben neben anderen Faktoren eine nicht zu unterschätzende Ursache darin, dass die Betroffenen lediglich über ein geringes oder überhaupt kein Selbstvertrauen verfügen. »Wer über ein gewisses Maß an Selbstvertrauen verfügt, ist auch eher in der Lage, Vertrauensbeziehungen mit anderen einzugehen oder umgekehrt«, betonen demgemäß Schweer und Padberg (2003, S. 58). Übertragen auf das Erziehungs- und Unterrichtsverhalten der Lehrerinnen und Lehrer heißt das: Soviel wie möglich pädagogisch in die Lern- und Sozialkultur der Klasse zu investieren, damit selbst Schülerinnen und Schülern, die von zu Hause eher mit geringem Selbstvertrauen ausgestattet wurden, Wege eröffnet werden, Selbstachtung und Selbstvertrauen Schritt für Schritt zu gewinnen bzw. zurückzugewinnen, unter anderem dadurch, wie weiter oben angesprochen wurde, indem dem Fehler seine stigmatisierende Wirkung für den Lernenden genommen wird. Vor allem der Glaube der Lehrkraft an die Schülerfähigkeit nimmt immer wieder eine Zentralstellung ein. Aber nicht viel weniger wichtig sind pädagogische Attitüden wie Gerechtigkeit und Wahrhaftigkeit (vgl. Oser, 1998, S. 109 ff.). Wie Untersuchungen zu entnehmen ist, überschätzen sich allerdings Lehrerinnen und Lehrer in diesen Dimensionen relativ stark. Auch das kann dazu führen, dass die Unterstützungsleistungen beim Lernen ihrer Schülerinnen und Schüler vergleichsweise gering ausfallen, sie selbst aber die Empfindung haben, hinreichend engagiert zu sein. Reflexive, psychosoziale Kompetenz wirkt der unbewussten Selbsterhöhung entgegen, in dem derart agierende Lehrerinnen und Lehrer regelmäßig ihren Unterricht analytisch überprüfen bzw. den Schülerinnen und Schülern die Gelegenheit einräumen, zu den wichtigsten Parametern des »gefühlten« Zustands des Klassenklimas Rückmeldung zu geben.

Sich von Zeit zu Zeit zusammen mit den Schülerinnen und Schülern über den Unterricht zu unterhalten ist noch aus einem anderen Grund äußerst wichtig. Schule und Unterricht leisten einen großen Beitrag zum Aufbau eines differenzierten Werteverständnisses. Helfen können und Hilfe annehmen (können) sind Verhaltensweisen, die in ihrer Entstehung und ihrer Verinnerlichung (Internalisierung) besonders stark geprägt werden vom »Vorleben« bzw. »Vormachen«, und zwar im Sinne vom Lernen an personenbezogenen »Modellen«. Nehmen demzufolge Schülerinnen und Schüler die Lehrkraft als jemanden wahr, der offensichtlich die Hilfe gering schätzt, indem er kaum oder gar nicht bereit ist zu helfen, obwohl viele seiner Hilfe bedürften, dann haben sie es mit einem negativ wirkenden Modell zu tun. Vorgelebt bekommen sie über weite Strecken des Unterrichts, dass es augenscheinlich die Lehrkraft für völlig legitim hält, Hilfe zu verweigern. Die Folgen lassen sich leicht ausmalen. Sich um andere kümmern lernen, ist eine Werthaltung, die sich nur in einem Klima entwickelt, in dem Schüler selbst erfahren, dass ihre Lehrerinnen und Lehrer ihnen bei Problemen, Aufgabenstellungen und Konflikten, die im Kontext von Unterricht und Schule auftreten, helfen. Formen des Sich-um-andere-Kümmerns müssen demnach das Interaktionsgefüge zwischen Schüler und Lehrkraft prägen, soll die Bereitschaft zur Hilfe als positiver Wert im Schülerbewusstsein verankert werden. Wenn Schülerinnen und Schüler sich im sensiblen Bereich des Lernens von Lehrerinnen und Lehrern im Stich gelassen fühlen, dann kann dieses Defizit auch nicht dadurch ausgeglichen werden, dass sie in anderen Unterrichtssituationen gemeinsam an Aufgabenstellungen arbeiten sollen.

Thematisierung im Unterricht

Die unterrichtliche Thematisierung psychosozialer Kompetenz stellt ein weiteres wichtiges Moment für deren Aneignung dar. Die psychosoziale Kompetenz eines Menschen zeichnet sich dadurch aus, dass er in der Lage ist, seine eigenen Gefühle wie auch die anderer wahrzunehmen und mit diesen umzugehen. Voraussetzung für diese Fähigkeit ist zunächst, die eigenen Gefühle bewusst zu erleben und benennen zu können. Ein einfaches und dauerhaftes Training hierfür kann bereits in Kindergarten und Grundschule beginnen (z. B. erhält jedes Kind Pappgesichter, die unterschiedliche Stimmungen ausdrücken und heftet diese – je nach individueller Stimmungslage – auf eine Wandtafel unter seinen Namen/Zeichen/Symbol). Erst wenn ein Mensch in der Lage ist, die eigenen Gefühle wahrzunehmen, kann er auch die Gefühle anderer Menschen erkennen.

Die zweite wichtige unterrichtliche Thematisierung besteht darin, den Umgang mit eigenen und fremden Gefühlen zu lernen (problematisch sind dabei vor allem die negativen Gefühle). Sei es, dass Schülerinnen und Schüler lernen, sich

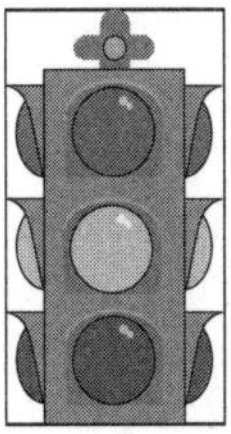

von ihrer Wut nicht »überrennen« zu lassen, sondern versuchen, diese möglichst konstruktiv zu verarbeiten. Goleman berichtet in seinem Buch *Emotionale Intelligenz* über den *Life Skills*-Kurs für Fünftklässler in einer Schule in New Haven. Für die Impulskontrolle gab es ein auffallend plaziertes »Ampel-Poster« mit sechs Schritten:

ROT: 1. Halte an, beruhige dich und denke, bevor du handelst.
GELB: 2. Benenne das Problem und sag, wie du dich fühlst.
3. Setze ein positives Ziel.
4. Denke an viele Lösungen.
5. Bedenke im Voraus die Folgen.
GRÜN: 6. Geh los und probiere es mit dem besten Plan

(Goleman, 1997, S. 346).

Ein weiteres wichtiges Lernziel ist, dass die Schülerinnen und Schüler die negativen Gefühle anderer Menschen/ihrer Mitschüler nicht zusätzlich forcieren, sondern ihnen helfen, einen nicht-aggressiven Ausweg zu finden. Hierfür bedarf es einerseits der Empathie, d. h. die Gefühle und Sorgen anderer zu verstehen und sich in sie hineinzuversetzen, sowie die abweichenden Ansichten anderer anzuerkennen. Andererseits ist für eine von allen akzeptierte Konfliktlösung wichtig, sich mit anderen Kindern, mit Eltern und Lehrern fair auseinander setzen zu können und beim Aushandeln eines Kompromisses sollen beide Seiten gewinnen (ebenda, S. 379f.).

Handlungskonsequenzen

Folgende Postulate sollten die Erziehungs- und Bildungsarbeit unserer Schulen prägen:

- Kinder und Jugendliche wollen Verantwortung für ihr Handeln und die Entwicklung ihrer eigenen Persönlichkeit übernehmen, aber dazu brauchen sie Lern- und Arbeitsarrangements, in denen sie die Freiheit haben, sich selbst zu erproben, Lernen selbst zu gestalten und zu regulieren.

- Kinder und Jugendliche wollen in ihren lebensweltlichen Erfahrungen, Ansichten und Wertorientierungen ernst genommen werden, aber dazu brauchen sie eine Schule, die sich ihrer Lebensprobleme aktiv und bewusst annimmt.
- Kinder und Jugendliche brauchen Respekt und die Achtung ihrer entwicklungswichtigen Grundbedürfnisse, u.a. des Bedürfnisses nach Erfahrungen, die auf individuelle Unterschiede zugeschnitten sind, des Bedürfnisses nach entwicklungsgerechten Erfahrungen und des Bedürfnisses nach Grenzen und Strukturen (vgl. Breinbrauer, 1997).
- Kinder und Jugendliche benötigen Lernkulturen, in denen sie grundorientierte Werte erfahren und leben können. »Werte entstehen aus Erfahrungen (...). Erzieher müssen wissen, dass sie die Repräsentanz von Werten darstellen, dass sie Werteerfahrungen auslösen (...). Für die Bildung von Werten gilt: »Werte müssen selbst erlebt werden, sonst gibt es sie für den einzelnen nicht« (Baumert et al., 2002, S. 178/179).
- Kinder und Jugendliche müssen Lernen als Beitrag ihrer eigenen Identitätsfindung und -bildung erkennen können. Dabei kommt der pädagogischen Kategorie der Widerstandsfähigkeit, d.h. der Befähigung, wachsam und sensitiv gegenüber der Manipulation ihrer Bedürfnisse und Interessen und dem Wirksamwerden gesellschaftlicher Pathologien zu sein, besonderes Gewicht zu (vgl. Bernhard, 2002; Jürgens, 2003).
- Kinder und Jugendliche bedürfen eines Vertrauensvorschusses, damit sie Selbst- und Mitbestimmungsfähigkeit, Solidarität und Mitverantwortlichkeit erlernen und wahrnehmen können. »Von Seiten des Erziehers aus gesehen bedeutet Vertrauen, dass das Kind bzw. der Jugendliche die angebotene Führung annimmt, und aus der Sicht des Schülers, dass der Lehrer ihn nicht irreführt. Eine auf Mündigkeit zielende Erziehung bedarf jenes Freiraumes, in dem sich Vertrauen ansiedeln kann (...). Der Vertrauensvorschuss mit all seinem Risiko ermöglicht erst dem Schüler die Selbstbestimmung bzw. das Abwägen und Prüfen der Argumente im Hinblick auf die Übernahme der Verantwortung für die Folgen der Entscheidung. Ein von außen bereits festgelegter Weg enthebt den Schüler dieser Aufgabe« (Troll, 1986, S. 661).

Schlussbemerkungen

Wunsch und Wirklichkeit

Wie ein roter Faden zieht sich die Erkenntnis durch die einzelnen Beiträge, dass verlässliche, sensible zwischenmenschliche Beziehungen die Voraussetzung für gelingende Erziehungs- und Bildungsprozesse darstellen. Sie bilden die Grundlage für erfolgreiches Lernen. Menschen mit psychosozialer Kompetenz zeichnen sich u.a. durch ein hohes Maß an Aufmerksamkeit für die eigenen emotionale Befindlichkeit und durch Empathie für ihre Mitmenschen aus. Sie können befriedigende zwischenmenschliche Beziehungen eingehen, konstruktiv mit belastenden Gefühlen umgehen und so Vertrauen zu sich selbst und zu anderen Menschen entwickeln. Auf diese Weise können sie zu Vorbildern für die nachwachsende Generation werden. Wir gehen davon aus, dass Beziehungskompetenz eine Schlüsselqualifikation für die Zukunft darstellt. Sichere emotionale Bindungen sind Voraussetzung für eine gelingende Entwicklung. Wird in den Familien diese Grundlage nicht in ausreichendem Maße geschaffen und findet sie in Kindergärten und Schulen keine ausreichende Würdigung, so wird dies einen langfristigen Einfluss auf die emotionale, soziale und kognitive Entwicklung der Kinder haben. Nur wenn es den für die Entwicklung der Kinder und Jugendlichen verantwortlichen Erwachsenen gelingt, diese Bedingungen zu erkennen und zu schaffen, werden sie auch in der Lage sein, ihnen all das mit auf den Weg zu geben, was sie mehr als alles andere für ihre Persönlichkeitsentwicklung brauchen: Die Fähigkeit zum Mitfühlen, zum Mitdenken und zum Mitgestalten.

Das aktuelle Zauberwort der Bildungsbürokratie allerdings lautet: Schaffung gemeinsamer Bildungsstandards. Für uns zeigt sich in dieser Zielsetzung – entgegen landläufiger Meinung – ein Mangel an Wissen darüber, unter welchen Bedingungen Erziehungs- und Bildungsprozesse gelingen können. Es besteht daher die Gefahr, dass durch den bildungspolitischen Übereifer wichtige Voraussetzungen nicht geschaffen und für weitere Jahre aus dem Blickfeld verdrängt werden. Eine erfolgreiche Bildungspolitik wird sich mit der grundlegenden Erkenntnis vertraut machen müssen, dass menschliche Beziehungen die Voraussetzungen für erfolgreiche Lernprozesse sind.

Mit den Beiträgen dieses Buches wollen wir Eltern, ErzieherInnen, LehrerInnen und einer interessierten Öffentlichkeit Anregungen geben, wie der Boden aussehen müsste, auf dem eine umfassende psychosoziale Kompetenz wachsen könnte. Sie ist aus unserer Sicht nicht nur die entscheidende Grundlage für gelingende Bildungsprozesse sondern die Voraussetzung für das Erwachsenwerden des einzelnen und jeder jungen Generation. Für das Gelingen dieser Prozesse sind natürlich angemessene Rahmenbedingungen wie Ausstattung der Schulen und Kindertagesstätten mit erforderlichen finanziellen Ressourcen erforderlich. Leider ist immer wieder eine Inkohärenz zwischen Versprechungen und der Kürzung von Etatmitteln in allen Bildungsbereichen zu verzeichnen. Bei einer kritischen Sichtweise der Realität stellt sich Skepsis gegenüber forschen Aussagen von Bildungspolitikern und Verwaltungsbeamten ein, die z. B. die Eigenverantwortlichkeit von Schulen preisen, aber mit kleinkarierten Erlassen und Verfügungen die Schulleitungen und Lehrer am Gängelband halten. Die Schuladministration selbst ist hinsichtlich ihrer potenziellen Verhinderungsaktivitäten von Innovationen im Bildungswesen nicht im Focus der Wissenschaft. Sie führt gleichsam ein Schattendasein.

Es sind in Deutschland schulpolitische Weichenstellungen erfolgt, die bei einer kritischen Würdigung der inzwischen allseits bekannten größeren Studien nicht nachvollziehbar sind. Das trifft noch in viel stärkerem Maße zu, wenn man neuere Ergebnisse aus den Bereichen der Säuglings-, Bindungs-, Familien- Jugend- und Hirnforschung berücksichtigt. Statt in einem qualifizierten Diskurs die Ergebnisse interpretierend miteinander in Beziehung zu setzen und daraus Folgerungen zu ziehen, werden schnelle Entscheidungen, die möglicherweise eher ein negative Auswirkung für die Entwicklung der Kinder haben, getroffen. Die Ergebnisse der PISA-Studie sprechen z. B. für einen längere gemeinsame Schullaufbahn. Eine Schullaufbahnentscheidung nach der 4. Klasse ist auch aus anderen wissenschaftlichen Studien nicht ableitbar.

Über eine Vorverlegung des Schulbeginns muss zum Beispiel dann nicht geredet werden, wenn es zu einer Neugestaltung des Elementar- und Primarbereichs kommen würde. Wird mit einer Vorverlegung des Schuleintrittsalters überwiegend der Erwerb von Kulturtechniken (Lesen, Schreiben, Mathematik) verbunden, dann wird genau das übersehen, worauf es in dieser Altersstufe ankommt: In einer altersgemäßen Lernumgebung sollte es den Kindern möglich sein, ihren Wissensdurst und ihre Entdeckerfreude voll befriedigen zu können. Dazu sind kleine Spiel- und Lerngruppen erforderlich, die von professionell arbeitenden Erzieherinnen und Lehrern begleitet werden.

In der gegenwärtigen Situation müssen viele Prozesse gleichzeitig initiiert und zugleich längerfristige Perspektiven entwickelt werden. Dabei darf nicht übersehen werden, dass der Grad der Umsetzung bildungspolitischer Zielvorgaben vor allem abhängig ist von der vorhandenen psychosozialen Kompetenz der in diesen Institutionen handelnden Personen. Eine wichtige Voraussetzung für eine erfolgreiche Erziehungs- und bildungsarbeit ist z. B. auch eine gruppendynamischen Kompetenz. Denn eine gute Arbeitsatmosphäre ist eine entscheidende Voraussetzung dafür, dass Bildungsinhalte optimal vermittelt und gelernt werden können. Damit ist eine wichtige Aufgabe formuliert, die von den Teams in Kindertagesstätten, Schulen oder Kinderheimen umgesetzt werden müssen. Eine große Chance für Innovationen besteht vor allem dann, wenn es den jeweiligen Personen gelingt, sich über gruppendynamische Arbeitsformen die Kompetenzen anzueignen, die im Ergebnis eine lernfördernde Atmosphäre hervorbringen.

Erfolgreiche Reformen benötigen neben der kritischen Reflexion der handelnden Personen immer auch Anstöße von außen. Es braucht die »bedeutsamen Anderen«, die durch eine wohlwollend kritische Haltung Umsetzungsprozesse begleiten. Damit sind Personen oder Institutionen gemeint, die neben fachlicher Kompetenz vor allem Vertrauen und Wertschätzung anzubieten haben.

In Erziehungs- und Bildungsprozessen geht es um den Aufbau eines Netzes von verlässlichen, sensiblen zwischenmenschlichen Beziehungen. Sie bilden die Grundlage für erfolgreiches Lernen. Die Personen (Eltern, ErzieherInnen, LehrerInnen) sind dabei oft einem gesellschaftlichen Druck ausgesetzt, der durch Interessen bestimmt wird, die sich nicht primär an der Persönlichkeitsentwicklung des Kindes und Jugendlichen orientieren. Es bleibt daher die Frage, wie psychosoziale Kompetenz unter den gegenwärtig herrschenden gesellschaftlichen Bedingungen im Erziehungsalltag gefördert werden kann. Möglicherweise ist der Mangel an emotionaler Kompetenz sogar die Ursache für das Scheitern wichtiger Reformvorhaben.

Darüber hinaus deutet sich eine große Diskrepanz zwischen denen an, die z. B. »Bildung neu denken« und formulieren und den ErzieherInnen und LehrerInnen in den Kindertagesstätten und Schulen, die konkret mit Kindern arbeiten. Aber nicht nur zwischen ihnen, sondern auch jeweils innerhalb der in den Institutionen handelnden Personen gibt es Diskrepanzen in den Zielvorstellungen von Erziehung und Bildung.

Die Idee einer psychosozialen Kompetenz müsste in den bildungspolitischen Diskurs aufgenommen werden. Denn Psychosoziale Kompetenz scheint so etwas wie ein Botenstoff zu sein, ohne dessen Vorhandensein erfolgreiche Erziehungs- und Bildungsprozesse nicht gelingen können. Bildung neu denken, Reformprozesse einleiten und umsetzen würde nach diesen Vorstellungen die Produktion des Botenstoffes »Psychosoziale Kompetenz« zur Voraussetzung haben und diesen im Prozess immer wieder mit hervorbringen.

> Es gibt keinen Zweifel daran, dass das Nervensystem der Bildung, vom einfachen Lernen bis hin zum komplexen Verständnis, zwischen den Menschen verläuft und nicht im Versorgungsschacht der Institutionen. Diese Nerven werden aus drei Grundstoffen gebildet: Vertrauen, Stolz und gegenseitige Anerkennung. Sie ermöglichen den Dialog, also den dauernden Wechsel im Status von Sender und Empfänger. Die Frequenz dieses Wechsels ist ein Maß für die Intelligenz von Organisationen – und genau darin ist Deutschland schwach (Kahl, 2001).

Literatur

Adorno, T.W. (1955): Minima Moralia, Frankfurt: Suhrkamp.

Ainsworth, M. D. S. et al. (1969): Attachment and exploratory behavior of one-year-olds in a strange situation. In: Foss, B. M.(Ed.): Determinants of infant behavior, London: Methuen, 11–136.

Baumert, J.; Fried, J.; Joas, H.; Mittelstraß, J.; Singer, W. (2002): Manifest: Bildung lehrt den vernünftigen Umgang mit der Welt. Deshalb muss Bildung die zentrale Aufgabe unserer Gesellschaft werden. In: Killius, N.; Kluge, J.; Reisch, L. (Hrsg.): Die Zukunft der Bildung. Frankfurt/Main: Suhrkamp, 171–225.

Bergmann, W. (2001): Die Bedeutung der Vision bei der Entfaltung der neuen Ordnungen im Internet. Psychologische Anmerkungen. In: Praktische Theologie, 36, 165–173.

Bergmann, W. (2003): Das Drama des modernen Kindes. Hyperaktivität, Magersucht, Selbstverletzungen. Düsseldorf/Zürich: Walter.

Bernhard, A. (2002): Modularisiertes oder widerständiges Subjekt? – Die Identitätsproblematik als Herausforderung an eine kritische Bildungs- und Erziehungstheorie. Unveröffentlichtes Redemanuskript. Universität Münster.

Bessoth, R. (2003): Führen des Lernens: Denkanstöße zur Neufokussierung der Pädagogischen Führung. In: Schulleitung. Ein Lernsystem. Pädagogische Führung. Bd. 4. 15. Aktualisierungslieferung. Neuwied: Luchterhand, 1–40.

Bildungskommission NRW (1995): Zukunft der Bildung – Schule der Zukunft. Denkschrift der Kommission »Zukunft der Bildung – Schule der Zukunft« beim Ministerpräsidenten des Landes Nordrhein-Westfalen. Neuwied u. a.: Luchterhand.

Blos, P. (1990): Sohn und Vater. Stuttgart: Klett-Cotta.

Böckmann, W. (1987): Sinnorientierte Führung als Kunst der Mitarbeitermotivation. Landsberg/Lech: Moderne Industrie.

Bowlby, J. (1979): The making and breaking of affectional

bonds. London: Tavistock; deutsch (2001): Das Glück und die Trauer, Stuttgart: Klett-Cotta.
Brecht, B. (1967): Gesammelte Werke. Frankfurt/Main: Suhrkamp.
Breinbrauer, I. M. (1997): Vertrauen – vergessene Tugend oder erfolgreiche Sozialtechnik? In: Schulmagazin 5–10, 65 (2), 6–7.
Brophy, J.; Good, Th. L. (1986): Teacher behavior und student achievement. In: Wittrock, M. C. (Ed.): Handbook of Research on Teaching. New York et al.: Macmillan, 328–375.
Davies, J. D. (1995): On the margins. Oakhill: Trentham.
Deci, E. L.; Chandler, C. L. (1986): The importance of motivation for the future of the LD field. In: Journal of Learning Disabilities, 19, 587–594.
Deci, E. L.; Ryan, R. M. (1985): Intrinsic motivation and self-determination in human behavior. New York: Plenum.
Doornbos, K.; Stevens, L. M. (1987): De groei van het speciaal onderwijs. Deel B. Den Haag: SDU.
Dornes, M. (2000): Die emotionale Welt des Kindes. Frankfurt: Fischer.
Eder, F. (2002): Unterrichtsklima und Unterrichtsqualität. Unterrichtswissenschaft. In: Zeitschrift für Lernforschung, 30 (3), 213–229.
Eisenberg, L. (1995): The social construction of the human brain. In: Am. J. Psychiatry, 152, 1563–1575.
Erdheim, M. (2002): Ethnopsychoanalytische Aspekte der Adoleszenz – Adoleszenz und Omnipotenz. In: Psychotherapie im Dialog, 4, 324–330.
Erikson, E. H. (1971): Kinderspiel und politische Phantasie. Frankfurt: Suhrkamp.
Erikson, E. H. (1974): Jugend und Krise, Stuttgart: Klett.
Faust-Siehl, G.; Garlichs, A.; Ramseger, J.; Schwarz, H.; Warm, U. (1996): Die Zukunft beginnt in der Grundschule. Empfehlungen zur Neugestaltung der Primarstufe. Reinbek bei Hamburg: Rowohlt.
Fend, H. (1998): Qualität im Bildungswesen. Schulforschung zu Systembedingungen, Schulprofilen und Lehrerleistung. Weinheim/München: Juventa.
Feuling, M. (1993): Überlegungen zum Problem von »innen und außen«. In: Verein für Psychoanalytische Sozialarbeit

(Hrsg.): Innere Orte – Äußere Orte. Die Bildung psychischer Strukturen bei ich-struktuell gestörten Menschen. Tübingen: edition diskord, 19–32.

Foucault, M. (1977): Überwachen und Strafen. Frankfurt/Main: Suhrkamp.

Freud, S. (1990): Das Ich und das Es. Und andere metapsychologische Schriften. Frankfurt/Main: Fischer, insb. Zur Einführung des Narzißmus (1914), Das Ich und das Es (1923), Die Zukunft einer Illusion (1927), Ich-Spaltung im Abwehrvorgang (1938).

Fromm, E. (1998): Die Kunst des Liebens. 52. Aufl. Berlin: Ullstein.

Fthenakis, W.; Minsel, B. (2002): Die Rolle des Vaters in der Familie. Eine repräsentative Studie über Vaterschaft in Deutschland. In: Frühe Kindheit. Zeitschrift der deutschen Liga für das Kind, Heft 3, 23–25.

Gadamer, H.-G. (1993): Über die Verborgenheit der Gesundheit, Frankfurt/Main: Suhrkamp.

Garner, Ph. (1995): Schools by scoundrels: The views of 'disruptive' pupils in mainstream schools in England and the United States. In: Lloyd-Smith, M.; Davies, J. D. (Eds.): On the margins. Oakhill: Trentham, 33–52.

Gebauer, K. (2001): Kinder auf der Suche nach Geborgenheit in einer Welt brüchiger Beziehungen. In: Gebauer, K.; Hüther, G. (Hrsg.): Kinder brauchen Wurzeln. Neue Perspektiven für eine gelingende Entwicklung. Düsseldorf/Zürich: Walter, 165–187.

Gebauer, K. (2003): Väter gesucht. 16 exemplarische Geschichten. Düsseldorf/Zürich: Walter.

Gebauer K.; Hüther, G. (Hrsg.) (2001): Kinder brauchen Wurzeln. Neue Perspektiven für eine gelingende Entwicklung. Düsseldorf/Zürich: Walter.

Gebauer, K.; Hüther, G. (Hrsg.) (2002): Kinder suchen Orientierung. Anregungen für eine sinn-stiftende Erziehung. Düsseldorf/Zürich: Walter.

Gebauer, K.; Hüther, G. (Hrsg.) (2003): Kinder brauchen Spielräume. Perspektiven für eine kreative Erziehung. Düsseldorf/Zürich: Walter.

Gebhard, U. (2003): Die Vertrautheit der Welt. Zur Bedeutung kindlicher Naturbeziehungen. In: Gebauer, K.;

Hüther, G. (Hrsg.): Kinder brauchen Spielräume. Perspektiven für eine kreative Erziehung. Düsseldorf/Zürich: Walter, 96–118.
Goleman, D. (1997): Emotionale Intelligenz. München: dtv.
Good, Th. L.; Brophy, J. (1989): Teaching the lesson. In: Slavin, R. E. (Ed.): School and classroom organization. Hillsdale, NJ: Erlbaum, 25–68.
Grieser, J. (2000): Der phantasierte Vater. Zur Entstehung und Funktion des Vaterbildes beim Sohn. Tübingen: edition diskord.
Grossmann, K. E.; Grossmann, K. (2001): Das eingeschränkte Leben. Folgen mangelnder und traumatischer Bindungserfahrungen. In: Gebauer, K.; Hüther, G. (Hrsg.): Kinder brauchen Wurzeln. Düsseldorf/Zürich: Walter, 35–63.
Gruen, A. (1992): Der Verrat am Selbst. München: dtv.
Hameetman, M.; Meerdink, J. (2000): »Een meester is een leermeester«. Voorhout: WESP.
Hargreaves, A. (2000): Mixed emotions: Teachers' perceptions of their interactions with students. In: Teaching and Teacher Education, 16, 811–826.
Harter, S. (1978): Effectance motivation reconsidered: Toward a developmental model. In: Human Development, 21, 36–64.
Hartmann, H. (1972): Die symbolische Darstellung. In: ders.: Grundlagen der Psychoanalyse. Stuttgart: Klett, 139–151.
Haug-Schnabel, G. (2002): Erziehen – durch zugewandte und kompetente Begleitung zum selbsttätigen Erkennen und Handeln anleiten. In: Gebauer, K.; Hüther, G. (Hrsg.): Kinder brauchen Spielräume. Perspektiven für eine kreative Erziehung. Düsseldorf/Zürich: Walter, 40–54.
Heinz, W. (2002): Männer als Väter. Sozialwissenschaftliche Theorie und Empirie. Gießen: Psychosozial.
Helmke, A.; Renkl, A. (1993): Unaufmerksamkeit in Grundschulklassen: Problem der Klasse oder des Lehrers? In: Zeitschrift für Entwicklungspsychologie und Pädagogische Psychologie, 25 (3), 185–205.
Henry, J. P. (1993): Psychological and physiological responses to Stress: The right hemisphere and the hypothalamo-pituitary-adrenal axis, an inquiry into problems of human

bonding. In: Integrative Physiological and behavioral science, 28, 369–387.
Hensel, K. (2000): Klamms Krieg. Kiepenheuer Bühnenvertriebs GmbH, UA. Staatsschauspiel Dresden.
Herlth, A. (2002): Ressourcen der Vaterrolle. Familiale Bedingungen der Vater-Kind-Beziehung. In: Walter, H. (Hrsg.): Männer als Väter. Sozialwissenschaftliche Theorie und Empirie. Gießen: Psychosozial, 585–608.
Hesse, I.; Wellershoff, H. (1996): »Es ist ein Vogel. Er kann fliegen im Text«. Kinder schreiben sich ihre Geschichten von der Seele. Bremen: Selbstverlag.
Hobson, P. (2003): Wie wir denken lernen. Gehirnentwicklung und die Rolle der Gefühle. Düsseldorf/Zürich: Walter.
Hoogeveen, K. (1999): Het kunnen allemaal je eigen kinderen zijn. Utrecht: Jan van Arkel.
Hübner, L. (2002): Winner & Loser. Hartmann & Stauffacher, UA. Staatstheater Hannover.
Huebschman, H. (1974): Krankheit – ein Körperstreik, Freiburg: Herder.
Hüther, G. (1999): Die Evolution der Liebe. Göttingen: Vandenhoeck & Ruprecht.
Hüther, G. (2001): Die Bedeutung emotionaler Sicherheit für die Entwicklung des kindlichen Gehirns. In: Gebauer, K.; Hüther, G. (Hrsg.): Kinder brauchen Wurzeln. Düsseldorf:/Zürich: Walter, 15–34.
Hüther, G. (2002): Wohin, Wofür, Weshalb? Über die Bedeutung innerer Leitbilder für die Hirnentwicklung. In: Gebauer, K.; Hüther, G. (Hrsg.): Kinder suchen Orientierung. Düsseldorf/Zürich: Walter, 20–29.
Hüther, G. (2004): Die Macht der inneren Bilder. Göttingen: Vandenhoeck & Ruprecht.
Illich, I. (1981): Die Nemesis der Medizin. Reinbek bei Hamburg: Rowohlt.
Jaspers, K. (1973): Allgemeine Psychopathologie. Berlin: Springer.
Jerns, G. U. (1976): Die größeren Kopfschmerzen. Göttingen: Davids.
Jonas, H. (1973): Organismus und Freiheit. Göttingen: Vandenhoeck & Ruprecht
Jones, V. F.; Jones, L. S. (2000): Comprehensive classroom management. Boston et al.: Allyn & Bacon.

Jürgens, E. (2003): Vertrauenskultur und Lernidentitätsentwicklung im Zusammenhang schulischer Leistungserziehung. In: Pädagogische Rundschau, 57 (4), 437–447.
Juul J.; Jensen, H. (2002): Pædagogisk relations-kompetence – fra lydighed til ansvarlighed. Kopenhagen: Apostrof; deutsch (2004): Vom Gehorsam zur Verantwortung. Für eine neue Erziehungskultur. Düsseldorf/Zürich: Walter.
Kahl, R. (2001) in: Die Welt vom 5.12.2001.
Kahl, R. (2002): Nowhere Man: Auf der Suche nach erwachsen gewordenen Erwachsenen. In: Gebauer, K.; Hüther, G. (Hrsg.): Kinder suchen Orientierung. Düsseldorf: Walter, 168–192.
Kahl, R. (2003): Zwischen Erfurt und PISA. Fragen an das System Schule. In: Archiv der Jugendkulturen (Hrsg.): Der Amoklauf von Erfurt. Berlin: Archiv der Jugendkulturen, 19–45.
Kaplan, L. J. (1978): Oneness and separateness: From infant to individual. New York: Simon & Schuster; deutsch (1981): Die zweite Geburt. München: Piper.
Keil, Annelie (2000): Wird Zeit, dass wir leben. Wenn Körper und Seele streiken. Kreuzlingen/München: Ariston, Hugendubel.
Kernberg, O. F. (1988): Innere Welt und äußere Realität. Anwendung der Objektbeziehungstheorie. München/Wien: Internationale Psychoanalyse.
Kerr, M. E.; Bowen, M. (1998): Family evaluation: An approach based on Bowen Theory. 2nd ed. New York: W. W. Norton.
Kildedal, K. (1996): Det anbragte barn: En debatbog om mødet mellem barnet og den professionelle. Frederikshavn: Dafolo.
Klitzing, K. von (2002a): Repräsentanzen der Vaterschaft. Triadische Fähigkeit und kindliche Entwicklung. In: Frühe Kindheit. Zeitschrift der deutschen Liga für das Kind, Heft 3, 10–13.
Klitzing, K. von (2002b): Jenseits des Bindungsprinzips. In: Steinhardt, K.; Datler, W.; Gstach, J. (Hrsg.): Die Bedeutung des Vaters in der frühen Kindheit. Gießen: Psychosozial, 87–99.
Kudera, W. (2002): Neue Väter, neue Mütter – neue Arrange-

ments der Lebensführung. In: Walter, H. (Hrsg.): Männer als Väter. Sozialwissenschaftliche Theorie und Empirie. Gießen: Psychosozial, 145–185.
Kütemeyer, M. (1995): Die Medizin braucht mehr weibliches Denken. In: Göper, E.; Schneider-Wohlfahrt, U. (Hrsg.): Provokationen zur Gesundheit. Frankfurt: Mabuse, 143–153.
Kütemeyer, M.; Masuhr, F. (1981): Psychosomatische Aspekte in der Neurologie. In: Jores, A. (Hrsg.): Praktische Psychosomatik. Ein Lehrbuch für Ärzte und Studierende der Medizin. 2. Aufl. Bern/Stuttgart/Wien: Hans Huber, 353–370.
LeDoux, J. (1998): Das Netz der Gefühle. Wie Emotionen entstehen. München: Hanser.
Lippe, R. zur (1978): Am eigenen Leib. Zur Ökonomie des Lebens. Frankfurt/Main: Suhrkamp.
Liu, D.; Diorio, J; Day, J. C., Francis, D. D.; Meaney, M. J. (2000): Maternal care, hippocampal synaptogenesis and cognitive developments in rats. In: Nature Neuroscience, 3, 799–806.
Lloyd-Smith, M.; Davis, J. D. (1995) (Eds.): On the margins. Oakhill: Trentham.
Lund, M. A. (2000): Konsulentarbejde og supervision i skole-, social- og sundhedssektoren. Kopenhagen: Schønbergske.
Maturana, H.; Varela, F. (1987): Der Baum der Erkenntnis. Bern/München: Scherz.
Milz, Helmut (1994): Der wiederentdeckte Körper. Vom schöpferischen Umgang mit sich selbst. München: dtv.
Mitscherlich, A. (2003): Auf dem Weg zur vaterlosen Gesellschaft. Ideen zur Sozialpsychologie. Weinheim: Beltz.
Mönninghoff, J. A. (1992): Das Bewußtsein des Lehrers. Neuwied u. a.: Luchterhand.
Mortimore, P.; Sammons, P.; Stoll, L.; Lewis, D.; Ecob, R. (1989): A study of effective junior schools. In: Educational Research, 13, 753–768.
Nicholls, J. G. (1989): The competitive ethos and democratic education. Cambridge, MA: Harvard UP.
Noguera, P. (1995): Preventing and producing violence: A critical analysis of responses to school violence. In: Harvard Educational Review, 65, 189–212.
OECD (2001): Lernen für das Leben. Erste Ergebnisse der

internationalen Schulleistungsstudie PISA 2000. Paris: OECD Publications.
Oser, F. (1998): Ethos – Die Vermenschlichung des Erfolgs. Opladen: Leske & Budrich.
Petri, H. (2002): Das Drama der Vaterentbehrung. Vom Chaos der Familie zu einer neuen Geschlechterdemokratie. In: Frühe Kindheit. Zeitschrift der deutschen Liga für das Kind, Heft 3, 4–9.
Platform Pedagogische Opdracht van het Onderwijs (1995): Eindrapport. Enschede: SLO.
Radebold, H. (2000): Abwesende Väter. Folgen der Kriegskindheit in Psychoanalysen. Göttingen: Vandenhoeck & Ruprecht.
Reich, W. (1971): Charakteranalyse. 3. Aufl. Köln/Berlin: Kiepenheuer & Witsch.
Reich, W. (1979): Christusmord. Geschichte der Entdeckung der Lebensenergie. Olten/Freiburg.
Riksen-Walraven, J. M. A. (1988): Meten in perspectief. In: Tijdschrift voor Orthopedagogiek, 28, 16–33.
Riksen-Walraven, J. M. A. (2002): Wie het kleine niet eert … Inaugural lecture. Nijmegen: Katholieke Universiteit Nijmegen.
Riksen-Walraven, J. M. A.; van Aken, M. A. G. (1997): Effects of two mother-infant intervention programs upon children's development at 7, 10, 12 years. In: Koops, W.; Hoeksma, J. B.; van den Boom, D. C. (Eds.): Development of interaction and attachment: Traditional and non-traditional approaches. Amsterdam: North-Holland, 79–93.
Rogers, D.; Web, J. (1991): The ethic of caring in teacher education. In: Journal of Teacher Education, 42(3), 173–181.
Rudduck, J.; Chaplain, R.; Wallace, G. (1994): Reviewing the conditions for learning in school. In: Rudduck, J.; Chaplain, R.; Wallace, G. (Eds.): School improvement. London: Fulton, 172–178.
Rutter, M. (2002): Nature, nurture, and development: From evangelism through science toward policy and practice. In: Child Development, 73, 1–21.
Salisch, M. von (2002): Emotionale Kompetenz entwickeln. Grundlagen in Kindheit und Jugend. Stuttgart: Kohlhammer.

Sartre, J.-P. (1941): L'Etre et le Néant, Paris: Gallimard; deutsch (1952): Das Sein und das Nichts. Reinbek: Rowohlt.

Scheer, P. J.; Wilken, M. (2002): Zwei sind einer zu wenig: Die Rolle des Vaters für den Säugling. Gießen: Psychosozial.

Schmid, W. (1998): Philosophie der Lebenskunst. Frankfurt/Main: Suhrkamp.

Schon, L. (2000): Sehnsucht nach dem Vater. Die Dynamik der Vater-Sohn-Beziehung. Stuttgart: Klett-Cotta.

Schore, A. N. (2001): The effects of a secure attachment relationship on right brain development, affect regulation, and infant mental health. In: Infant Mental Health Journal, 22, 7–66.

Schorn, A. (2003): Männer im Übergang zur Vaterschaft. Das Entstehen der Beziehung zum Kind. Gießen: Psychosozial.

Schunk, D. H.; Zimmerman, B. J. (1994): Self-regulation of learning and performance. Hillsdale, NJ: Erlbaum.

Schweer, M.; Padberg, J. (2002): Vertrauen im Schulalltag. Eine pädagogische Herausforderung. Neuwied: Luchterhand.

Seiffge-Krenke, I. (2002): Väter: Überflüssig, notwendig oder sogar schädlich? In: Psychoanalytische Familientherapie, 5 (2), 19–32.

Singer, W. (1995): Development and plasticity of cortical processing architectures. In: Science, 270, 758–764.

Skinner, E. A. (1995): Percieved control, motivation & coping. London: Sage.

Spady, W. (2001): Beyond counterfeit reforms. Lanham, MA: Scarecrow.

Spinelli, E. (1998): Terapi, magt og mystifikation, en afdækkende analyse. Kopenhagen: Hans Reitzels.

Standop, J. (2002): Emotionen und kognitives schulisches Lernen aus interdisziplinärer Perspektive. Frankfurt/Main u. a.: Peter Lang.

Standop, J. (2003): Werteerziehung als Aufgabe schulischer Bildung. Theoretische Grundlegung und praktischer Leitfaden. Göttingen: Institut für berufliche Bildung und Weiterbildung e.V.

Steinhardt, K.; Datler, W.; Gstach, J. (2002): Die Bedeutung des Vaters in der frühen Kindheit. Gießen: Psychosozial.

Stern, D. N. (1997): Die Mutterschaftskonstellation. Stuttgart: Klett-Cotta.

Stevens, L. M. (1997): Overdenken en doen. Den Haag: PMPO.

Stevens, L. M. (2001): Denkpause. Hohengehren: Schneider.

Stevens, L. M.; van Werkhoven, W.; Beekers, P.; Evers, M.; Wentzel, M. (2004): Zin in school. Amersfoort: CPS.

Stierlin, H. (1994): Ich und die anderen. Psychotherapie in einer sich wandelnden Gesellschaft. Stuttgart: Klett-Cotta.

Tausch, R.; Tausch, A. M. (1991): Erziehungspsychologie. 10. erg. und überarb. Aufl. Göttingen: Verlag für Psychologie.

Troll, F. (1986): Zur Bedeutung des Vertrauens. In: Erziehung und Unterricht, 136 (9), 655–662.

Walter, H. (2002): Männer als Väter. Sozialwissenschaftliche Theorie und Empirie. Gießen: Psychosozial.

Wang, M. C.; Haertel, G. D.; Walberg, H. J. (1993): Toward a knowledge base for school learning. In: Review of Educational Research, 63 (3), 249–294.

Weinert, F. E. (1996): ›Der gute Lehrer‹, ›die gute Lehrerin‹ im Spiegel der Wissenschaft. In: Beiträge zur Lehrerbildung, 14 (2), 141–151.

Weizsäcker, V. von (1973): Der Gestaltkreis. Theorie der Einheit von Wahrnehmen und Bewegen (1. Aufl. 1950). Frankfurt/Main: Suhrkamp.

Wielinga, E. (2001): Netwerken als levend weefsel. Den Bosch: Uilenreef.

Winnicott, D. W.(1965): The family and individual development. London: Tavistock; deutsch (1984): Familie und individuelle Entwicklung, Frankfurt/Main: Suhrkamp.

Winnicott, D. W. (1971): Playing and reality. London: Tavistock; deutsch (2002): Vom Spiel zur Kreativität. 10. Aufl. Stuttgart: Klett-Cotta.

Winnicott, D. W. (1984): Kind, Familie und Umwelt. 4. Aufl. München: Reinhardt.

Zinnecker, J.; Behnken, I.; Maschke, S.; Stecher, L. (2003): null zoff & voll busy. Die erste Jugendgeneration des neuen Jahrhunderts. Ein Selbstbild. Opladen: Leske & Budrich.

Zoja, L. (2002): Das Verschwinden der Väter. Düsseldorf/Zürich: Walter.

Autorinnen und Autoren

Bergmann, Wolfgang (1944–2011),
war einer der bekanntesten Erziehungswissenschaftler Deutschlands.

Wolfgang Bergmann war Kinderpsychologe in eigener Praxis in Hannover; er bemühte sich darum, Lernkonzepte für aufmerksamkeitsschwache (und dementsprechend lernschwierige) Kinder theoretisch und praktisch zu entwickeln, und beschäftigte sich seit den 80er Jahren mit dem Thema »Medien und veränderte Kommunikationen/Symbolerfahrungen/Sozialitäten«.

In seiner Praxis hatte er fast täglich mit sogenannten ADS-Kindern zu tun und versuchte, ein neues Verständnis dieses – zu weiten Teilen kulturell bedingten – Phänomens zu formulieren. Zu seinen letzten Veröffentlichungen zählen: *Disziplin ohne Angst. Wie wir den Respekt unserer Kinder gewinnen*, 2012; *Ganz bei der Sache. Wie Sie Ihrem Kind bei Konzentrationsschwächen und Lernproblemen helfen können*, 2012; *Die Kunst der Elternliebe. Vom dem, was uns zusammenhält*, 2011; *Lasst eure Kinder in Ruhe! Gegen den Förderwahn in der Erziehung*, 2011.

Dr. phil. Karl Gebauer
war über einen Zeitraum von 25 Jahren Schulleiter der Göttinger Leinebergschule, davor war er Lehrer an verschiedenen Schulen.

Er ist Mitinitiator und langjähriger Leiter der »Göttinger Kongresse für Erziehung und Bildung«. www.goe-keb.de Wichtig waren für ihn Erkenntnisse aus der Säuglings-, Bindungs- und Hirnforschung sowie der Psychoanalyse, der systemischen Therapie und der Gestaltpädagogik. Im Zentrum seiner pädagogischen Arbeit stand die gemeinsame Problemanalyse. Im Rahmen der wöchentlichen Teamsitzungen wurden anhand unterschiedlicher Methoden Lösungen für die Probleme des schulischen Alltags gesucht und gefunden.

Karl Gebauer hat 17 Bücher veröffentlicht, darunter: *Mobbing in der Schule*, 2005; *Klug wird niemand von allein. Kinder fördern durch Liebe*, 2007; *Gefühle erkennen – sich in andere einfühlen. Kindheitsmuster Empathie – ein Bilderbuch*, 2011. Einige Bücher sind in chinesischer, koreanischer, italienischer, polnischer und spanischer Übersetzung erschienen. www.gebauer-karl.de

Huber, Christoph

Schauspieler, Theaterpädagoge, Regisseur, Göttingen.

1962 geboren in Biel/Schweiz, hat bereits während seiner Ausbildung zum Grundschullehrer am Theater kleinere Rollen gespielt und später Regieassistenzen gemacht. Vierjährige Tätigkeit als Grundschullehrer (4./5. Klassen), 1988 Schauspielausbildung an einer selbstverwalteten Schauspielschule in Mainz. 1992 erstes Fest-Engagement in Schwedt/Oder, während dieser Zeit Durchführung von Theaterkursen mit Jugendlichen an der dortigen Musik- und Kunstschule sowie Erarbeitung kleinerer Schauspielprojekte. 1996 Engagement als Schauspieler beim Deutschen Theater in Göttingen (DT), nach vier Jahren im Schauspielensemble auf eigenen Wunsch Wechsel in die Abteilung des Kinder- und Jugendtheaters, dortige Arbeitsschwerpunkte: Durchführung von theaterpädagogischen Projekten, Regie, Stückdramaturgie, Spiel in verschiedenen Produktionen für Kinder und Jugendliche.

2008, zusammen mit Stefan Dehler, Gründung von *stille hunde*, einer freien Theaterformation (Markenzeichen: Theaterstücke für Kinder und Jugendliche) mit über 150 lokalen und regionalen Auftritten im Jahr sowie erfolgreichen Gastspielen im europäischen Ausland, oft in Zusammenarbeit mit dem Goethe-Institut.

Hüther, Prof. Dr. rer. nat. Dr. med. habil. Gerald

Sachbuchautor und Professor für Neurobiologe an der Universität Göttingen.

Zahlreiche Publikationen über den Einfluss früher Erfahrungen auf die Hirnentwicklung, die Auswirkungen von Angst und Stress sowie die Bedeutung emotionaler Reaktionen. Neurobiologische Präventionsforschung im Rahmen verschiedener Initiativen und Projekte. Von 2000 bis 2003, zusammen mit Karl Gebauer, Organisator der Göttinger Kongresse für Bildung und Erziehung. Berater für Politiker und Unternehmer; Mitherausgeber wissenschaftlicher Zeitschriften; Mitbegründer des Netzwerkes für Erziehung und Bildung. Ziel seiner Aktivitäten ist die Schaffung günstigerer Voraussetzungen für die Entfaltung menschlicher Potenziale, speziell im Bereich Erziehung und Bildung sowie auf der Ebene der politischen und wirtschaftlichen Führung.

Zahlreiche Buchveröffentlichungen, u.a.: *Jedes Kind ist hochbegabt*, 2012 (zus. m. U. Hauser); *Was wir sind und was wir sein könnten. Ein neurobiologischer Mutmacher*, 2011; *Computersüchtig. Kinder im Strudel der Medien*, 2009 (zus. m. W. Bergmann); *Die Macht der inneren Bilder*, 2004. www.gerald-huether.de

Juul, Jesper
Familientherapeut, Trainer, Sachbuchautor, Dänemark.

Familientherapeut, von 1979 bis 2005 Leiter des Kempler Institute of Scandinavia – Zentrum für Familientherapie in Dänemark und das größte Ausbildungszentrum für Familienberater und -therapeuten in Europa. Arbeitsschwerpunkte: Analyse und Therapie zwischenmenschlicher Beziehungen in Familien, Gruppen, Schulen und Kindergärten. Sachbuchautor und international anerkannter, gefragter Referent sowie Trainer. Zahlreiche Veröffentlichungen, zuletzt: *Aggression. Warum sie für uns und unsere Kinder notwendig ist*, 2013; *Schulinfarkt. Was wir tun können, damit es Kindern, Eltern und Lehrern besser geht*, 2013; *Vier Werte, die Kinder ein Leben lang tragen*, 2012; *Familienberatung, Perspektiven und Prozess*, 2012.

Seit 2006 leitet Jesper Juul family-lab.com; familylab.de; familylab.at; familylab.ch.

Jürgens, Prof. Dr. phil. habil. Eiko
Professor für Theorie der Schule und des Unterrichts an der Universität Bielefeld, Bildungs- und Schulforscher und wissenschaftlicher Fachbuchautor.

Studium an der Pädagogischen Hochschule Oldenburg mit den Abschlüssen 1. Staatsexamen für Grund- und Hauptschulen sowie Diplompädagogik mit dem Schwerpunkt Schulpädagogik und der Zusatzausbildung Erwachsenenpädagogik. Insgesamt 14 Jahre in allen Schulformen des öffentlichen allgemeinbildenden Schulwesens als Lehrer tätig, u.a. auch in der Schulleitung. Von 1991 bis 1994 Professur an der Universität zu Köln für Schulpädagogik und Allgemeine Didaktik. Seit 1994 Lehrstuhlinhaber an der Universität Bielefeld, Fakultät für Erziehungswissenschaft. Forschungs- und Arbeitsschwerpunkte: Schul- und Unterrichtsforschung, Organisationsformen und -strukturen des Schulwesens, Theorie(n) der Allgemeinen Didaktik, Pädagogische Diagnostik und Beratung, Unterrichtsreform.

Zahlreiche Publikationen u. a. zur Schulsystemfrage und zu Kernfragen der Lehrer(aus)bildung. Buchveröffentlichungen: *Die »neue« Reformpädagogik und die Bewegung Offener Unterricht*, 2009; *Leistung und Beurteilung in der Schule*, 2010; *Was ist »guter« Unterricht?* (zusammen mit Jutta Standop), 2010; *Grundwissen: Didaktik* (zusammen mit Friedrich W. Kron und Jutta Standop), 2014.

Keil, Prof. Dr. Annelie
studierte Soziologie, Politische Wissenschaften und Pädagogik in Hamburg, sah sich in anderen Wissenschaften um.

Geboren 1939, aus der Erfahrung von Waisenhaus in Polen, Krieg, Gefangenschaft, Flucht, dem Leben mit Sozialhilfe als Kind und Jugendliche und schweren Krankheiten viel gelernt. 1971 Berufung zur Professorin an die Universität Bremen, Arbeitsbereiche: Sozialarbeitswissenschaft, Gesundheitswissenschaften, angewandte Biographie- und Lebensweltforschung. Umfangreiche Vortragstätigkeit; Fernseh- und Rundfunkbeiträge zu Gesundheit, Krankenforschung, integrierte Psychosomatik und Lebenskompetenzen. Ehrenamtliche Mitarbeit in unterschiedlichen psychosozialen und Bildungsprojekten im In- und Ausland. Mitbegründerin und nach der Pensionierung weitere Durchführung des wissenschaftlichen Weiterbildungsstudiums »Palliative Care« an der Universität Bremen. 2004 Bundesverdienstkreuz. Zahlreiche Buchveröffentlichungen, zuletzt: *Auf brüchigem Boden Land gewinnen. Biografische Antworten auf Krankheit und Krisen,*

2011; *Geht doch! Wie wir werden, wer wir sind und nicht bleiben. Ein Lehr- und Lernfilm (DVD)*, 2013; *Wenn die Organe ihr Schweigen brechen und die Seele streikt. Krankheit und Gesundheit neu denken* (erscheint im Herbst 2014).

Standop, Prof. Dr. phil. Jutta

Professorin für Schulpädagogik an der Universität Trier, Bildungs- und Schulforscherin sowie wissenschaftliche Fachbuchautorin, Bielefeld.

Lehramtsstudium für die Primarstufe an der Erziehungswissenschaftlichen Fakultät der Universität zu Köln. Insgesamt sechs Jahre in den Schulformen des öffentlichen allgemeinbildenden Schulwesens als Lehrerin tätig. 2006 bis 2007 Vertretung der Professur Schulpädagogik an der Universität Vechta. Seit 2011 Lehrstuhlinhaberin an der Universität Trier, Fachbereich I, im Fach Erziehungs- und Bildungswissenschaften. Forschungs- und Arbeitsschwerpunkte: Schul- und Unterrichtsforschung, Allgemeine Didaktik, Bildungs- und Schultheorie, wertorientierte Bildung und Erziehung.

Zahlreiche Publikationen u. a. zum wertorientierten Unterricht, zur Didaktik der Hausaufgaben sowie zu den Bedingungen schulischen Lernerfolgs. Buchveröffentlichungen zuletzt: *Was ist »guter« Unterricht?* (zusammen mit Eiko Jürgens) 2010; *Hausaufgaben in der Schule. Theorie, Forschung, didaktische Konsequenzen*, 2013; *Grundwissen: Didaktik* (zusammen mit Friedrich W. Kron und Eiko Jürgens) 2014. E-Mail: standop@uni-trier.de

Stevens, Luc M.

Geboren 1941, Sonderpädagoge.

Er war von 1981 bis 2002 an der Universität Utrecht (Niederlande) als Ordinarius im Fachbereich Sonderpädagogik tätig. Sein Arbeitsschwerpunkt: Lern- und Verhaltensschwierigkeiten. Heute leitet er The Netherlands Institute of Educational Matters (NIVOZ). Ziel dieses Instituts ist die Entwicklung einer vielfältigen Unterrichtspraxis, deren wichtigste Merkmale Beziehung und Verantwortlichkeit sind. Des Weiteren geht es um eine Verankerung des Unterrichts in der Gesellschaft. Stevens publizierte national und international zur Lehrer-Schüler-Interaktion und zum adaptiven Unterricht. Er war und ist intensiv an einer Unterrichtspolitik beteiligt, die sich mit den Bedingungen des Lernens von Schülern mit Entwicklungs-, Lern- und Verhaltensschwierigkeiten beschäftigt. Zahlreiche Veröffentlichungen, darunter auf Deutsch: *Denkpause. Ein Arbeitsbuch für Lehrer zum Umgang mit Schülern beim Lehren und Lernen*, 2., überarb. und erw. Aufl. 2003; *Schule und Migration*, 2007.